Kollektive Umweltnutzungen und individuelle Bewertung

Umwelt und Ökonomie Band 4

Band 1: Michael Schröder
Die volkswirtschaftlichen Kosten von Umweltpolitik
1991. 224 Seiten. Brosch. DM 69,-
ISBN 3-7908-0535-1

Band 2: Karl Heinz Gruber
Zur methodischen Auswahl von Emissionsminderungsmaßnahmen
1991. 257 Seiten. Brosch. DM 75,-
ISBN 3-7908-0547-5

Band 3: Helmuth-M. Groscurth
Rationelle Energieverwendung durch Wärmerückgewinnung
1991. 184 Seiten. Brosch. DM 65,-
ISBN 3-7908-0552-1

Frank Stähler

Kollektive Umweltnutzungen und individuelle Bewertung

Mit 4 Abbildungen

Physica-Verlag Heidelberg

Reihenherausgeber
Werner A. Müller
Peter Schuster

Autor
Dr. Frank Stähler
Zur Bökerhöhe 15
D-5630 Remscheid 1

ISBN-13: 978-3-7908-0572-7

CIP-Titelaufnahme der Deutschen Bibliothek
Stähler, Frank:
Kollektive Umweltnutzungen und individuelle Bewertung /
Frank Stähler. - Heidelberg: Physica-Verl., 1991
(Umwelt und Ökonomie; Bd. 4)
Zugl.: Köln, Univ., Diss., 1991
ISBN-13: 978-3-7908-0572-7 e-ISBN-13: 978-3-642-48226-7
DOI: 10.1007/978-3-642-48226-7
NE: GT

7120/7130-543210

Meinen Eltern

Vorwort

Die hier vorliegende Arbeit entstand während meiner Tätigkeit als wissenschaftlicher Mitarbeiter am Energiewirtschaftlichen Institut an der Universität Köln. Sie wurde im Juli 1991 von der Wirtschafts- und Sozialwissenschaftlichen Fakultät der Universität zu Köln als Dissertation angenommen.

Mein besonderer Dank gilt Herrn Prof. Dr. Carl Christian von Weizsäcker, der als Erstgutachter mit wertvollen Anregungen und konstruktiver Kritik zum Zustandekommen dieser Arbeit beitrug. Ebenso möchte ich Herrn Prof. Dr. Dr. h.c. Hans-Karl Schneider für die Übernahme des Zweitgutachtens danken. Weiter gilt mein Dank meinen Kollegen am Energiewirtschaftlichen Institut; insbesondere Herrn Dr. Heinz Welsch bin ich zur Danksagung verpflichtet. Schließlich gilt mein Dank einer jungen Dame, ohne deren ideelle Unterstützung diese Arbeit nicht möglich gewesen wäre.

Köln, im Juli 1991 Frank Stähler

Inhaltsverzeichnis

Seite

Abbildungsverzeichnis

1. Einleitung und Einführung in die Problemstellung

Umweltpolitische Entscheidungen rücken zunehmend in den Mittelpunkt des öffentlichen Interesses. Galt früher die Umweltpolitik noch als ein unter bestimmten Umständen zu ergreifendes Korrektiv privaten und kollektiven Handelns, so wird heute von mancher Seite schon eine Orientierung aller ökonomischen Aktivitäten an ihrer sog. Umweltverträglichkeit gefordert. Die zunehmende Brisanz umweltpolitischen Handelns hat zwei zuvor weitgehend ignorierte Dimensionen. Zum einen sind Umweltprobleme immer häufiger äußerst komplexe und aus Sicht mancher Beobachter diffuse Wirkungsprobleme sowohl in zeitlicher als auch in räumlicher Hinsicht. Dies zeigt sich deutlich in der zunehmenden Globalität von Umweltressourcennutzungen, beispielsweise des Klimasystems als weltweites Aufnahmemedium für CO_2- und andere Treibhausgasemissionen. Zum anderen sind diese Wirkungsmechanismen - weil schwer isolierbar - mit einem Höchstmaß an Erkenntnisunsicherheit verbunden.

Auflagenregelungen oder spezifische Umweltverträglichkeitsprüfungen, die bereits heute im Ordnungsrecht vielfach vorgeschrieben sind, scheinen aus Sicht der Öffentlichkeit für die Zukunft eine conditio sine qua non zu sein, oder: jedes Handeln, welches nicht bestimmten Umweltverträglichkeitskriterien entspricht, hat zumindest mit erheblichen öffentlichen Widerständen zu rechnen, wenn nicht ohnehin bereits staatliche Verordnungsinstrumente zur Verfügung stehen, die eine solche Handlung unterbinden können.

Ökonomen, die gemeinhin zumindest in ihrer wissenschaftlichen Gemeinschaft mehrheitlich dem Preissystem verpflichtet sind,[1] stehen dieser Entwicklung zuweilen mit einiger Skepsis gegenüber. Dies resultiert nicht daraus, daß der Umwelt kein internalisierungsbedürftiger Knappheitsgrad beigemessen wird. Vielmehr sind sich Ökonomen darüber einig, daß (zumindest Pareto-relevante) Externalitäten internalisierungsbedürftig sind. Irritationen rufen aber viele der im Rahmen umweltpolitischer Aktivitäten getroffenen Maßnahmen hervor. Die Dominanz ordnungsrechtlicher command-and-control-Praktiken ist häufig ein Stein des Anstoßes, da durch eine solche Praxis offenkundig mögliche Wohlfahrtsgewinne nicht realisiert werden.

Auf der anderen Seite wird die Umweltökonomie häufig von Nicht-Ökonomen als ein Ansatz kritisiert, der das Umweltproblem zu sehr auf ökonomische Tatbestände und -mechanismen verenge. Die Vorgehensweise und die Annahmen, die die wirtschaftswissenschaftliche Forschung favorisiere, würden dem Problem in seiner gesamten Komplexität nicht gerecht, so daß die Empfehlungen der Öko-

---

1 Vgl. hierzu Frey (1986), der erstaunlicherweise feststellt, daß sich der Preismechanismus auch unter Ökonomen einer geringen Gegenliebe erfreut, sobald diese den akademischen Bereich verlassen haben.

nomen für eine rationale Umweltpolitik, wenn überhaupt, nicht alleine maßgeblich sein könnten.[2] Insbesondere im Umgang mit Risiken und Unsicherheiten seien von seiten der Ökonomen wenig brauchbare und operationale Handlungsoptionen entwickelt worden.

Wenn auch durch die jüngste Ökosteuerdiskussion die ökonomische Grundposition einer allokativen Steuerung knapper Güter über den Preismechanismus zumindest tendenziell eine Stärkung erfahren hat, so scheinen sich dennoch die Forschungsgemeinschaft der Ökonomen und die Akteure der Umweltpolitik in zwei verschiedenen Lagern gegenüberzustehen. Ökonomen weisen auf die mit der aktuellen Umweltpolitik einhergehenden Wohlfahrtsverluste, die nicht gerechtfertigte Interventionsintensität und die incentive-Inkompatibilität vieler Maßnahmen hin, die umweltpolitischen Akteure kontern mit Argumenten des "Sachzwanges", des "Interessenausgleichs" und verweisen auf die Zielkonkurrenz mit anderen gesellschaftlichen Zielen. Es ist nicht unberechtigt anzunehmen, daß sich diese beiden Lager noch eine Weile eher verständnislos gegenüberstehen werden.

Wenn man davon ausgeht, daß auch die kollektive Entscheidungsfindung keinen dominant erratischen, sondern einen dominant systematischen Charakter hat, muß es auch für die oft zu beobachtende Sprachlosigkeit zwischen diesen beiden Lagern eine systematische Ursache geben. Alle möglichen systematischen Ursachen zu isolieren, stellte natürlich ein aussichtsloses Unterfangen dar, denn es würde nicht weniger als eine umfassende Modellierung des gesamten politischen Sektors bedeuten. Dies kann hier nicht geleistet werden und ist auch nach Einschätzung des Autors in einer empirisch füllbaren Form nicht leistbar.

In dieser Arbeit wird ein anderer Weg beschritten. Im folgenden zweiten Kapitel der Arbeit müssen zunächst grundlegend die theoretischen Überlegungen im Hinblick auf die Nutzung der Umwelt dargestellt werden. Dazu gehört auch die Diskussion der ökonomischen Theorie der Umweltpolitik, und bedeutet, die in der Ökonomie bereits gewonnenen Erkenntnisse im Hinblick auf ihre Problemrelevanz zu gewichten, um Schlußfolgerungen für umweltpolitische Empfehlungen ziehen zu können. Der Autor ist der Meinung, daß die Ökonomie die Leistung erbracht hat, die Konturen einer rationalen Umweltpolitik skizzieren zu können; eine solche Skizze wird im zweiten Kapitel umrissen.

In den Kapiteln 3 und 4 sollen mögliche "Verständigungsschwierigkeiten" zwischen den Ökonomen und den umweltpolitischen Akteuren herausgearbeitet werden. Dabei wird sich insbesondere in Kapitel 4 zeigen, daß kollektive Umweltentscheidungen eine noch größere Brisanz in sich bergen, als man alleine

---

2 Vgl. zu einer Faustischen Auseinandersetzung zwischen Ökonomen und Ökologen, die die unterschiedlichen Standpunkte gut verdeutlicht, Binswanger, Faber, Manstetten (1990).

schon in der Aggregationsproblematik von individuellen in soziale Präferenzordnungen zu erkennen glaubte. Grundlegend ist dabei die Fragestellung, mit welchen Phänomenen gerechnet werden muß, wenn eine Koordination individueller Interessen und Bewertungen nicht über Märkte stattfinden kann, wie dies typischerweise für kollektive Umweltnutzungen gegeben ist. Wir werden dabei durch die Psychologie problematisierte Anomalien als systematische Abweichungen von Rationalitätspostulaten in ihrer Bedeutung für die umweltpolitische Entscheidungsfindung diskutieren und deren systematische Relevanz für die Perzeption, Akzeptanz und die politische Orientierung kollektiver Umweltnutzungen problematisieren. Die angesprochene zunehmende Unsicherheit von Externalitäten verdient dabei besondere Beachtung, da diese Effekte gerade in solchen Situationen beobachtbar sind. Es zeigt sich, daß Phänomene durchaus eine Rolle spielen können, die von der konventionellen ökonomischen Theorie entweder in ihren Annahmen nicht berücksichtigt werden (konnten), oder die außerhalb einer erachteten Einflußmöglichkeit liegen. Dabei spielt die grundsätzlich andere Qualität kollektiver gegenüber individuellen Entscheidungen die Hauptrolle.

Diese Arbeit kann die Existenz und die dominante Problemrelevanz der in Kapitel 4 zu beschreibenden Effekte nicht empirisch beweisen, sondern nur von Fall zu Fall darlegen. Sie versucht, Hinweise auf mögliche Einflußfaktoren in einem äußerst wichtigen Politikbereich zu geben, die intuitiv nachvollziehbar oder nicht nachvollziehbar, empirisch beobachtbar oder falsifizierbar sind. Dafür muß in Kauf genommen werden, daß in Kapitel 4 keine geschlossene Theorie formuliert wird, und deswegen die in Kapitel 5 gezogenen Schlußfolgerungen eher pragmatische Relevanz als abstrakte Eleganz für sich beanspruchen. Immerhin geben sie genügend Anlaß, über das Design der Umweltpolitik und die konkrete institutionelle Ausgestaltung sowie die Art und Weise, Interessen auszugleichen und Informationen zu vermitteln, in Zukunft vermehrt nachzudenken.

2. Ökonomische Theorie externer Effekte

Obwohl in der Öffentlichkeit häufig aufgrund des oft beschworenen Gegensatzes zwischen Ökonomie und Ökologie gemutmaßt wird, Wirtschaftswissenschaftler hätten originär zu Fragen der Umweltnutzung nicht viel beizutragen, hat sich die ökonomische Theorie spätestens seit den Publikationen von Pigou mit Externalitäten beschäftigt. Die umweltökonomische Theorie ist mittlerweile so umfangreich, daß sie nicht erschöpfend in einem Kapitel behandelt werden kann.[3] Deshalb soll hier auch nicht versucht werden, alle ökonomischen Aspekte von Umweltressourcennutzungen darzulegen, sondern die Beiträge aufzugreifen und zu diskutieren, die für unsere weitere Untersuchung von Relevanz sind.

Zunächst wenden wir uns deshalb dem Begriff der Externalitäten selbst zu, um im Anschluß daran auf die mögliche gesamtwirtschaftliche Relevanz von Externalitäten einzugehen. In Abschnitt 2.3 kommen die theoretischen Beiträge zur Interventionsnotwendigkeit von kollektiver Seite zur Sprache, die hauptsächlich mit den Namen Pigou und Coase verbunden sind. Unter 2.4 konkretisieren wir die instrumentelle Diskussion vor dem Hintergrund zunehmender Komplexitäten und Unbestimmtheiten. Bis dorthin dienen unsere Ausführungen der Vorbereitung von Kapitel 3, in dem die Kriterien für Interventionsnotwendigkeiten vertiefend diskutiert werden. Risikoaspekte spielen bis zu Abschnitt 2.4 keine Rolle.

Die in diesem Abschnitt angedeuteten Komplexitäten lassen allerdings eine alleine auf sicheren Größen basierende Analyse nicht sinnvoll erscheinen. Diese Unbestimmtheiten sind nämlich teilweise so gravierend, daß die Wirkungsmechanismen nur als ein stochastischer Prozeß begriffen werden können. Deshalb gilt es, Risikoaspekte in die Analyse zu integrieren, wobei wir zunächst auf die einfachsten Annahmen und Entscheidungskalküle zurückgreifen. Die Besprechung des Verhältnisses von Externalitäten zu Risiken in Abschnitt 2.5 dient deshalb gleichzeitig als ökonomischer Referenzpunkt für die in Kapitel 4 folgende Analyse, in der wir diese einfachen Annahmen für den Fall kollektiver Umweltnutzungen hinterfragen.

2.1 Externalitäten und Umweltpolitik

Externalitäten werden ebenso wie die mit dem Begriff der natürlichen Monopole verbundenen Kostensubadditivitäten für potentielle Ineffizienzen eines Wettbewerbsgleichgewichtes verantwortlich gemacht, da sie ein Auseinanderfallen der privaten und sozialen Grenzraten der Substitution und Transformation bedingen können. Die auf Kostensubadditivitäten zurückzuführenden Probleme sind dabei primär technologischer Natur, da Skalen- bzw. Verbundeffekte sich primär auf

3 Vgl. für einen Überblick Mishan (1971).

die (kombinierten) Produktionsmöglichkeiten beziehen, wohingegen Externalitäten allgemein die Art der ökonomischen Organisation betreffen.[4] In der allgemeinsten Definition versteht man unter potentiell relevanten Externalitäten den Tatbestand, "... when the activity, to the extent that it is actually performed, generates any desire on the part of the externally benefited (damaged) party (A) to modify the behaviour of the party empowered to take action (B) through trade, persuasion, compromise, agreement, convention, collective action, etc."[5] Externalitäten beinhalten also immer eine interaktive Komponente, da Aktivitäten eines anderen Agenten für die Existenz von Externalitäten eine notwendige Bedingung darstellen.

Unter den so definierten Aktivitäten kann man sich allerdings eine Reihe von Vorgängen vorstellen, die Externalitäten bedingen können, und die man nicht umweltpolitischen Fragestellungen zurechnen würde. Externalitäten aus der Nutzung einer Umweltressource, die typischerweise aufgrund der damit verbundenen Einschränkung der Optionen anderer Agenten negative Externalitäten darstellen, wären dann nur eine kleine Teilmenge in Frage stehender Externalitäten, da jede Aktivität eines Agenten, wenn sie in der Öffentlichkeit in Kenntnisnahme anderer Agenten stattfindet, bereits eine potentielle Relevanz besitzt. Im Hinblick auf vielerlei Aktivitäten würde sich nämlich mindestens ein Agent eine andere Verhaltensweise wünschen, was nichts anderes bedeutet, als daß - aus seiner Sicht - seine Vorstellungen von anderen Agenten internalisiert werden sollten. Für die Internalisierungsbedürftigkeit ergeben sich gerade auf der Haushaltsseite Unbestimmtheiten, selbst wenn wir - wie in der Umweltökonomie üblich - uns auf technologische und nicht-pekuniäre Externalitäten beschränken: "An externality is present, whenever some individual's (say A's) utility or production relationships include real (that is, nonmonetary) variables, whose values are chosen by others (persons, cooperations, governments) without particular attention to the effects on A's welfare."[6]

Die Beschränkung auf technologische Externalitäten erfolgt deshalb, weil es sich um potentiell nicht über Märkte abgewickelte Aktivitäten handelt, wie es bei pekuniären Externalitäten der Fall ist. Eine Integration pekuniärer Externalitäten wird zudem nicht als sinnvoll erachtet, da man es dort mit dezentral gesteuerten Wettbewerbsprozessen zu tun hat, die nicht Gegenstand staatlicher Interventionen sein sollten. Die von pekuniären Externalitäten Betroffenen könnten zudem von den marktüberlegenen Agenten *prinzipiell* per Seitenzahlungen entschädigt werden, da sich eine mit pekuniären Externalitäten einhergehende Umstrukturierung der Marktbeziehungen ex definitione in einer Erhöhung der gesamten Wohlstandssumme - lediglich mit einer modifizierten Verteilung - niederschlägt.

---

4 Vgl. Arrow (1971), S. 4.

5 S. Buchanan, Stubblebine (1962), S. 373.

Deshalb wird dieser Art von Externalitäten eine allokationspolitische Relevanz abgesprochen.[7]

Für die Produktionsmöglichkeiten sind technologische Externalitäten prinzipiell objektiv feststellbar, weil die Produktionsmöglichkeiten durch technologische Bedingungen objektiv determiniert sind. (Negative) Externalitäten bedeuten dann ein Kuppelprodukt einer Produktion A, welches ein Argument in einer Produktion B darstellt und deren Produktionsmöglichkeiten verändert (verschlechtert):[8]

(2.1) $Y_A = f_A(...)$ und $Q_A = g_A(...)$
$Y_B = f_B(...,Q_A)$ mit $\delta Y_B/\delta Q_A < 0$

für negative Externalitäten mit Y als Output, f als Produktionsfunktion, g als von denselben Faktoren beeinflußter Externalitätenkuppelproduktion

Für eine Betrachtung (negativer) haushaltsbedingter Externalitäten wäre Y durch den Nutzen zu ersetzen sowie f als jeweilige Nutzenfunktion zu verstehen. Für diese Nutzenfunktionen ist aufgrund der mangelnden Objektivierbarkeit des von den Individuen so empfundenen Nutzens eine externalitätenbedingte Variation desselben nicht objektiv feststellbar. Wenn man nicht der Ansicht ist, daß Externalitäten - entweder aufgrund ihrer untergeordneten Bedeutung und/oder aufgrund des vermuteten Tatbestandes, daß die Agenten selbst in jedem relevanten Fall für eine adäquate Berücksichtigung externer Effekte sorgen - kein Anlaß für kollektive bzw. wirtschaftspolitische Interventionen sind, ergibt sich ex ante ein Bewertungsproblem, welches nur kollektiv gelöst werden kann: Vorab muß festgelegt werden, welche Art der realen Nutzenbeeinflussung überhaupt einen potentiellen Gegenstand der Interventionen darstellen soll.[9]

Die Bewertung der Internalisierungsrelevanz in der Öffentlichkeit hat dabei selbst eine Veränderung erfahren. Zu Zeiten sowohl von Pigou als auch von Coase wurden Externalitäten eher als Marginalitäten empfunden, die die vollendete Optimalität ökonomischer Austauschhandlungen beeinträchtigen könnten. Diese Haltung, manifestiert in der Wohlstandsaussage, daß "die Schornsteine

---

6 S. Baumol, Oates (1975), S. 17.

7 Wir werden auf diese Überlegung noch im Rahmen des Abschnittes 3.2 zurückkommen.

8 Mit Buchanan und Stubblebine kann man weiter zwischen marginalen und infra-marginalen Externalitäten unterscheiden. Infra-marginale Externalitäten verändern die Produktionsmöglichkeiten nicht marginal, ihr gesamter Einfluß $\int dQ$ auf die Produktionsmöglichkeiten ist jedoch ungleich 0; vgl. Buchanan, Stubblebine (1962), S. 372.

9 Dies ist verwandt mit Arrows Unterscheidung von tastes und values, wobei eine Orientierung an den values eine große Menge potentieller Externalitäten bedingt. Vgl. Arrow (1951b), S. 18. "... I should like to emphasize that the decisions as to which preferences are relevant and which are not is itself a value judgement and cannot be settled on an a priori basis" (s. ebenda).

rauchen müssen", dominierte die Mehrheitsmeinung bis zur Entstehung der Bürgerinitiativen und Umweltgruppen in den siebziger Jahren. Diese Gruppen und die zunehmenden, zunächst nur lokal erkennbaren, größeren Dimensionen von externen Effekten brachten eine Diskussion darüber in Gang, inwieweit Externalitäten, die mit einer Nutzung der Umwelt einhergehen, zunehmend internalisierungsbedürftig seien. Bis dato waren allenfalls lokale Externalitäten oder Externalitäten im Verhältnis zwischen Produktionseinheiten Gegenstand umweltpolitischen Handelns gewesen. Heute kann davon ausgegangen werden, daß jegliche mit der Nutzung einer Umweltressource, sei es Wasser, Boden oder Luft, verbundene Externalität als geringstenfalls potentiell internalisierungsbedürftig betrachtet wird.

Ein internalisierungsbedürftiges Umweltnutzungsproblem als ein Allokationsproblem kann natürlich nur dann entstehen, wenn wir es mit einer knappen Umweltressource zu tun haben: die Nutzungen der Umweltressource müssen im Verhältnis zueinander den Charakter der sich ausschließenden Konkurrenz verschiedener Nutzungen haben. Unter Umwelt generell versteht man die Menge der Bedingungen, im Rahmen derer sich der menschliche Lebensraum definieren muß.[10] Man differenziert dabei verschiedene Ökosysteme wie Wasser, Land und Luft. Diese Abgrenzung bedeutet nicht, daß diese Ökosysteme als völlig unabhängig voneinander erachtet werden, allerdings wird häufig für diese Teilsysteme eine isolierte Analyse der Umweltnutzungen vorgenommen, da zum einen allenfalls die langfristigen Wechselwirkungen bekannt sind, und zum anderen spezifische ökonomische Aktivitäten in der Mehrzahl um die Nutzung eines bestimmten Ökosystems konkurrieren.

Ökosysteme erfüllen vier Funktionen:[11] sie sind Konsumgüter der Haushalte, sie stellen Inputs in Form von Ressourcen für die Produktionseinheiten dar, sie sind Aufnahmemedium für Emissionen jeglicher Art und sie bieten in Form von Boden Nutzungsraum für Haushalte und Produktionseinheiten. Diese Umweltnutzungsoptionen sind eng miteinander vernetzt. Die Nutzung von Ressourcen kann verstanden werden als eine Transformation vormals für Konsumzwecke mehr oder weniger direkt gebräuchlicher Geschenke der Natur in Nutzen stiftende Güter. Eine Transformation von Ressourcen bedeutet automatisch, daß neben dem erwünschten Endprodukt in Abhängigkeit vom Niveau und der Art des Produktionsprozesses auch unerwünschte Nebenprodukte anfallen, die als Abfälle wieder an die Natur abgegeben werden. Diese Abfälle können ebenso wie der Abbau der Ressourcen selbst eine Beeinträchtigung des Ökosystems als Konsumgut bedeuten, da die Qualität der Konsumeigenschaften gemindert werden kann.

---

10 Vgl. Siebert (1987a), S. 7.

11 Vgl. Siebert (1987a), S. 8-11.

Wenn wir die Ökosysteme als Ressourcen auffassen, gilt es, Spezifika der Nutzung bzw. Ausbeutung von Ressourcen aufzugreifen. Wäre das gesamte Ökosystem eine erschöpfbare, nicht-regenerierbare Ressource, würde nur eine ständig sinkende Nutzungsintensität für einen unendlichen Zeithorizont eine Existenz dieses Ökosystems gewährleisten. Da aber jede originäre Produktion aufgrund der oben beschriebenen Transformation Umweltressourcen als notwendigen Inputfaktor für eine positive Produktion benötigt, würde dies für einen vom intertemporalen Konsumprofil abhängigen endlichen Zeitpunkt Konsummöglichkeiten bedeuten, die unter dem gesellschaftlichen Existenzminimum liegen.

Insgesamt kann jedoch mit einiger Berechtigung davon ausgegangen werden, daß die Ökosysteme prinzipiell in der Lage sind, sich selbst zu regenerieren. Dies bedeutet, daß in einem bestimmten Intervall der spezifischen Nutzungsintensitäten die Umweltressource sich analog einem Kapitalgut in Abhängigkeit von Qualität und Bestand der Umweltressource selbst als Eigenregeneration in Form realen Bestandszuwachses verzinst. Dabei sind allerdings äußerst komplexe Wirkungsmechanismen zwischen den Nutzungen und der Menge aller Umweltressourcen und Ökosystemen zu vermuten. Die Anwendung einer Regenerationsbeziehung in Form einer in diesem Zusammenhang häufig angeführten logistischen Funktion mit dem einfachen Bestand als Argument macht dehalb als Approximation nur für eine eingeschränkte Zahl von Umweltressourcennutzungen Sinn.[12]

Die prinzipielle Regenerationsfähigkeit des Ökosystems bedeutet nicht, daß diese Umweltressourcen prinzipiell unerschöpfbar sind, da nur in einem bestimmten Intervall der spezifischen Nutzungsniveaus und damit einhergehenden Mindestbeständen und -qualitäten eine positive Eigenverzinsung anfällt. Reduziert man Bestand und/oder Qualität unter diesen kritischen Bestand, ist eine Erschöpfbarkeit ohne Regenerationsfähigkeit die Folge.[13] Diese "Ausrottung" einer Umweltressource muß nicht in jedem Fall suboptimal sein, denn wenn der zugemessene Gegenwartswert der in der Zukunft anfallenden bewerteten Eigenverzinsung unter dem Wert der Liquidierung des gesamten aktuellen Bestandes liegt, ist eine sofortige unwiederbringbare Nutzung der Ressource effizient.[14]

---

12 Die Bestimmung der Regeneration eines Fischbestandes wird häufig mittels einer logistischen Funktion erklärt; vgl. hierzu und allgemein zu regenerierbaren Ressourcen Clark (1976).

13 Eine potentielle Erschöpfbarkeit ist deshalb keineswegs nur bei endlichen, unvermehrbaren Ressourcen wie fossilen Brennstoffen gegeben, sondern auch für erneuerbare Ressourcen, wenn es einen Ressourcenbestand gibt, der eine Regeneration dieser Ressource unmöglich macht.

14 Vgl. beispielsweise Ströbele (1987), Teil III. Es ist zu beachten, daß dies eine sichere Abschätzung aller heute und in der Zukunft anfallenden Knappheiten unter Verwendung der richtigen sozialen Diskontrate voraussetzt. Ist die zukünftige Knappheit ungewiß, kommen die in Abschnitt 2.5 zu diskutierenden Optionswerte ins Spiel.

Knappheiten der Umweltressourcen würden kein potentiell *politisches* Externalitätenproblem darstellen, wenn es sich bei Umweltgütern in ihrer Verwendung um private Güter handelte. Private Güter zeichnen sich dadurch aus, daß der Verbrauch durch einen Agenten einen Verbrauch durch einen anderen Agenten unmöglich macht, und daß der Ausschluß dieses anderen Agenten vom Verbrauch wirtschaftlich möglich ist. Öffentliche Güter zeichnen sich dadurch aus, daß die Bereitstellung einer Nutzungseinheit für alle Agenten den Konsum dieser Nutzungseinheit bedeutet (Samuelson-Kriterium der Nichtrivalität im Konsum),[15] und daß eine Ausschließung vom Konsum wirtschaftlich nicht möglich ist.

Die wenigsten Güter sind reine private oder reine öffentliche Güter, sondern eher Kollektivgüter, weil sie nur für eine Teilmenge der Agenten den Charakter eines öffentlichen Gutes haben.[16] Man unterscheidet feiner zwischen privaten Gütern, zwischen Klubkollektivgütern, bei denen eine Exklusion möglich, aber aufgrund der Nicht-Rivalität im Konsum nicht effizient ist, zwischen Quasi-Kollektivgütern, bei denen eine Exklusion wirtschaftlich nicht möglich, aber aufgrund vorhandener Rivalitäten eigentlich effizienznotwendig wäre, und den rein öffentlichen Gütern.[17] Für Umweltressourcen ist entscheidend, daß eine Schonung ihrer Assimilationskapazitäten in vielen Verwendungen eher öffentliche denn private Güter darstellt. Eine Schonung von Umweltressourcen hat nicht nur positive Auswirkungen auf denjenigen, der diese Schonung einleitet, sondern auch auf alle anderen Agenten, die von dieser Kollektivgüterbereitstellung betroffen sind.

Dies gilt nicht für die Nutzung aller Umweltressourcen, da beispielsweise der Faktor Boden in einigen Verwendungen ein rein privates Gut darstellt. Die exklusive Nutzung einer Umweltressource und die vollständige und automatische Internalisierung der mit der Nutzung einhergehenden Effekte sind jedoch eine seltene Ausnahme. Für die große Mehrzahl der Nutzung von Umweltmedien gilt nämlich, daß eine Nutzung in einem laissez-faire-Rahmen auch andere Agenten betrifft,[18] und deshalb die Gefahr besteht, daß die einzelwirtschaftliche Ausrichtung ökonomischer Aktivitäten bei mit Umweltnutzungen verbundenen negativen Externalitäten ein zu hohes Aktivitätsniveau bedingt, da bestimmte Nutzeneinbu-

---

15 Vgl. dazu als Originalquelle Samuelson (1954).

16 Vgl. Baumol, Oates (1975), Fußnote 8 auf S. 39.

17 Vgl. Grossekettler (1985).

18 Das Verhältnis zu den anderen Agenten ist gerade aus der Sicht des Managements externer Effekte angesichts der damit verbundenen Frage der Interventionsnotwendigkeiten von entscheidender Bedeutung; vgl. dazu die Ausführungen in Abschnitt 2.3.

ßen anderer Agenten nicht berücksichtigt werden.[19] Nicht-internalisierte Auswirkungen auf eine Vielzahl der Agenten sind dabei in der Mehrzahl der Fälle anzutreffen, so daß die Externalitäten selbst in Form von "undepletable externalities"[20] sog. "public bads" darstellen. Dies ist nur die Kehrseite dessen, daß eine Schonung der Umweltressource, die eine gleichbleibende Umweltqualität garantierte, in den meisten Fällen ein öffentliches Gut darstellt.

Ein rein öffentliches Gut zeichet sich durch die Nicht-Rivalität im Konsum aus. Betrachten wir nun die Frage der Bereitstellung analog der Bereitstellung privater Güter, so ist ein optimales Versorgungsniveau dann erreicht, wenn die *Summe* der marginalen Zahlungsbereitschaften mit den Grenzkosten der Bereitstellung koinzidiert.[21,22] Nur dann ist das Pareto-Kriterium erfüllt, daß kein Agent mehr bessergestellt werden kann, ohne daß ein anderer Agent schlechter gestellt wird.

Entscheidend für die potentielle Interventionsrelevanz ist die unterstellte Tatsache, daß entgegen der Allokation privater Güter, bei denen die Wirtschaftssubjekte ihre wahren Präferenzen aufgrund einer möglichen Exkludierbarkeit offenbaren, sie hier Möglichkeiten strategischen Verhaltens in Form der Verschleierung ihrer Präferenzen haben, wenn eine Finanzierung anteilig gemäß quasi-offenbarten bzw. abgefragten Zahlungsbereitschaften erfolgen soll. Da von einer Bereitsstellung niemand ausgeschlossen werden kann, ist es für den Einzelnen günstiger, seine Zahlungsbereitschaft zu verschleiern, um als Trittbrettfahrer von einer möglicherweise erfolgenden Bereitstellung und Finanzierung durch andere zu profitieren.

Für die Situation mit zwei Agenten und der diskreten Entscheidungswahl zwischen Umwelterhaltung (p) und Umweltnutzung (d) läßt sich diese Situation als ein Spiel mit der bekannten Gefangenendilemmastruktur darstellen:[23]

---

19 Externalitäten bedingen Nicht-Konvexitäten der gesamtwirtschaftlichen Produktionsmöglichkeitsmenge, die aus einer Zusammenfassung der in Gleichung (2.1) beschriebenen Produktionsfunktionen ersichtlich würden; vgl. dazu Baumol, Oates (1975), S. 120-123. Entscheidend ist dabei, daß dies nicht automatisch auch einzelwirtschaftliche Nicht-Konvexitäten bedeutet, so daß für eine Internalisierungsstrategie, die bei den dezentralen Entscheidungseinheiten ansetzt, nicht in jedem Falle Randlösungen befürchtet werden müssen.

20 Vgl. hierzu Baumol, Oates (1975), S. 37-40.

21 Vgl. Samuelson (1954). Dieses Kriterium geht originär auf Lindahl zurück; vgl. auch Dasgupta, Heal (1979), S. 47f.

22 Es ist zu beachten, daß der Öffentlichkeitscharakter eines Gutes und die Subadditivitätseigenschaften der Produktion eines Gutes prinzipiell völlig unabhängige Gutseigenschaften sind.

23 Die Notation erkärt sich aus d für development und p für preservation, eine Notation, die wir auch in Abschnitt 2.5 bei der Diskussion des Optionswertes wählen.

Abbildung 2.1: Gefangenendilemma im 2-Personenspiel

		Agent II wählt ... p	d
Agent I wählt	p	(u_3,u_3)	(u_1,u_4)
...	d	(u_4,u_1)	(u_2,u_2)

Der Klammerausdruck gibt den Nutzenvektor in der Form (Nutzen Agent I, Nutzen Agent II) an. Eine Nutzenstruktur der Form $u_4 > u_3 > u_2 > u_1$ bedingt eine kollektive Selbstschädigung, da bei Wahl von p das free-rider-Verhalten des anderen Agenten befürchtet werden muß. Deshalb wählen beide d und realisieren (u_2,u_2) anstatt (u_3,u_3).

Kollektive umweltpolitische Entscheidungen beziehen daraus ihre Berechtigung, indem davon ausgegangen wird, daß dieses Verhalten für Umweltressourcennutzungen und einer Schonung derselben eine potentiell hohe Relevanz besitzt. Wenn alle Agenten so vorgehen, bewirkt dies eine kollektive Selbstschädigung, da jeder seine wirklichen Präferenzen verschleiert,[24] allerdings sich für alle Agenten als Trittbrettfahrer deshalb gar kein Trittbrett mehr in Bewegung setzt. Hinzu kommt, daß es Situationen geben kann, in denen Ineffizienzen auch dann bestehen bleiben, wenn keine Situation des Gefangenendilemmas als Allokationsproblem mehr vorliegt. Dies hat seine Ursache in einer möglichen Unbestimmtheit der Verteilung von *Effizienzrenten*, die zwar höhere Nutzenüberschüsse insgesamt, aber - aufgrund der vermiedenen Übernutzung - *geringere Nutzen für die Agenten I und II* bedingen können, wenn andere Agenten in der Lage sind, diese Renten zu realisieren. In diesem Fall verlagert sich das Dilemma auf die ungeklärte Rentenverteilung, und der Verteilungseffekt dominiert den Ef-

24 In Form des sog. Clarke-Groves-Steuermechanismus und des sog. Groves-Ledyard-Mechanismus stehen zwar anreizkompatible Offenbarungsmechanismen zur Verfügung; vgl. zum zuerst genannten Clarke (1971) und Sinn (1988b) und allgemein zu einer Diskussion der Anreizwirkungen Pethig (1979). Der Clarke-Groves-Steuermechanismus geht von quasi-linearen Präferenzen aus und bedingt eine Separation in einen fixen Beitrag, der die Finanzierung sichert, und in einen variablen, der die Anreizkompatibilität gewährleisten soll. Deshalb gibt es u.U. keine Koinzidenz zwischen der Summe der Kosten und der Summe der so offenbarten Nutzen, was *aus totaler Sicht* Suboptimalität bedeuten kann; für den zweiten Mechanismus kann die Anreizkompatibilität nicht in jedem Fall behauptet werden. Einen dezentralen und in jedem Falle anreizkompatiblen Mechanismus ohne spezifische Präferenzannahmen scheint es nicht geben zu können; vgl. dazu auch Weimann (1987), S. 280, sowie Sen (1977), S. 331.

fizienzeffekt.[25] Dies alles macht die Basis aus, auf der umweltpolitische Interventionen ihre Berechtigung erfahren, nämlich als eine Koordinationsinstanz, die diese kollektive Selbstschädigung vermeiden soll.

2.2 Gesamtwirtschaftliche Implikationen externer Effekte

Externalitäten und Anstrengungen, diese entweder selbst oder ihre wohlfahrtsmindernden Folgen zu reduzieren, haben nicht nur Auswirkungen auf die unmittelbar Beteiligten, sondern über veränderte Faktor- und Güternachfragestrukturen auch Auswirkungen auf die gesamte Volkswirtschaft, somit auch auf diejenigen Wirtschaftssubjekte, die weder direkte Verursacher noch Betroffene externer Effekte sind. Deshalb ist es wichtig, welche Implikationen sowohl eine Internalisierungs- als auch eine laissez-faire-Strategie - unabhängig davon, ob sie freiwillig von Privaten oder durch den Staat getragen werden - hat, um einen Eindruck über die gesamtwirtschaftlichen Implikationen verschiedener Umweltnutzungen zu gewinnen.

Die mit Externalitäten verbundenen Strukturwirkungen sind offensichtlich: ohne Bemühungen um eine Internalisierung oder bei einer hohen gesellschaftlichen Toleranz gegenüber Umweltverschmutzungen werden relativ umweltintensive Produktionsverfahren und Konsumprozesse favorisiert. Nicht-internalisierte, aber internalisierungsbedürftige externe Effekte bedingen nicht nur ein ineffizientes Aktivitäts- bzw. Produktionsniveau, sondern auch eine ineffiziente Produktionsmethode.[26] Eine Internalisierungsstrategie ist somit notwendigerweise auch eine Umstrukturierungsstrategie mit einer Zielprojektion, welche auf Umweltnutzungsstrukturen abgestellt ist. Dadurch ergibt sich für die Wirtschaftsstrukturen abhängig von den Produktionsumgestaltungsmöglichkeiten eine Begrenzung der strukturellen Entwicklung, wodurch bestimmte Produktionsmethoden entwertet werden.

Aber auch aus Sicht einer gesamtwirtschaftlichen, aggregierten Perspektive ist es nicht irrelevant, ob und in welchem Grade Externalitäten internalisiert werden. Denn das gesellschaftlich tolerierte Niveau externer Effekte hat unmittelbare Implikationen für den Einsatz der Produktionsfaktoren, insbesondere natürlicher

---

25 Vgl. zu dieser Problematik Weitzman (1974a) und Sinn (1988a).

26 Vgl. Olson, Zeckhauser (1970).

Ressourcen und Kapital, die in einem unmittelbaren Zusammenhang mit dem Emissionsniveau stehen.[27]

Die Existenz von Externalitäten haben wir im letzten Abschnitt auf den Einsatz natürlicher Ressourcen zurückgeführt: beispielsweise bedingt die Verbrennung fossiler Brennstoffe Emissionen der Schadstoffe CO_2, SO_2, NO_x und anderer Gase. Deshalb wird von vielen Umweltgruppen eine Einschränkung des Verbrauches natürlicher Ressourcen nicht nur aus Gründen einer Besorgnis über die prinzipielle Erschöpfbarkeit dieses Produktionsfaktors, sondern auch aus Gründen der damit einhergehenden Externalitäten gefordert. Aus der Sicht des Ausgleichs jeder Materialbilanz haben wir jeden Produktionsprozeß als einen Prozeß verstanden, bei dem natürliche Ressourcen als Input unter Verwendung anderer Produktionsfaktoren in gewünschte und nachgefragte Endprodukte transformiert werden, wobei durch diesen Transformationsprozeß unerwünschte Emissionen als Kuppelprodukt dieses Prozesses anfallen. Der empirisch relevante Produktionsfaktor in diesem Transformationsprozeß neben den natürlichen Ressourcen stellt der Faktor Kapital dar.

Um unseren Überlegungen eine einfache Form zu geben, spezifizieren wir die gesamtwirtschaftlichen Produktionsmöglichkeiten in Form einer einfachen Produktionsfunktion mit den üblicherweise unterstellten Eigenschaften, wonach ein Output Y unter Verwendung der Faktoren Kapital (K) und natürlicher Ressourcen (X) erstellt wird als

$$(2.2) \quad Y = f(K, X), \qquad \partial f/\partial K,\ \partial f/\partial X > 0, \quad \partial^2 f/\partial K^2,\ \partial^2 f/\partial X^2 < 0, \quad \partial^2 f/\partial K\,\partial X > 0.$$ [28]

Die damit verbundenen Emissionen sind ebenfalls eine Funktion von K und X. Es ist offensichtlich, daß ein um so höheres Emissionsniveau mit partiell höherem Einsatz der Ressource realisiert wird. Der Einfluß des Kapitals ist diffiziler: zum einen stellt das Kapital einen substitutiven Faktor dar, wodurch ein zusätzlicher Einsatz dieses Faktors es ermöglicht, Emissionen zu vermindern, sei es durch einen ressourcenproduktiveren Prozeß oder durch eine entsprechende Reinigung der Emissionen. Auf der anderen Seite muß Kapital abgeschrieben werden und hinterläßt somit nach Ablauf der ökonomischen Nutzungsdauer auch Emissionen in Form von Schrott.

Realistischerweise ist davon auszugehen, daß der letzte Effekt die Steigerung der "Emissionsproduktivität" nicht überkompensieren kann. Dies erlaubt es uns, auch

---

27 Wir gehen hier nicht auf das Verhältnis von Externalitäten und dem Arbeitseinsatz ein, da für den Faktor Arbeit selbst bedeutende Besonderheiten und Interventionen zu konstatieren sind, die unsere Analyse sprengen würden.

28 Vgl. zu einer solchen Darlegung Welsch, Stähler (1990).

in der Emissionsfunktion nicht zwischen verschiedenen Kapitalverwendungen unterscheiden zu müssen, da sowohl eine Steigerung der Ressourcenproduktivität als auch eine Verringerung der Emissionen denselben Effekt haben. Die Emissionen Q lassen sich dann als Funktion von K und X wie folgt darstellen:

$$(2.3) \quad Q = g(K, X), \qquad \partial g/\partial K < 0, \quad \partial g/\partial X > 0,$$
$$\partial^2 g/\partial K^2 > 0, \quad \partial^2 g/\partial X^2 \geq 0,$$
$$\partial^2 g/\partial K\, \partial X < 0.$$ [29]

Die Agenten in der Volkswirtschaft sind bemüht, die Kosten der Produktion zu minimieren, wobei diese sich zusammensetzen aus den Kapitalkosten als dem Produkt aus Diskontrate r und Kapitaleinsatz, den Umweltkosten und dem Produkt aus Ressourcenkosten je Ressourceneinheit z und dem Ressourceneinsatz. Umweltkosten ergeben sich für die Volkswirtschaft daraus, daß der Knappheit der Umwelt dadurch Rechnung getragen wird, daß ihr ein Knappheitspreis τ zugemessen wird. Wir gehen also hier im Gegensatz zu Abschnitt 2.1 davon aus, daß es einen objektiv ermittelten Knappheitspreis für die Nutzung einer Umwelteinheit gibt, von dem τ abweichen *kann*; prinzipiell ist die Internalisierungsaufgabe jedoch gelöst bzw. lösbar. Inwieweit die Agenten selbst diesen Knappheitspreis aushandeln oder in welcher Weise dieser Knappheitspreis interventionistisch festgelegt wird, wird im nächsten Abschnitt zu besprechen sein. Wir nehmen hier der Einfachheit halber an, daß sich ein Knappheitspreis allein auf das Emissionsniveau beziehen läßt, vernachlässigen somit möglicherweise (in Abschnitt 2.4.2 aufzugreifende) existente Immissions- und Kumulationswirkungen. Deshalb setzt der Preis der Umwelt τ direkt bei den Emissionen an, und die volkswirtschaftlichen Kosten ergeben sich als:

$$(2.4) \quad C = rK + \tau g(K,X) + zX.$$

Interventionsbedürftige Externalitäten sind demnach nur noch dann vorhanden, wenn die Umweltsteuer τ unter dem Knappheitspreis liegt, stimmen τ und dieser Knappheitspreis überein, sind ex definitione keine Externalitäten existent. Aus der Minimierung von (2.4) unter den Nebenbedingung (2.2) lassen sich unter Verwendung komparativ-statischer Methoden die Faktornachfragefunktionen

$$(2.5) \quad K = K(z,\tau,Y), \qquad \partial K/\partial z > 0, \quad \partial K/\partial \tau > 0, \quad \partial K/\partial Y > 0$$
$$X = X(z,\tau,Y), \qquad \partial X/\partial z < 0, \quad \partial X/\partial \tau < 0, \quad \partial X/\partial Y > 0$$
$$Q = Q(z,\tau,Y), \qquad \partial Q/\partial z < 0, \quad \partial Q/\partial \tau < 0$$

---

29 Beachte, daß $\partial^2 g/\partial K^2 > 0$ eine abnehmende marginale Produktivität des Kapitals in der *Reduktion* von Emissionen bedeutet, wohingegen $\partial^2 g/\partial X^2 \geq 0$ eine nicht-abnehmende Produktivität der Ressourcen in der *Produktion* von Emissionen bedingt.

ableiten.[30] $\partial Q/\partial Y$ als Veränderung der Emissionen bei einer Veränderung des Outputs bleibt unbestimmt.

(2.5) gibt uns hier nicht die wirklichen Inputveränderungen an, da diese unter Berücksichtigung der mit Preisveränderungen einhergehenden Nachfragemengenveränderungen bestimmt werden müßten.[31] Es läßt sich jedoch zeigen, daß die Vorzeichen der partiellen Veränderungen unter nicht allzu restriktiven Bedingungen auch für die totalen Veränderungen Gültigkeit haben.[32] Außerdem ist die Substitutionalität von Ressourcen- und Kapitaleinsatz spätestens seit den siebziger Jahren zumindest für Energieressourcen ein empirischer Tatbestand. Bis dahin waren Energieressourcen und Kapital in der Phase ausschließlich ressourcengestützten Wachstums allerdings komplementäre Faktoren.[33]

Die Vorzeichenkoinzidenz voraussetzend zeigt uns (2.5) kein überraschendes Ergebnis: eine soziale Verknappung der Umwelt bedeutet einen geringeren Ressourcen- und einen höheren Kapitaleinsatz. In dieser Hinsicht sind die Forderungen von Umweltgruppen nach einer Einschränkung des Ressourceneinsatzes berechtigt. Die Einfachheit des Ergebnisses weist uns aber auch auf die damit verbundenen beschränkten Aussagemöglichkeiten hin. Kapital ist eine Bestandsgröße, die im Gegensatz zum Input der natürlichen Ressourcen nur über die Brutto-Investitionen beeinflußt werden kann. Brutto-Investitionen stehen in Konkurrenz zum Konsum als Verwendung des Sozialproduktes. Eine Erhöhung der Brutto-Investitionen bedeutet bei Konstanz des Sozialproduktes eine Verminderung des Konsums. Gleichzeitig zeichnen sich Investitionen dadurch aus, daß sie sowohl einen Einkommens- als auch einen Kapazitätseffekt haben können: Erweiterungsinvestitionen, die zusätzliches Kapital schaffen, erweitern zumindest die Produktionsmöglichkeiten einer Volkswirtschaft.[34]

---

30 Wir vernachlässigen hier den Einfluß der Diskontrate r auf die Faktornachfragefunktionen.

31 Diese wären unter Verwendung einer Nachfragefunktion der Form $Y = h(p(z, \tau, Y))$ mit $\partial h/\partial p < 0$ herzuleiten.

32 Vgl. für die Bedingungen einer solchen Annahme Welsch, Stähler (1990), S. 193 f. Es zeigt sich, daß für Produktionsfunktionen mit einer Skalenelastizität ≤ 1 die Identität der Vorzeichen der partiellen und der totalen Veränderung für die Ressourcennachfragefunktion immer gewährleistet ist.

33 Vgl. hierzu Weizsäcker, Welsch, Stähler (1990) und die dort angegebene Literatur. Für alle Ressourcen gilt dies nicht unbedingt, was die hauptsächlich von Georgescu-Roegen geprägte Diskussion des Zusammenhanges von Wirtschaftswachstum und Entropie offenbarte. Für einen klärenden Beitrag dazu, der den in dieser Diskussion anzutreffenden ultimativen Pessimismus als ungerechtfertigt einstuft, vgl. Khalil (1990).

34 Im neoklassischen Modell fallen aufgrund des Sayschen Theorems Produktionsmöglichkeiten und Produktion zusammen, in keynesianischen Modellen stellen die Produktionsmöglichkeiten nur eine notwendige, aber keine hinreichende Bedingung für die korrespondierende Produktion dar.

Für eine Umstrukturierung einer Volkswirtschaft zu verwendende Substitutionsinvestitionen konkurrieren bei einer forcierten Internalisierungsstrategie mit den die Kapazitäten erhöhenden Investitionen und drängen diese zumindest partiell zurück. Das Wachstumstempo einer Volkswirtschaft muß sich deshalb - wenn auch nur marginal aufgrund eines möglichen Auffangens durch den technischen Fortschritt - verlangsamen, da Substitutionskapital für Wachstumszwecke nicht zur Verfügung steht.[35] Notwendige Voraussetzung für wirtschaftliches Wachstum ist jedoch ein durch die Erweiterungsinvestitionen zu tragender Kapazitätseffekt. Kontraktionen sind nur dann nicht zu erwarten, wenn der technische Fortschritt durch die neuen Anforderungen eine solche Dynamik erhält, daß die Effizienz der Produktion dadurch überproportional steigt. Man muß sich dabei allerdings vergegenwärtigen, daß der Referenzfall ein rein hypothetischer und unrealistischer ist, da in ihm noch die Umwelt als ein freies Gut betrachtet wird (d.h. ein positives τ auch im Zeitablauf negiert wird). Wählte man diese Fiktion als reales Leitbild, bestünde die Gefahr einer so intensiven Umweltnutzung, daß für die Zukunft jegliche Wachstumsbasis verloren ginge.

Es bleibt somit aus gesamtwirtschaftlicher Sicht in Auswirkung auf die Faktoren festzuhalten,

- daß eine Verminderung von Emissionen mit einer Erhöhung des Kapitalbestandes und einer Verminderung des Ressourceneinsatzes einhergeht,
- wobei aufgrund der damit einhergehenden Verdrängung von Erweiterungs- durch Substitutionsinvestitionen Wachstumseinbußen gegenüber einem hypothetischen Referenzfall ohne Externalitäten wahrscheinlich sind.

Internalisierungsniveau und Internalisierungsstruktur besitzen deshalb über die unmittelbare Betroffenheit hinaus eine potentiell hohe gesamtwirtschaftliche Relevanz.

2.3 Management externer Effekte

Externalitäten geben den politischen Entscheidungsträgern anscheinend die Berechtigung, in den Wirtschaftsprozeß zu intervenieren. Pigou war der erste, der eine Grundlage für eine solche Intervention schuf.[36] Man unterscheide zunächst zwei Wirtschaftssubjekte A und B, wobei die Verwendung des dem Agenten A nutzenstiftenden Gutes x mit externen Effekten Q verbunden ist, die den Agenten B negativ beeinträchtigen:

---

35 Vgl. dazu auch Cansier (1975), S. 46.

$$(2.6)\quad U_A = f_A(x) \text{ mit} \qquad \partial f_A/\partial x > 0,\ \partial^2 f_A/\partial x^2 < 0$$
$$Q = g(x) \text{ mit} \qquad \partial g/\partial x > 0$$
$$U_B = f_B(y, Q) \text{ mit} \qquad \partial f_B/\partial x > 0,\ \partial^2 f_B/\partial x^2 < 0$$
$$\partial f_B/\partial Q < 0,\ \partial^2 f_B/\partial Q^2 \leq 0$$

Im Sinne von Pigou ist Agent A der Verursacher und Agent B der Betroffene des externen Effektes. Die Ineffizienz eines laissez-faires resultiert daraus, daß die Agenten nicht alle von ihnen beeinflußten Effekte ins Kalkül ziehen, sondern daß Agent A isoliert nur x optimal in seinem Sinne wählt, ohne Q_A zu berücksichtigen. Für diese isolierte Strategie ergibt sich eine Nachfrage nach den Gütern x und y, bis

$$(2.7)\quad p_x = \frac{\delta f_A/\delta x}{\lambda_A} \quad \text{und} \quad p_y = \frac{\delta f_B/\delta y}{\lambda_B}$$

mit λ als dem jeweiligen Lagrange-Parameter der Budgetrestriktion, der den Grenznutzen des Einkommens repräsentiert. Mit einem derartigen Kalkül sind deshalb ein x^l und ein Agent B betreffendes Maß an Externalitäten $Q^l = g(x^l)$ verbunden.

Würden beide Agenten, d.h. insbesondere Agent A, alle Effekte ihrer Handlungen berücksichtigen, ergäbe sich eine Nachfrage nach den Gütern x und y mit μ als dem jeweiligen Lagrange-Parameter für die Nicht-Verschlechterung eines Mindestnutzens des Agenten B, bis

$$(2.8)\quad p_x = \frac{\delta f_A/\delta x}{\lambda_A} - \frac{\mu\,(\delta f_B/\delta g * \delta g/\delta x)}{\lambda_A} \quad \text{und}$$

$$p_y = \frac{\delta f_B/\delta y}{\lambda_B}$$

36 Sowohl Pigous als auch die Überlegungen von Coase können in jedem umweltökonomischen Standardwerk nachvollzogen werden. Vgl. zu den Originalquellen und im folgenden Pigou (1920) und Coase (1960).

erfüllt sind.[37] Der erste Teil von (2.8) läßt sich umformen zu

$$(2.9) \quad \frac{\delta f_A/\delta x}{\lambda_A} = p_x - \frac{\mu\,(\delta f_B/\delta g * \delta g/\delta x)}{\lambda_A},$$

so daß eine positive Pigou-Steuer auf das Gut x in der Höhe

$$(2.10) \quad \tau_A = -\mu \frac{\delta f_B/\delta g * \delta g/\delta x}{\lambda_A}$$

das so definierte soziale Optimum garantiert. Der Konsum von x wird vom Agenten A auf ein Niveau x^* reduziert, welches unter x^l liegt. Es kommt dann zu keiner Reduzierung der Aktivität x auf 0, wenn die Pigou-Steuer nicht prohibitiv hoch für diese Aktivität wird.[38] Die so durch den Staat bestimmte Pigou-Steuer bedingt die Koinzidenz der individuellen Grenznutzen mit den sozialen Kosten, die sich für den Agenten A aus dem Güterpreis und den Nutzeneinbußen des Agenten B ergeben. Die Notwendigkeit einer Variation des Entscheidungsverhaltens des Agenten B ist durch die Internalisierungsstrategie nicht gegeben, so daß es keinerlei Veranlassung gibt, Agent B in irgendeiner Weise zu kompensieren.[39] Da im sozialen Optimum Grenznutzen und Grenzkosten koinzidieren, garantiert die Pigou-Steuer eine effiziente Ressourcenallokation.

Pigous Analyse sozialer Kosten war nahezu unbestritten bis zum Erscheinen des Aufsatzes von Coase. Coase kritisiert schon die scheinbar eindeutige Einteilung quasi in Form einer Schuldzuweisung in Verursacher und Betroffene, denn ein

---

37 Explizit stellt sich das Optimierungsproblem für den Agenten A dar als Lagrange-Funktion mit $L_A = f_A(x) + \lambda_A \{ Y_A - p_x x\} + \mu \{ U^{konst}_B - f_B[y, g(x)]\}$. Das spezifische U^{konst}_B repräsentiert dabei das vom gesellschaftlichen Planer für Agenten B einzuhaltende Nutzenniveau bzw. eine Aussage über einen interpersonellen Nutzenvergleich im Hinblick auf Internalisierungen, da unterschiedlich hohe zugebilligte Niveaus die Interventionsnotwendigkeit im Sinne von Pigou modifizieren.

38 Eine Manipulation von U^{konst}_B kann allerdings für jegliches Problem externer Effekte eine prohibitiv hohe Pigou-Steuer bedingen.

39 Eine Kompensation würde andere Wirtschaftssubjekte dazu veranlassen, sich u.U. den externen Effekten, die sie vormals nicht betrafen, freiwillig auszusetzen, um Kompensationen zu erzielen. Dies kann nicht effizient sein; vgl. dazu Baumol, Oates (1975), S. 24-26. Eine interventionistische Steuer ohne Kompensation kann die Asymmetrie eines positiven Verursacherpreises und eines Kompensationspreises von Null gewährleisten.

Allokationsproblem zeichne sich durch konkurrierende, moralisch nicht zu bewertende Nutzungsoptionen aus, deren relative Vorteilhaftigkeit sich allein nach Maßgabe des Kosten-Nutzen-Verhältnisses bestimmt. Deshalb sei auch Agent B ein potentieller Verursacher, weil eine Reduzierung der Aktivität x eine Nutzeneinbuße für Agent A bedeutet.

Coases Kernthese ist das Argument, daß sich beide Agenten freiwillig auf ein optimales Verschmutzungsniveau einigen werden, welches unabhängig von den definierten Rechten der Verschmutzung oder der Unterlassung identisch ist in Abwesenheit von Transaktionskosten. Eine so unter falschen Annahmen bestimmte Pigou-Steuer ist demnach nicht nur überflüssig, sondern kann sogar schädlich sein, da sie zwischen den Agenten potentiell erzielbare Verhandlungsgewinne schmälert.[40]

Betrachten wir erneut unsere beiden Agenten A und B, so ist es nach Coase unsinnig anzunehmen, daß Agent B sich in das Schicksal eines mit x^l verbundenen externen Effektes in der Höhe $Q^l = g(x^l)$ ergibt. Die Entscheidungssituation stellt sich je nach Verpflichtungslage als ein Optimierungsproblem dar, bei dem die Agenten A und B x, y und Q als Entscheidungsparameter anpassen. Für eine Situation, in der Agent B eine Verschmutzung von Q^l befürchten muß, stellt sich das Optimierungsproblem dar als

$$(2.11) \qquad \begin{aligned} L_A &= f_A(x) && + \lambda_A \{Y_A - p_x x + \kappa_B (Q^l - Q)\} \\ & && + \varepsilon \{Q - g(x)\} \\ L_B &= f_B(y, Q) && + \lambda_B \{Y_B - p_y y - \kappa_B (Q^l - Q)\}. \end{aligned}$$

In dieser Situation hat der Agent A das Verschmutzungsrecht, und Agent B wird ihm ein Unterlassungsangebot machen, das eine Kompensation in der Höhe von $\kappa_B \{g(x^l) - g(x)\}$ abhängig von $x < x^l$ für den Agenten A bedeutet. Die individuell optimalen Niveaus von x und κ_B werden gewählt entsprechend

$$(2.12) \qquad \frac{\partial f_A}{\partial x} = \lambda_A p_x - \lambda_A \kappa_B * \frac{\partial g}{\partial x} \qquad \text{und}$$

$$\kappa_B = \frac{\partial f_B / \partial Q}{\lambda_B}.$$

---

40 Vgl. dazu Buchanan, Stubblebine (1962), S. 380-384.

Bei umgekehrter Verpflichtungslage wird auf der anderen Seite der Agent A nicht einfach hinnehmen, daß er keinerlei Emissionen mehr tätigen kann, wenn er die Unterlassungspflicht hat. Er wird dann dem Agenten B ein Kompensationsangebot für Emissionen machen, so daß sich das Optimierungsproblem nun darstellt als

(2.13)

$$L_A = f_A(x) + \lambda_A\{Y_A - p_x x - \kappa_A(Q - Q^0)\} + \varepsilon\{Q - g(x)\}$$

$$L_B = f_B(y, Q) + \lambda_B\{Y_B - p_y y + \kappa_B(Q - Q^0)\}$$

mit $Q^0 = g(0)$.

Dies bedingt dann eine Kompensation in der Höhe von $\kappa_A\,\{g(x) - g(0)\}$ für den Agenten B. x und κ_A werden entsprechend gewählt, so daß

(2.14) = (2.12)

$$\frac{\partial f_A}{\partial x} = \lambda_A p_x - \lambda_A \kappa_A * \frac{\partial g}{\partial x} \quad \text{und}$$

$$\kappa_A = \frac{\partial f_B/\partial Q}{\lambda_B}$$

gelten. Unter Vernachlässigung totaler Effekte, die aus Einkommenseffekten resultieren können,[41] bedingen (2.11) bis (2.14) ein identisches Ergebnis, weil sie ein *identisches* Kalkül darstellen. In beiden Fällen ist die Differenz aus Nutzen und Kosten maximiert, d.h. daß Grenznutzen und Grenzkosten zusammenfallen. Nur die Vermögen sind *allokationsirrelevant* unterschiedlich verteilt. Die Koinzidenz ergibt sich aus der Tatsache, daß bei Unterlassungspflicht zu zahlende Kompensationen und bei Verpflichtungsrecht nicht realisierte Kompensationen gemäß dem Opportunitätskostenprinzip identisch zu beurteilen sind.

Die Rechtssituation muß deshalb zunächst nur eindeutig geklärt sein, um ein effizientes Ergebnis zu ermöglichen. Eine Wahl der Zuweisung einer bestimmten

---

41 Dies bedeutet, daß durch die Verteilung der Nutzungsrechte annahmegemäß λ_A und λ_B nicht variiert werden, d.h. der Grenznutzen des Einkommens sich nicht ändert. Eine Aufgabe dieser Annahme würde immer noch effiziente, aber - in Abhängigkeit von mit der Verteilung der Rechte einhergehender Einkommenseffekte - unterschiedliche Niveauergebnisse bedingen.

Verpflichtung ist dann allokativ gerechtfertigt, wenn es eine *Asymmetrie in den Transaktionskosten* gibt, die bedingt, daß je nach Zuweisung ein unterschiedlich hoher Anteil der potentiellen Verhandlungsgewinne den Transaktionskosten geopfert werden muß.

Die Analyse von Coase weist uns auf den Tatbestand hin, daß nicht jede Externalität ein Anlaß für Interventionen sein sollte. Im Gegenteil muß realistischerweise davon ausgegangen werden, daß aufgrund der Nutzenabwägungen der Agenten und der Existenz von Transaktionskosten viele externe Effekte entweder effizient verhandelt oder berechtigterweise nicht internalisiert, d.h. toleriert werden. Durch die Integration der Transaktionskosten, die Coase im zweiten Teil seines Aufsatzes vorgenommen hat, gelangt man für die in Abschnitt 2.1 dargelegte Notwendigkeit einer kollektiven Entscheidung über potentiell interventionsbedürftige Externalitäten gerade zu einem schärferen Abgrenzungskriterium. Denn das Problem externer Effekte ist in unserem Zusammenleben universell und wird wahrscheinlich sogar in den meisten Fällen gemäß Coase bewältigt, wenn administrative Regelungen dies nicht zu verhindern wissen. Diese Art der Bewältigung wird dadurch gewährleistet, daß das staatliche Gewaltmonopol das Abschließen und Durchsetzen effizienter Verträge und Abmachungen gerade erst möglich macht, auf die die Betroffenen aus ihrem eigenen Interesse und zu ihrem eigenen Vorteil eingehen. Der Coase-Ansatz darf deshalb nicht dahingehend mißverstanden werden, daß in ihm der Staat keine Rolle spielt (quasi ein anarchischer Zustand verwirklicht wäre), sondern daß durch die Gewährleistung von Rechtssicherheit die Existenz des Staates zwingend erforderlich ist, um effiziente Verträge und Austauschhandlungen zwischen den Agenten erst zu ermöglichen. Dies zeigt sich auch darin, daß Coase seine Argumentation an Rechtsstreitigkeiten verdeutlicht und insofern eine staatliche Rechtspflege implizit voraussetzt.

Dies schließt eine staatliche Intervention nicht aus, sondern impliziert sie, wenn es Umweltprobleme gibt, bei denen davon ausgegangen werden kann, daß der Staat selbst derjenige Agent ist, der durch sein Handeln die effizienteste Lösung eines solchen Allokationsproblems gewährleistet. Die Coase-Analyse bietet uns deshalb ein Effizienzpostulat an, welches besagt, daß das staatliche Gewaltmonopol dann durch direkte umweltpolitische Interventionen ergänzt werden muß, wenn diese Intervention die effizienteste Organisationsform darstellt.

Wenn wir es beispielsweise mit Externalitäten zu tun haben, die den Charakter eines public bad aufweisen, so modifiziert sich unser Entscheidungsproblem zu

(2.15)
$$U_A = f_A(x) \text{ mit } \partial f_A/\partial x > 0, \quad \partial^2 f_A/\partial x^2 < 0$$
$$Q = g(x) \text{ mit } \partial g/\partial x > 0$$
$$U_i = f_i(y_i, Q) \text{ mit } \quad \partial f_i/\partial y_i > 0, \quad \partial^2 f_i/\partial y_i^2 < 0$$
$$\partial f_i/\partial Q < 0, \quad \partial^2 f_i/\partial Q^2 \leq 0$$
für i = 1,..., N Agenten.

In diesem Fall ist zu befürchten, daß sich - wie in Abschnitt 2.1 dargelegt - die Agenten strategisch verhalten und eine freiwillige Verhandlungslösung, die ein Lindahl-Gleichgewicht gewährleistet, nicht zustande kommt. Die Gefahr einer kollektiven Selbstschädigung ist noch höher, wenn alle Agenten sowohl Externalitäten produzieren als auch unter denselben leiden:

(2.16) $U_i = f_i\,(y_i, Q)$ mit $\quad \partial f_i/\partial y_i > 0, \;\; \partial^2 f_i/\partial y_i^2 < 0$

$\quad \partial f_i/\partial Q < 0, \;\; \partial^2 f_i/\partial Q^2 \leq 0$

$Q_i = g_i\,(x)$ mit $\quad \partial g/\partial x > 0$

$\quad Q = \sum Q_i$

für i = 1,..., N Agenten.

Im Coasianischen Sinne sind für solche Fälle einer nur auf der Ebene der Agenten greifenden Organisationsform die Transaktionskosten prohibitiv hoch. Dies muß deshalb nicht effizient sein, wenn es dem Staat gelingt, ein solches Allokationsproblem effizienter zu lösen, indem er die Eigentumsrechte für sich selbst reklamiert und dadurch eine überlegene Organisationsform anbieten kann. Wenn die Definition von exklusiven Eigentumsrechten *für die einzelnen Agenten* unmöglich bzw. ineffizient erscheint, muß eine staatliche Intervention auf ihre Überlegenheit hin geprüft werden. Das Prüfen einer solchen Überlegenheit ist allerdings sui generis keine leichte Aufgabe, da eine Abschätzung der staatlichen Interventionsnotwendigkeit explizit Kosten und Nutzen verschiedener Agenten sowie die damit einhergehenden Transaktionskosten bewerten und vergleichen muß, wohingegen freiwillige Austauschhandlungen zwischen den Agenten eine Vorteilhaftigkeit dieses Austausches direkt implizieren. Auf verschiedene Ansätze eines Vergleichs von Kosten und Nutzen unterschiedlicher Agenten werden wir deshalb explizit in Abschnitt 3.1 eingehen. Die damit einhergehende Bewertungsaufgabe umfaßt das, was gemeinhin unter dem Aspekt der "Internalisierung externer Effekte" diskutiert wird. Im Gegensatz zu freiwilligen Lösungen müssen Kosten- und Nutzenkomponenten der Agenten von staatlicher Seite abgeschätzt werden, wobei eine gewisse Abschätzungswillkür unvermeidbar zu sein scheint. Da im Umweltbereich diese Willkür recht dominant sein kann, werden wir uns in Abschnitt 2.4.1 mit einer diese Willkür vermeidenden second-best-Lösung, nämlich dem Standard-Preis-Ansatz, beschäftigen. Eine vollständige und exakte Internalisierung externer Effekte durch den Staat, die freiwilligen Lösungen gleichwertig ist, kann realistischerweise aufgrund dieser Abschätzungsprobleme nicht erwartet werden.

Betrachten wir das Coase-Theorem aus einer spieltheoretischen Perspektive,[42] so macht das Gewaltmonopol des Staates überhaupt erst kooperatives Verhalten möglich, welches die Effizienz der Coase-Lösung garantiert. Das Gewaltmonopol des Staates ist aber nur eine notwendige Bedingung für kooperatives Verhal-

42 Vgl. zu einer solchen Vorgehensweise Schweizer (1988).

ten, welches sich dadurch auszeichnet, daß die Agenten glaubhafte (weil durch die staatliche Rechtsordnung sanktionierte) Bindungen eingehen können. Strategische Verhaltensmöglichkeiten lassen es aber gar nicht zu für glaubhafte Bindungen notwendigen Präferenzoffenbarungen kommen, so daß in diesem Fall nicht-kooperativen Verhaltens ohne staatliche Intervention Ineffizienzen möglich sind. Ebenso sind Unsicherheiten und Informationsasymmetrien geeignet, kooperatives Verhalten zu verhindern.[43]

Betrachtet man nicht-kooperatives Verhalten, so bewegt man sich außerhalb der Coase-Bedingungen für freiwillige Verhandlungslösungen.[44] Wenn wir Entscheidungen über Umweltnutzungen nicht als einmalige Entscheidungen verstehen, sondern als solche, die immer wiederkehrend und unendlich oft "gespielt" werden, sind auch unter nicht-kooperativen Verhaltensannahmen effiziente Nutzungen trotz Gefangenendilemmas im Einzelspiel möglich.[45] In jedem einzelnen Spiel treffen die Agenten dann in Kenntnis des Verhaltens der anderen Agenten in den vorangegangenen Perioden Entscheidungen. Eine konditionale Strategie kann unter bestimmten Bedingungen die von allen Agenten präferierte sein, die insgesamt ein effizientes Ergebnis gewährleistet:[46] beispielsweise eine solche, bei der der Agent im ersten Spiel auf die im Einzelspiel dominante gesamtwirtschaftlich ineffiziente Option verzichtet, diese Strategie weiterhin verfolgt, solange eine bestimmte Anzahl von Mitspielern in den vergangenen Perioden dasselbe tun, falls nicht, er aber für eine bestimmte Zahl von Spielrunden dann die gesamtwirtschaftlich ineffiziente Option wählt, bis er zumindest für eine Spielrunde darauf wieder verzichtet.

Daß solche nicht-kooperativen Spiele mit quasi Unendlichkeitscharakter durchaus sozial erwünschte Ergebnisse zur Folge haben können, deutet bereits eine Erklärungshypothese an, mit der man das Entstehen des Staates erklären kann: Hobbes' Leviathanzustand als Krieg aller gegen alle wird dadurch überwunden, daß alle Agenten diesen Kriegszustand zu allen Zeiten zu befürchten haben, und

---

43 Vgl. Schweizer (1988); S. 263, sowie die Ausführungen unter dem Stichwort Informationsdilemma in Abschnitt 4.3.2. Im Laufe der Untersuchung wird sich zeigen, daß Unsicherheiten und Informationsasymmetrien, die ein moral-hazard-Verhalten ermöglichen, ein inhärentes Charakteristikum komplexer Umweltnutzungen sind.

44 Die Analyse von Schweizer (1988) greift deshalb über das Theorem hinaus, wenn er nicht-kooperatives Verhalten untersucht.

45 Dies ist die Aussage des sog. Folk-Theorems, wonach in solchen Situationen alle Ergebnisse zwischen kooperativem und kompetitiven Gleichgewicht möglich sind.

46 Vgl. hierzu Taylor (1976), S. 31-61.

deshalb ein solches Verhalten präferieren, welches auf individuelle Gewaltdurchsetzung verzichtet.[47]

Betrachtet man allerdings sowohl reale Umweltnutzungsentscheidungen als auch die Prämissen, die hinter den Verhaltensannahmen den Agenten betreffend stehen, so sind effiziente, nicht-kooperative Lösungen im Umweltbereich als sehr unwahrscheinlich zu erachten. Zum einen ist es eine unrealistische Annahme, daß sich die Nutzenstruktur im Zeitablauf nicht verändert. Eine ineffiziente Nutzung läßt über die eingeschränkte Regenerationsfähigkeit vermuten, daß nach einer Reihe von Nutzungen keine Gefangenendilemmasituation im Einzelspiel mehr vorhanden ist: wenn ceteris paribus abhängig von n Perioden Umweltressourcennutzung der Nutzen beispielsweise auf $u_2/(1 + \delta)^n$ abgenommen hat, so ist nach einer endlichen Zahl von Einzelspielen die Situation des Gefangenendilemmas nicht mehr gegeben.[48] Es ist zu beachten, daß eine so eingeführte zeitliche Degeneration eigentlich eine neue Wahl zwischen einer bedingten Umweltschonung und einer Strategie, die zunächst eine Umweltnutzung (bis zu dem Zeitpunkt, an dem das Gefangenendilemma nicht mehr besteht) und anschließend eine Umweltschonung bedeutet. Dadurch verliert das Spiel seinen Unendlichkeitscharakter zumindest aus der Sicht der Spielstruktur des Gefangenendilemmas, denn nur für noch eine endliche Zahl von Spielen stellt sich die Frage einer kollektiven Selbstschädigung. Weil eine endliche Zahl von Spielen rekursiv auf ein einfaches Spiel reduziert werden kann, ist die Option d dann wieder für jeden Agenten die dominante Strategie und n in der Degeneration von u_2 kennzeichnet gleichzeitig die Zahl der Spielrunden, die mit extensiven Nutzungen koinzidiert.

Zum anderen setzen nicht-kooperative effiziente Umweltnutzungen Agenten bzw. "Spielertypen" voraus, die ex ante alle zukünftigen Entscheidungsprobleme in ihre Überlegungen einbeziehen und darauf aufbauend einen vollständigen Verhaltens- und Strategieplan entwickeln, den sie nie wieder revidieren werden.[49] Realistischerweise werden die Agenten jedoch bei jeder Umweltnutzung ihre Entscheidungen überdenken und sich nicht einem vorab gewählten Strategiemechanismus ausliefern. In diesem Fall bleiben die Agenten im zeitlichen Ablauf unabhängig und entscheiden unabhängig von vergangenen Entscheidun-

---

47 Die Geschichte ist an dieser Stelle natürlich noch nicht zu Ende, da das soziale Verhalten selbst die Schaffung der Institution Staatsgewalt mit einem ihr eingeräumten Gewaltmonopol, welches kooperative Vereinbarungen zwischen den Agenten ermöglicht, zur Folge hat.

48 Da $u_2/(1 + \delta)^n$ mit steigendem n gegen 0 konvergiert, muß es für $u_1 > 0$ eine endliche Zahl von Spielen geben, die in den folgenden Spielen $u_1 > u_2/(1 + \delta)^n$ garantiert, wenn nicht auch (entgegen der ceteris-paribus-Annahme) u_1 noch schneller durch die Umweltnutzung degeneriert. Wir greifen hier auf die Notation in der Darstellung des Gefangenendilemmas in Abbildung 2.1 zurück.

49 Vgl. hierzu Güth (1990), S. 19-24.

gen, weil diese für die neue Situation keine Zukunftsrelevanz besitzen.[50] Wenn die Agenten realistischerweise ihre Umweltnutzungsentscheidungen überdenken und nicht mechanisch handeln, werden sie sich für jedes identische Spiel unabhängig von der spezifischen Vergangenheit so verhalten, so daß "... the vast majority of equilibrium outcomes, postulated by the Folk Theorem, collapses to the unique equilibrium outcome of the base game"[51], in unserem Fall der ineffizienten Umweltnutzung.

Damit ist der Rahmen für die Beurteilung von Interventionsnotwendigkeiten abgesteckt: Notwendige Bedingung für ein freiwilliges, dezentrales und effizientes Verhandlungsergebnis ist die durch das Gewaltmonopol des Staates zu gewährleistende Vertragssicherheit. Hinreichend ist die Abwesenheit von Transaktionskostenüberlegenheiten von Kollektiven gegenüber einzelnen Agenten, keinerlei Informationsasymmetrien sowie der Ausschluß strategischer Verhaltensweisen. Sollten diese hinreichenden Bedingungen nicht erfüllt sein, erklärt sich eine kollektive Interventionsnotwendigkeit. Dadurch ist die Unbestimmtheit im Festmachen interventionsbedürftiger Externalitäten, bei der uns Pigou im unklaren ließ, überwunden, auch wenn die Entscheidung über eine spezifische Intervention keine einfache ist und uns gerade in Abschnitt 3.1 weiter beschäftigen wird. Wir werden uns im folgenden auf diese potentiellen Interventionsfälle beschränken, um Besonderheiten dieser kollektiven Umweltnutzungsentscheidungen und ihrer individuellen Bewertung zu besprechen, die bei reinen Verhandlungslösungen nicht zu erwarten sind. Für aktuelle Umweltprobleme scheinen sie zudem eine hohe Relevanz zu besitzen.

2.4 Ökonomische Theorie der Umweltpolitik

Nachdem im letzten Abschnitt auf die Bestimmungsgründe einer prinzipiellen Interventionsnotwendigkeit eingegangen worden ist, wenden wir uns nun den Problemen der Ermittlung einer Schadensfunktion zu, die notwendig erscheint, um konkreten umweltpolitischen Entscheidungen eine rationale Basis geben zu können. Darauf aufbauend betrachten wir die verschiedenen Instrumententypen der Auflagen, der Abgaben und der Zertifikate.

---

50 Spieltheoretisch bedeutet dies, daß die einzelnen Entscheidungspunkte selbst alle teilspielperfekt sein müssen.

51 S. Güth (1990), S. 23.

2.4.1 Die Problematik der Bestimmung einer Schadensfunktion

Die Problematik der Ermittlung einer Schadensfunktion hat zwei Dimensionen, nämlich die der Bewertungsproblematik und die der Emissions-Imissions-Problematik. Die erste betrifft die Ermittlung des Grenzschadens, der als Basis einer Interventionsdosierung dienen soll.

Eine interventionsgerechtfertigte Pigou-Steuer soll sich bestimmen nach Maßgabe der marginalen sozialen Zusatzkosten, die mit einer bestimmten Aktivität verbunden sind. Diese Schadensbestimmung ist bei der Mehrzahl der interventionsbedürftigen Externalitäten, da sie public bads darstellen, mit enormen Abschätzungsschwierigkeiten verbunden. "The number of activities involved and the number of persons affected by them are so great that on this score alone the task assumes Herculean proportions. Add to this the intangible nature of many of the most important consequences - the damage to health, the aesthetic costs - and the difficulty of determining a money equivalent for marginal net damage becomes even more apparent."[52] Hinzu kommt, daß die Einführung einer Pigou-Steuer keine einfache Aufgabe ist, da dies doch eine genaue Kenntnis der zeitlichen Anpassungsstrukturen verlangt, um für diese Steuer vor Erreichen des Optimalniveaus einen optimalen Pfad zu finden.[53] Eine Orientierung an den Grenzschäden erscheint aus diesen Gründen als sehr unpraktikabel.

Dies konstatierend haben Baumol und Oates einen schwächeren Anspruch in ihrem Standard-Preis-Ansatz formuliert, der nicht Pareto-Optimalität, sondern lediglich die Kosteneffizienz sozialer Entscheidungen über Umweltnutzungen einfordert. Demnach wird die Bestimmung der Umweltqualität nicht endogen über eine Evaluierung der Kosten- und Nutzenfunktionen vorgenommen, sondern als eine Fixschranke exogen von den politischen Entscheidungsträgern festgelegt. Entsprechend werden die Steuern dann so fixiert, daß diese Umweltqualitätsschranke eingehalten wird. Betrachten wir unser Entscheidungsproblem zu Anfang des Abschnittes 2.3 vor diesem Hintergrund neu, so modifiziert sich dies zu:

52 S. Baumol, Oates (1971), S. 43. Vgl. hierzu und im folgenden Baumol, Oates (1971).

53 Es kommt hinzu, daß die Agenten im Rahmen dieses Anpassungsprozesses durchaus Möglichkeiten haben, die Steuer zu beeinflussen; vgl. Baumol, Oates (1976), S. 78f.

(2.19) $U_A = f_A(x)$ und $Q_A = g(x)$ mit
$Q^* \geq Q_A$ als Nebenbedingung

mit der Optimallösung für Agent A

$$(2.20) \quad p_x = \frac{\partial f_A/\partial x}{\lambda_A} - \frac{\nu\, \partial g/\partial x}{\lambda_A}$$

$$\nu \{ Q^* - g(x) \} = 0$$

$$\nu \geq 0, \quad Q^* - g(x) \geq 0$$

ν ist der Lagrange-Parameter der Umweltqualitätsrestriktion und repräsentiert den Nutzenentgang, der mit einer marginalen Einheit einer verbesserten Umweltqualität für den emittierenden Agenten einhergeht. Der Standard-Preis-Ansatz und die Pigou-Lösung würden dann koinzidieren, wenn dieser Schattenpreis mit der Summe aller marginalen Nutzenentgänge aller von der Externalität betroffenen Agenten zusammenfällt, d.h. wenn $\nu = \sum \mu_B \; \partial f_B/\partial g$ für B Betroffene gilt.

Eine im Falle eines positiven Schattenpreises auch positive Steuer in der Höhe

$$(2.21) \quad \tau_A = \frac{\nu\, \partial g/\partial x}{\lambda_A}$$

gewährleistet die Einhaltung der Schranke. Baumol und Oates sind der Meinung, daß sich eine solche Steuer wesentlich leichter als eine Pigou-Steuer iterativ bestimmen läßt, weil hier wesentlich weniger Vagheiten eine Rolle spielen.

Durch die Fixierung eines Umweltstandards wird per Exogenisierung in den politischen Entscheidungsfindungsprozeß das Problem einer kollektiven Bestimmung gelöst. Diese Standards stellen dann Akzeptabilitätsschranken dar, bei denen die Gesellschaft einer in diesem Sinne überoptimalen Nutzung einen unendlich hohen und einer unteroptimalen Nutzung einen Schattenpreis von Null zuweist. Für viele Umweltprobleme kann eine Orientierung der Standardsetzung an der Regenerationsfähigkeit als eine gute Approximation einer Pigou-Lösung verstanden werden. Eine strenge Orientierung an Pigou macht eine explizite Abschätzung unmöglich, aber u.U. ist es uns möglich, etwas über die Steigung der sozialen Grenzkostenfunktion zu erfahren. In den meisten Fällen ist gerade bei heutigen interventionsbedürftigen Umweltnutzungen und der Gefährdung von Regenerationsfähigkeiten eher mit einem recht steilen Verlauf der sozialen Kostenfunktion zu rechnen, wie er in Abbildung 2.2 in einem Diagramm mit der sozialen Grenzkostenfunktion als Grenzschadensfunktion und der Grenzvermeidungsfunktion wiedergegeben ist.[54]

Abbildung 2.2: Standard-Preis-Ansatz und Pigou-Optimum

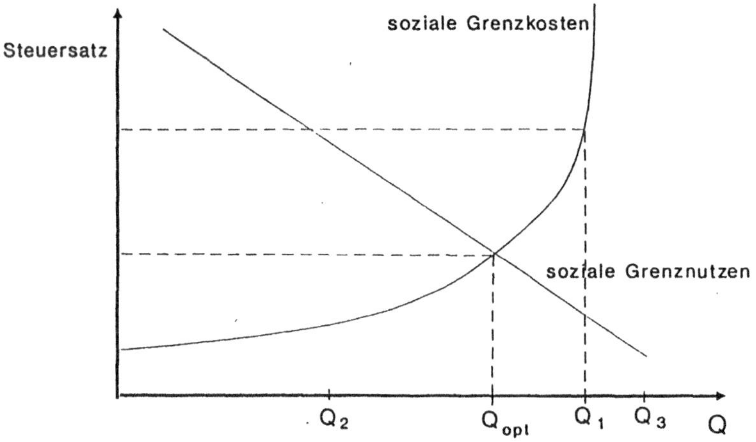

Im Sinne von Baumol und Oates ist die soziale Grenzkostenfunktion zunehmender Externalitäten Q unbekannt. Setzt man einen Standard in der Höhe beispielsweise von Q_1, der gerade noch Regenerationsfähigkeit gewährleistet, macht man aufgrund des steilen Anstieges der unbekannten sozialen Grenzschadensfunktion keinen so großen Fehler in der Abweichung vom Pigou-Optimum.[55] Wählt man allerdings willkürlich Q_2 oder Q_3, so bedeutet dies in beiden Fällen ein deutliches Abweichen, im letzten Fall den Verlust der Regenerationsfähigkeit.

Die Regenerationsfähigkeit sollte deshalb ebenso wie der Versuch einer Kosten-Nutzen-Abschätzung eine vorbereitende Basis für die politisch vorzunehmende Standardsetzung ohne Anspruch auf vollkommene Exaktheit darstellen. Kosten-Nutzen-Abschätzungen zeichnen sich zwar paradoxerweise gerade dadurch aus, daß sie dort, wo sie nötig sind, sehr schwierig werden, und dort, wo sie möglich sind, nämlich bei Marktentscheidungen, nicht notwendig sind. Dies liegt darin begründet, daß die in Frage stehenden Optionen vielfach dadurch gekennzeichnet sind, daß ihnen kein Geldwert ohne ein hohes Maß an Bewertungswillkür zugemessen werden kann.[56] Die Existenz solcher intangibler Kosten und Nutzen

---

54 Es ist zu beachten, daß diese Funktionen nur unter Annahme bestimmter Aggregationsregeln für von Externalitäten betroffenen Agenten ermittelt werden können. Meistens werden die individuellen Kosten und- Nutzenkomponenten gleichgewichtet; vgl. dazu auch 3.2.

55 Diese Argumentation geht auf Weitzman (1974b) zurück und wird in der Instrumentendiskussion erneut aufgegriffen.

56 Trotzdem wird gerade von Psychologen eine Integration solcher Komponenten gefordert; vgl. Earl (1990), S. 734. Ein Beispiel wäre die Nutzeneinbuße in Form des Heimatverlustes bei der Überflutung eines Tales für eine Talsperrennutzung.

sollte deshalb im Rahmen einer Kosten-Nutzen-Analyse explizit offenbart und nicht unterschlagen werden, eine monetäre Integration sollte aber nur dann erfolgen, wenn sie nicht die gesamte Abschätzung aufgrund der willkürlichen Einschätzung in Frage stellt. Trotz aller Unvollkommenheiten sind jedoch per Analogie oder Annahme zumindest Einengungen des Möglichkeitsspektrums der gesamtwirtschaftlichen Nutzenüberschüsse möglich, die ausgewertet werden sollten. Zudem bedeutet eine exogen vorzunehmende Standardsetzung implizit immer noch trotz der Unwägsamkeiten einen bestimmten, vom Entscheidungsträger angesetzten sozialen Netto-Nutzen, der auch die intangiblen Komponenten umfaßt.

Im Hinblick auf die Bewertung der realen Schäden kann somit eine Orientierung an den Standards eine pragmatische Variante einer rationalen Umweltpolitik abgeben. In der Realität erfährt eine solche Standardsetzung in Form der Wahl von Grenzwerten eine hohe Akzeptanz, auch wenn diese zumeist einen anderen Ansatzpunkt haben. Bis dato haben wir allerdings implizit angenommen, daß die Schadensverursachung und die Schadensbetroffenheit auch in realen Einheiten in einem zeitlichen und räumlichen 1:1-Verhältnis stehen, sowie daß wir es mit nur einer oder zumindest separierbaren Externalitäten zu tun haben. Wie schon in Kapitel 2.1 unter dem Stichwort einer äußerst komplexen Regenerationsfunktion angedeutet wurde, ist dies eine ungerechtfertigte Annahme: Die von den Emittenten ausgestoßenen Emissionen E stehen nicht in einem linearen Verhältnis zur Umweltqualität, die sich im Skalar Q beschreiben läßt, sondern der Vektor der Emissionen E', der von dem Vektor der Aktivitäten X' beeinflußt wird, ist über komplizierte Wirkungsmechanismen räumlicher und zeitlicher Art mit dem Vektor der Umweltqualitätsmerkmale Q' verbunden.[57] Die Funktion $Q_A = g(x)$ in (2.6) muß ersetzt werden durch

(2.22) $$E' = g\,(X',...) \text{ und } \quad Q' = h\,(E',...).$$

Diese Kompliziertheiten geben uns noch weniger Anlaß zu einer Pigou-Orientierung, so daß wir weiter von einem exogenen Standard $Q^{*\prime}$ ausgehen, der sich in verschiedenen Komponenten der Umweltqualität in der Beschränkung aller Elemente von Q' auswirkt, d. h., es gilt $q_j \leq q_j^*$ für jedes Element j des Vektors Q'. Die komplexen Phänomene lassen sich in ihren Wirkungen strukturieren, auch wenn sie sich realiter überlagern.

In zeitlicher Hinsicht ist zu berücksichtigen, daß das Verhältnis von Emissionen auf die Umweltqualität häufig durch *Akkumulationswirkungen* gekennzeichnet ist. (2.22) konkretisiert sich dahingehend, daß der aktuelle Vektor der Umwelt-

---

57 Vgl. hierzu auch Tietenberg (1985), der diese Phänomene direkt in Kostenminimierungskalküle über Zertifikatslösungen integriert.

qualitäten nicht nur von den aktuellen Emissionen, sondern auch von den historischen Emissionen beeinflußt wird:

$$(2.23) \qquad E_t' = g(X'_t,...) \text{ und } dQ_{it}/dE_j = h\{E_t', \int_0^t E_t'\,dt, \Delta_t(Q_t'),...\}$$

Die Veränderung der Umweltqualität ist somit auch von den bereits akkumulierten Emissionen abhängig sowie vom Vektor Δ_t der Regenerationsfähigkeiten, die auch wiederum eine Funktion der bereits vorhandenen Umweltqualitäten sein können. Die Kenntnis der genauen Funktionsform und aller Einflußvariablen würde uns die Integration der rechten Seite ermöglichen, woraus der intertemporale Emissionsspielraum für E' bei Einhaltung des Standards $Q^{*\prime}$ abgeleitet werden könnte. Eine solche Funktion ist aber nur für einzelne Teile des Ökosystems bekannt, so daß hier große Unsicherheiten und Unwägsamkeiten zu konstatieren sind.

In räumlicher Hinsicht haben wir festzustellen, daß Emissionen in Umweltmedien völlig unterschiedliche Auswirkungen auf die Umweltqualitäten an verschiedenen Orten haben. Betrachten wir den *räumlichen Transport* von Emissionen isoliert und unterscheiden i Regionen, so modifiziert sich (2.22) in diesem Fall zu

$$(2.24) \qquad E_i' = g(X',...) \text{ und } \quad Q_i' = h(\sum E_i, \mathbf{A},...)$$

mit i und j als Regionsindices, $\sum E_i$ als Summe aller Emissionen über alle Regionen und **A** als der Transportmatrix, deren Elemente a_{ij} $(0 \leq a_{ij} \leq 1)$ den Anteil der Emissionen der Quelle am Standort i an den Immissionen am Standort j ausmachen. Unter der Annahme, daß unabhängig von einer Variation der sonstigen Bedingungen in dem relevanten Emissionsintervall die Matrix **A** konstant bleibt und daß die Immisionen I_j in der Region j allein als Skalar ein regionales entscheidungsrelevantes Umweltqualitätskriterium ausmachen, d.h. für jede Region sich der Vektor Q' auf das Skalar I_j reduziert, kann man (2.24) konkretisieren zu

$$(2.25) \qquad E' = g(X',...) \text{ und } \quad I' = \mathbf{A} * E' \text{ bzw. } E' = \mathbf{A}^{-1} I'.$$

Die damit verbundene Restriktion eines Standards I_j für jede Region kann unter dieser Annahme direkt in eine entsprechende Emissionsstruktur übersetzt werden.[58] So gesehen sind internationale Externalitäten solche, die mit signifikanten regionalen Transporten über Verwaltungshoheitsgrenzen hinweg verbunden sind,

---

58 Auch eine lineare Transformation des Skalars I in ein Umweltqualitätsskalar Q wäre hinreichend.

so daß sich aus dieser analytischen Sicht der Dinge keinerlei Anlaß für eine Sonderbehandlung ergibt.[59]

Aber auch unter den mit Emissionen verbundenen Aktivitäten selbst ist mit Wechselwirkungen zu rechnen. Wenn wir berücksichtigen, daß Umweltqualitäten, repräsentiert durch den Vektor Q', von verschiedenen Schadstoffen beeinflußt werden, können verschiedene Schadstoffe diese Umweltqualität in nicht separierbarer Weise bestimmen. Für die Umweltqualitätsfunktion in (2.22) sind deshalb verstärkende (abschwächende) Wirkungsverflechtungen über Kuppelmechanismen nicht auszuschließen. In diesem Fall ist die Funktion um die Eigenschaft $\partial^2 Q_i / \partial E_j \partial E_k > (<) \ 0$ zu ergänzen. Verstärkende Kuppelprozesse machen Randlösungen für bestimmte Emissionen zur Einhaltung einer bestimmten Umweltqualität wahrscheinlicher, da eine marginale Minderung der Emission E_k auch indirekt die Umweltqualität über die Emission E_j positiv beeinflußt.[60]

Die Probleme der Ermittlung einer realen Schadensfunktion kann auch der Standard-Preis-Ansatz nicht lösen, da der Umweltstandard sinnvollerweise an das Umweltgut gekoppelt werden sollte. Die Ermittlungsproblematik bzw. Unbestimmtheit wird dadurch relevant, daß unterschiedliche Instrumente sowohl in diesem Sinne als ökologisch unterschiedlich treffsicher erscheinen, als auch mit unterschiedlichen Effizienzen und Transaktionskosten in Verbindung gebracht werden. Dadurch hat die spezifische Art der Schadensfunktion einen dominanten Einfluß auf die einzusetzenden Instrumente.

2.4.2 Instrumente der Umweltpolitik

Baumol und Oates orientierten die Erfüllung ihrer Standards an einer iterativen Bestimmung einer Steuer auf die Umwelt schädigende Aktivitäten. Der letzte Abschnitt konfrontierte uns bereits mit Problemen einer Steuer, die bei den *Emissionen* greift, dadurch aber *Umweltqualitäten* realisiert werden sollen. Die Steuer ist jedoch nicht das einzige zur Verfügung stehende Instrument.

Grundsätzlich können neben den Steuern bzw. Abgaben die Instrumententypen der Auflagen und der Zertifikate unterschieden werden. Bei einer Auflage handelt es sich um eine ordnungsrechtliche Genehmigung, die eine bestimmte Aktivität in einem bestimmten Umfang und ggf. auf eine bestimmte vorgeschriebene Art und Weise erlaubt. Zertifikate sind Berechtigungsscheine, deren Besitz in einem bestimmten Umfang zu einer auf dem Zertifikat definierten Aktivität berechtigt. Zertifikate sind zwischen den Agenten transferierbar und zählen ebenso

---

59 Dies gilt jedoch nicht für die einzusetzenden Instrumente, da aufgrund der Restriktion auf nationale Souveränitäten durch internationale Umweltprobleme, die in ihrem Ausmaß zunehmen, die Instrumentendiskussion eine andere Qualität bekommt.

wie die Auflagen zu den mengensteuernden Instrumenten. Abgaben sind dagegen ebenso wie auch Subventionen preisbeeinflussende Instrumente. Die Instrumente können grundsätzlich an verschiedenen Stellen ansetzen, etwa bei den Ressourceninputs des Produktionsprozesses, am Produktionsprozeß selbst, an den Zwischenprodukten, an den Endprodukten, an den Emissionen und/oder den Immissionen.[61]

Handelte es sich beim konkreten Umweltnutzungsproblem um ein Entscheidungsproblem analog dem in (2.19) beschriebenen, d.h. in vollkommener Kenntnis durch die Entscheidungsträger ohne Unterschiede zwischen den Transaktionskosten verschiedener Instrumente an unterschiedlichen Stellen, wäre die Frage der Vorteilhaftigkeit bestimmter Instrumente müßig, da jedes an jeder Stelle optimal dosiert werden könnte. Informationsdefizite und Unterschiede in den Transaktionskosten auch bei interventionsbedürftigen Externalitäten machen jedoch eine Instrumentendiskussion notwendig. Instrument und Instrumentenkombination sind so zu wählen, daß die mit der angestrebten Umweltqualität verbundenen volkswirtschaftlichen Kosten minimiert werden, was auch berücksichtigt, daß Zielabweichungen in Form der Gefährdung der ökologischen Sicherheit möglichst unterbleiben sollen und die Transaktionskosten in Form von Kontrolle und Durchsetzung bei allen Beteiligten in diese Kosten integriert werden.

Betrachten wir nun erneut die Abbildung 2.2, in der wir eine unbestimmte Grenzschadensfunktion unterstellt hatten, und vergleichen wir zunächst aus diesem Blickwinkel mengen- und preisbeeinflussende Instrumente.[62] In diesem Schaubild gibt es zwei Ansatzpunkte der Regulierung, nämlich eben über den Preis oder über die Menge. Haben wir es mit einer sozialen Grenzkostenfunktion zu tun, die zwar prinzipiell unbekannt, aber aufgrund von Kosten-Nutzen-Abschätzungen und Erkenntnissen über die Regenerationsfähigkeiten in ihrer *Steigung* und in ihrem relevanten *Intervall* abgeschätzt werden kann, ist eine Mengensteuerung zu empfehlen, da eine abschätzungsbedingte Abweichung vom Optimum nicht allzu groß sein kann. Im Gegensatz dazu sind nur leichte Abweichungen vom optimalen Steuersatz (s. die Abtragung auf der Ordinate) in der Lage, große Wohlfahrtsverluste zu erzeugen.

---

60 Vgl. zu einer ähnlichen Argumentation Ungern-Sternberg (1987).

61 Eine Diskussion der verschiedenen Instrumente befindet sich in nahezu jedem umweltökonomischen Standardwerk (vgl. beispielsweise Endres (1985), S. 23-113), so daß wir hier auf allgemeine Literaturhinweise verzichten. Ebenso verzichten wir hier auf eine alle Aspekte der Instrumentenwahl umfassende, detaillierte Diskussion, da für unser Problem allein die prinzipielle Diskrepanz zwischen umweltökonomischer Empfehlung und realer Ausgestaltung unabhängig vom u.U. kontrovers einzuschätzenden Detail relevant ist.

62 Vgl. hierzu und im folgenden Weitzman (1974b) und auch Dasgupta, Heal (1979), S. 400-409, sowie Dasgupta (1982), S. 81-84.

Wenden wir uns nun wieder der pragmatischen Variante der Standardsetzung zu und gehen zunächst ebenso implizit wie in Abbildung 2.2 davon aus, daß Umweltqualitäten direkt mit Emissionen assoziiert werden können, so bedeuten mengensteuernde Instrumente, die dort ansetzen, eine direkte und exakte Umsetzung dieses Standards. Für den Standard-Preis-Ansatz erscheinen somit entgegen den Überlegungen von Baumol und Oates preisbeeinflussende Instrumente zunächst als unterlegen.

Allerdings sind Zertifikate und Auflagen nicht gleich gute Instrumente, wenn es um Effizienzaspekte geht. Auflagen sind in ihrer möglichen Ausgestaltung handlungsorientiert und belassen als Ver- und Gebote einen bestimmten Handlungsspielraum. Durch Auflagen schreibt die Umweltbehörde die Durchsetzung eines bestimmten Umweltstandards auch in der Art und Weise vor. Typischerweise sind aber die Anwender über ihre Handlungsoptionen, d.h. beispielsweise über Minderungsmöglichkeiten und die damit verbundenen Kosten ex ante besser informiert.

Der Staat hat dann zwei Möglichkeiten. Entweder setzt er für bestimmte Umweltnutzungen einheitliche Auflagen als Handlungsanweisungen fest. Diese haben den gravierenden Nachteil, daß sie die Ausnutzung komparativer Kostenunterschiede zwischen den Anlagen unmöglich machen; die Durchsetzung des Standards erfolgt zu gesamtwirtschaftlichen Kosten, die nicht minimal sind. Versucht der Staat seine Auflagenfestsetzung an Kostenunterschieden festzumachen, werden die Agenten allesamt versuchen, eine Kostenunterlegenheit zu suggerieren, um mit möglichst geringen Kosten belastet zu werden. Da Auflagen die unentgeltliche Nutzung im Rahmen der Handlungsanweisung bedeuten, würde eine Offenbarung einer relativen Kostenüberlegenheit bedingen, daß diese von der Umweltbehörde erkannt würde, was für den Offenbarer eine Einschränkung seiner unentgeltlichen Umweltnutzungsoptionen bedeutet. Zertifikate und wohldosierte Steuern zeichnen sich jedoch dadurch aus, daß das Umweltnutzungsniveau mit den gesamtwirtschaftlich geringsten Kosten erreicht wird, da sich die Vorteilhaftigkeit und das Einsatzniveau der Anlagen nach den durch die Steuer oder den Zertifikatsmarkt ermittelten offenbarten Umweltnutzungsschattenpreisen bemißt.[63]

Neben dieser statischen Ineffizienz von Auflagen muß zusätzlich aus Sicht dynamischer Effizienzaspekte eine Unterlegenheit konstatiert werden, die daraus resultiert, daß Auflagen einen nur unzureichend hohen Anreiz zu Innovationen in umweltextensive Nutzungen geben: die Anwender haben kein Interesse an einem umweltfortschrittlichen Verfahren, weil sie wiederum durch eine verschärfte

63 Für Zertifikate wurde die Effizienz dieses Instruments von Montgomery (1972) festgestellt. Beachtenswert ist, daß sein Beweis noch vor der expliziten Formulierung durch Baumol und Oates implizit auf Standardsetzungsüberlegungen beruht.

Auflagenpraxis alle Kosten für ein öffentliches Gut zu tragen haben.[64] Wenn wir weiter konstatieren, daß entgegen den bis dato vorgestellten einfachen Modellen sich die Umgebungsbedingungen ständig ändern, somit auch der Schattenpreis der Umweltnutzung ständig variiert,[65] so bringt die dadurch notwendige Neudosierung von Auflagen weitere Probleme. Hinzu kommt, daß Auflagen sich zumeist auf einzelne Anlagen beziehen, die Gesamtzahl und die Struktur der Anlagen aber nur unzureichend beeinflußt wird. Allein eine Variation der Menge und der Struktur der umweltintensiven Anlagen bedeutete deshalb eine Variation des Umweltstandards, wenn alle alten und neuen Anlagen gleichbehandelt würden; Auflagen zeichnen sich deshalb durch eine potentiell hohe *Mengenunbestimmtheit* aus. Die zu beobachtenden Versuche, diese Mengenunbestimmtheit über eine rigidere Genehmigungspraxis bei neuen Anlagen zu konterkarieren, bedeuten aufgrund der zu vermutenden Effizienzüberlegenheit neuer Anlagen wiederum eine Verschärfung der Kostenineffizienzen.

Aber auch für eine Abgabenlösung sind potentielle dynamische Ineffizienzen im Hinblick auf die Einhaltung des Standards auszumachen. Exogene Veränderungen der Umgebungssituation machen eine ständige Neudosierung notwendig, und es ist fraglich, ob dies von einer Exekutive geleistet werden kann bzw. will. Selbst wenn wir von einer perfekten Welt ausgehen, führt allein die Verbindung zwischen Ressourcennutzungen und Emissionen zu großen Abschätzungsnotwendigkeiten, da die spezifische Preisentwicklung der Ressourcen bekannt sein muß. Dies liegt an den Wechselwirkungen zwischen einer zumindest mittelfristig wahrscheinlich zeitinvarianten Umweltsteuer τ, dem Ressourceneinsatz und den Emissionen. In Rückgriff auf die Darlegung in 2.1 und unter der Voraussetzung, daß die in (2.1) beschriebene Produktionsfunktion linear-homogen ist,[66] gehen wir zur Darlegung dieses Zusammenhanges für die Preissetzung erschöpfbarer, endlicher Ressourcen vom Hotelling-Ansatz aus:[67]

(2.26) $z_t = m + UC_t$ und $UC_t = e^{rt}\, UC_0$.

Der Ressourcenpreis z setzt sich zusammen aus den hier als konstant angenommenen Extraktionskosten m und den user costs UC. Die user costs repräsentieren die Opportunitätskosten einer Ressourcennutzung, weil die dabei eingesetzten

---

64 Dies kann nur partiell durch die Interessenlage der Anlagenbauer gegenkompensiert werden, da aufgrund des Systemcharakters von Umstrukturierungen vermutet werden darf, daß der innovative Anreiz am größten ist, wenn Anlagenverwender und -bauer identische Interessen haben.

65 Vgl. Bonus (1990), S. 347.

66 Dies ist für eine mittelfristig orientierte Analyse keine allzu strenge Restriktion.

67 Vgl. Hotelling (1931). Für erschöpfbare, erneuerbare Ressourcen wie Umweltressourcen müßte noch eine Eigenverzinsung abhängig vom Ressourcenbestand und anderen relevanten Faktoren in Gleichung (2.26) angefügt werden; vgl. auch die Ausführungen in Abschnitt 2.1.

Ressourceneinheiten in der Zukunft nicht mehr zur Verfügung stehen. (2.26) stellt die Hotelling-Regel dar, wonach ein gegebener Ressourcenbestand wie ein Kapitalgut zu behandeln ist und deshalb im Arbitragegleichgewicht der Preis einer Ressource mit der Diskontrate steigen muß. Das absolute Niveau der user costs ergibt sich aus der Ressourcennachfragefunktion

$$(2.27) \qquad X_t = X_t(UC_0,\tau) \qquad \text{und} \qquad \int_0^{\infty} X_t(UC_0,\tau)\,dt = \sigma,$$

wobei die letzte Bedingung die Erschöpfbarkeitsbeschränkung bei einem gegebenem Ressourcenbestand σ darstellt. Unter Verwendung des Theorems impliziter Funktionen erhalten wir $UC_0 = UC_0(\tau)$. Die Ableitung zeigt uns, daß UC_0 und τ zueinander eine inverse Beziehung haben:

$$(2.28) \qquad \frac{dUC_0}{d\tau} = - \frac{\int_0^{\infty} \frac{\partial X_t}{\partial \tau}\,dt}{\int_0^{\infty} \frac{\partial X_t}{\partial UC_0}\,dt} < 0.$$

Dies bedeutet, daß in einem intertemporalen Gleichgewicht die Einführung einer Umweltsteuer durch eine Verringerung der user-cost-Komponente gegenkompensiert wird. Dies ist dadurch erklärbar, daß die user-cost-Komponente Rentencharakter hat und deshalb eine Umweltbesteuerung zumindest teilweise auch eine Rentenbesteuerung bedeutet. Allgemein kann nicht ausgeschlossen werden, daß die Einführung einer zeitinvarianten Umweltsteuer einen *erhöhten* Ressourceneinsatz bedingt, da das Vorzeichen von

$$(2.29) \qquad \frac{dX_0}{d\tau} = \underset{-}{\frac{\partial X_0}{\partial UC_0}}\ \underset{-}{\frac{dUC_0}{d\tau}} + \underset{-}{\frac{\partial X_0}{\partial \tau}}$$

unbestimmt ist. Die Einführung einer zeitinvarianten Umweltsteuer muß somit entgegen unseren Schlußfolgerungen in 2.1 nicht unbedingt eine Ressourcenschonung zur Folge haben.[68]

Richten wir den Blick auf Emissionen (Externalitäten), so stellt sich nun die Frage, inwieweit durch die Einführung einer zeitinvarianten Umweltsteuer eine Reduktion von Emissionen auch wirklich erreicht wird. Die Ableitung der Emissionsfunktion nach τ und die Bedingung einer Reduktion der Emissionen, d.h. $dQ_t/d\tau \leq 0$, führt zu

$$(2.30) \qquad \frac{dK_t}{d\tau} \geq - \frac{\partial g/\partial X_t}{\partial g/\partial K_t} \frac{dX_t}{d\tau},$$

einer Bedingung für den durch die Umweltsteuer induzierten Kapitaleinsatz. Substitution von (2.30) in die Ableitung der Produktionsfunktion (2.2) führt zu

$$(2.31) \qquad \frac{dY_t}{d\tau} \geq \left(\frac{\partial f}{\partial X_t} - \frac{\partial g/\partial X_t}{\partial g/\partial K_t} \frac{\partial f}{\partial K_t}\right) \frac{dX_t}{d\tau}.$$

Diese Bedingung ist nur dann erfüllt, wenn die Nachfrage sich entsprechend verändert. Deshalb kann die linke Seite von (2.31) ersetzt werden durch die Ableitung einer bereits in 2.1 erwähnten Nachfragefunktion $h(p_t)$ nach τ:

$$(2.32) \qquad \frac{dh}{dp_t} \frac{dp_t}{d\tau} \geq \left(\frac{\partial f}{\partial X_t} - \frac{\partial g/\partial X_t}{\partial g/\partial K_t} \frac{\partial f}{\partial K_t}\right) \frac{dX_t}{d\tau}.$$

---

68 (2.29) gilt auch dann, wenn eine Backstop-Technologie zur Verfügung steht; vgl. dazu Welsch, Stähler (1990), S. 185-188. Eine Backstop-Technologie stellt eine alternative Technologie dar, die in der Lage ist, denselben Output ohne Nutzung einer natürlichen Ressourceneinheit zu erzeugen; vgl. Nordhaus (1973). Diese Alternativtechnologie muß bei einem echten Ressourcenproblem kostenintensiver sein, weil sie sonst direkt von Beginn an eingesetzt würde. Die user costs ergeben sich dann als Vorteil der ressourcenverwendenden Technologie gegenüber der Backstop-Technologie, d.h. als $UC_t = e^{r(T-t)} (z_T - m)$, wobei T den Switch-Zeitpunkt hin zur Backstop-Technologie darstellt und z hier als maximale Zahlungsbereitschaft zu verstehen ist. Bei Existenz einer Backstop-Technologie kann die insgesamt negative Veränderung der user costs aufgesplittet werden: ein Kapitalkosteneffekt, ein Umweltkosteneffekt und ein Switchzeitpunkteffekt verringern die user costs, wohingegen ein Effizienzverbesserungseffekt eine Erhöhung bedingt; vgl. Welsch, Stähler (1990), S. 189 f.

Es zeigt sich, daß es keinen Mechanismus gibt, der Ungleichung (2.32) immer garantiert. So kann diese Ungleichung nicht erfüllt sein, wenn sowohl $dp_t/d\tau$ als auch $dX_t/d\tau$ ein positives Vorzeichen haben. Dies ist äquivalent zu

$$(2.33) \qquad \frac{\partial p_t/\partial\tau}{\partial p_t/\partial z_t} > -\frac{dz_t}{d\tau} > \frac{\partial X_t/\partial\tau}{\partial X_t/\partial z_t},$$

ein Fall, der nicht ausgeschlossen werden kann.

Wir können somit nicht davon absehen, daß es trotz bzw. wegen der Einführung einer im Zeitablauf invarianten Abgabe zu späteren Zeitpunkten zu einem *höheren* Emissionsniveau gegenüber dem Emissionspfad ohne Abgabe kommen kann. Die Einführung einer Umweltsteuer beinhaltet somit ein komplexes, intertemporales Problem, welches nicht durch die Wahl eines u.U. *nur historisch richtigen* Steuersatzes gelöst werden kann. Wir haben gezeigt, daß in einer sicheren, modelltheoretisch "einfachen" Welt schon die realistischerweise gegebene prinzipielle Erschöpfbarkeit einer Ressource, die in einem ursächlichen Verhältnis zu Externalitäten steht, eine Umweltbesteuerung zu einer intertemporalen und damit *permanenten* politischen Aufgabe macht. Wir wollen nicht behaupten, daß das Modell einen ultimativen empirischen Erklärungsgehalt hat, aber der Entscheidungsträger muß schon wissen, inwieweit user-cost-Komponenten den Ressourcenpreis beeinflussen, um eine emissionsreduzierende Umweltsteuerpolitik betreiben zu können.

Subventionen sind das Spiegelbild einer Abgabenlösung. Theoretisch haben sie dieselbe Effizienz bzw. Ineffizienz wie Abgaben, bloß daß sie keine Staatseinnahmen, sondern Staatsausgaben bedingen: entsprechende Subventionen entlasten umweltextensive Nutzungen und verteuern dementsprechend umweltintensive Nutzungen. Diese Symmetrie läßt sich unter Vernachlässigung von Einkommenseffekten so verstehen, daß den Wirtschaftssubjekten eine lump-sum-Subvention in Höhe von S gezahlt wird, von der entsprechend der Umweltnutzung eine Steuer mit einem Steuersatz τ abgezogen wird.[69] Da sich lump-sum-Zahlungen dadurch auszeichnen, daß sie allokationsneutral sind, ergibt sich theoretisch eine symmetrische Wirkung von Subvention und Steuer.

Um Subventionen aber gleich wirksam wie Steuern zu gestalten, müßten alle potentiellen Umweltnutzer und nicht nur die aktuellen subventioniert werden.

---

69 Gleichzeitig muß für jede Umweltnutzungsaktivität $S - \tau x > 0$ gelten, da ansonsten negative Subventionen (d.h. Steuern) möglich sind. Ein hinreichend hohes S gewährleistet dies.

Dies ist aus Informationsgründen nicht möglich.[70] Werden nur die aktuellen für geringere Umweltnutzungen subventioniert, ist der Netto-Effekt durch neue Umweltnutzer ambivalent; für den Fall ohne die Existenz von Rückhaltetechnologien kann gezeigt werden, daß die Umweltnutzungen durch die Subventionierung nur der aktuellen Umweltnutzer zunehmen.[71] Von einer Subventionierung ist deshalb aufgrund der Informationsunbestimmtheiten und den daraus resultierenden, möglicherweise erfolgreichen Übertreibungen der Umweltnutzer abzuraten.

Vor diesem Hintergrund spricht vieles für eine Zertifikatslösung.[72] Allerdings haben wir für die Emissions-Imissions-Problematik komplexe Wirkungsmechanismen konstatieren müssen, die je nach Ansatzpunkt unterschiedliche Transaktionskosten bedingen. Für die zu beobachtenden Akkumulationen gilt, daß diese in eine Zertifikatslösung integriert werden können, indem die Gültigkeitsdauer entsprechend der intertemporalen Wirkungsdauer angepaßt wird. Die räumliche Transportproblematik ist zunächst allen Instrumenten gemeinsam. Eine Orientierung an den direkten Immissionen scheitert an den hohen Transaktionskosten einer Zurechnung. In dieser Hinsicht wäre dann wohl auch eine Orientierung an Auflagen wirklich effizienter, weil transaktionskostengünstiger. Vergäbe man eine Steuer bzw. ein Zertifikat räumlich unspezifiziert, so bestünde die Gefahr der hot spots, d.h. daß in bestimmten Regionen eine deutliche, u.U. akute starke Überschreitung der Standardwerte befürchtet werden müßten.

So muß für eine Zertifikatslösung (und müßte auch für eine Abgabenlösung) ein Kompromiß zwischen der eingeschränkten Effizienz nur räumlich spezifizierter Zertifikate und der ökologischen Treffsicherheit gemacht werden.[73] Räumliche Spezifikationen müssen dabei nicht unbedingt eine strikte räumliche Nicht-Austauschbarkeit bedeuten, sondern können auch von Genehmigungsvorbehalten abhängig gemacht werden.[74] Da Zertifikate ohnehin nur eine langfristige Steuerung gewährleisten können, bedeutet eine bestimmte Regionalisierung und ein be-

---

70 Im Prinzip stellt dies nichts anderes als eine Coasianische Argumentation dar, wobei aufgrund der höheren Informationskosten der Subventionen die Steuerlösung transaktionskostenüberlegen ist. Eine Transferierbarkeit von Externalitäten kann allerdings auch aufgrund der höheren Transaktionskosten vieler Transfers diese Vorteilhaftigkeit in Frage stellen; vgl. Bird (1987).

71 Vgl. zu diesem Punkt sowie zum Gesamtkomplex des Verhältnisses der Subventionen zu Steuern Baumol, Oates (1976), S. 172-190.

72 Weimann faßt dies eindeutig zusammen: "Ist von kompetitiven Zertifikatsmärkten auszugehen, so ist die Zertifikats-Lösung dem Preis-Standard-Ansatz vorzuziehen. Die Eindeutigkeit dieses Urteils ist möglich, weil das Zertifikat-Konzept in allen Belangen mindestens so gut abschneidet wie der Preis-Standard-Ansatz und in einzelnen Punkten deutliche Vorteile aufzuweisen hat." S. Weimann (1990), S. 173.

73 Die Regionalisierung definiert eine Substitutionsgrenze zwischen Risiken und Kosteneinsparungen; vgl. dazu auch Roberts (1982).

stimmtes Niveau dieser regionalisierten Zertifikate, daß es einen konkreten trade-off zwischen der Effizienz und dem *Risiko* einer hot-spot-Überlastung gibt.

Dieses Risiko kann nur durch eine weitgehende Individualisierung und/oder ein sehr geringes Niveau von Emissionen verringert werden.[75] Zertifikate bedingen im Gegensatz zu Steuern eine genaue Zielbestimmung, so daß Regionalisierung, Genehmigungsvorbehaltsregeln und Niveau der zulässigen Emissionen das hot-spot-Risiko in Abhängigkeit von der kurzfristigen Regenerations- bzw. Assimilationsfähigkeit ausmachen. Für Gefährdungsstoffe sowie für Stoffe, die exorbitant hohe Transaktionskosten bedingen, ist eine Randlösung in Richtung auf Verbote empfehlenswert,[76] für Schadstoffe ohne regionale Besonderheiten die Randlösung einer reinen Zertifikatslösung.[77] Der trade-off zwischen Effizienz und ökologischer Treffsicherheit kann in kurzfristiger Sicht durch das Anordnungsverfahren, welches sich durch seine Flexibilität auszeichnet, abgemildert werden. Je höher das Risiko kurzfristiger hot spots ist, desto mehr ergibt sich die Notwendigkeit kurzfristiger Interventionen.[78]

In ihrer extremsten Form können hot spots eine Umweltkatastrophe bedeuten, die zumindest für eine endliche Zeit jegliche ökonomische Aktivität in einer Region nicht zuläßt und dort alle Optionen vernichtet. Diese Gefahr kann gleichzeitig für viele bzw. für alle Regionen in Abhängigkeit der zu wählenden Standards bestehen, wenn diese Standards nicht so streng sind, daß eine Umweltkatastrophe zu einem unmöglichen Ereignis wird. Eine Standardsetzung für Anlagen, die potentiell Gefährdungsstoffe freisetzen, bedeutet somit auch in Abhängigkeit von der Anzahl der Anlagen und der Beinflussung wechselseitiger Risiken (vgl. 2.5) eine Definition der Unfallrisiken.[79] Dabei gilt für neue Umweltnutzungen, daß der

---

74 Vgl. hierzu am Beispiel der Luftreinhaltepolitik Kabelitz (1984), S. 247-371.

75 Wir werden uns im folgenden aus dem Blickwinkel der Risiken mit der Perzeption derselben durch einzelne Agenten beschäftigen. Deshalb wird auf eine Darlegung möglicher individueller Anpassungen an Umweltrisiken in dieser Arbeit nicht eingegangen, zumal diese nach der Diskussion in Kapitel 4 nicht einfach abzuschätzen sind.

76 Ein striktes Verbot ist identisch einer Zertifikatslösung mit einem tolerierten Niveau von 0.

77 Vgl. zu der Zertifikatslösung für CO_2 Stähler (1990).

78 Dies geschieht beispielsweise schon in Form der bei Smog geltenden Fahrverbote und Beheizungsvorschriften. Ein solcher Eingriff ist nicht so befremdend, wie er auf den ersten Blick erscheint, weil auch in anderen Sektoren Katastrophenfälle - beispielsweise bei Ausfall eines großen Teils der Nahrungsmittelversorgung - durch kurzfristig wirkende Anordnungen effektiv abgewickelt werden können.

79 Wir werden im weiteren auf eine Evaluierung eines optimalen mit Gefährdungsstoffen verbundenen Aktivitätsniveaus aus den bei der Darstellung des Standard-Preis-Ansatzes angeführten Gründen verzichten. Vgl. hierzu Cropper (1976), dessen Analyse aber von der willkürlichen Annahme eines Nutzen- und Konsumniveaus von 0 für die einer Katastrophe als Zufallsereignis folgenden Zeitperioden abhängt. Auf die Perzeption solcher Risiken durch den *Einzelnen* gehen wir explizit in Kapitel 4 ein.

Staat bzw. die betroffenen Agenten für einen umso geringeren Zeitraum soziale Risiken zu tragen haben, je schneller es der Umweltpolitik gelingt, die umweltpolitischen Instrumente anzupassen.[80]

Aus internationaler Sicht ergibt sich für bedeutende regionale Transporte von Schadstoffen über die Grenzen hinweg die Notwendigkeit einer Kooperation. Dadurch lassen sich analog dem Außenhandel komparative Kostenvorteile in der Vermeidung erzielen,[81] moderate einseitige Reduzierungen können durchaus rational sein.[82] Da sich bis dato die Umweltpolitik von den Souveränitäten betrachtet im nationalen Rahmen abspielt, sind hier am ehesten Spielen vergleichbare Verhandlungen zu erwarten. Internationale Zertifikate sind hier als Instrument auch in der Lage, die komparativen Kostenvorteile realisieren zu können, auch wenn die Art der Kooperation Sonderregelungen u.U. notwendig macht.

Abgaben sind dort vorteilhaft, wo die statischen und dynamischen Unbestimmtheiten durch eine sehr effektive Erhebungsform überkompensiert werden. Daß durch Steuern in jedem Fall Staatseinnahmen erzielt werden, kann aus allokativer Sicht kein Argument darstellen, da Staatsfinanzierung und die Steuerung einer Umweltnutzung als voneinander unabhängige Aufgaben betrachtet werden müssen. Zertifikate haben im Gegensatz zu Steuern sogar den Vorteil, daß sie, wenn sie gemäß den alten, u.U. mit Auflagen verbundenen Rechten für Altnutzer vergeben werden (sog. Grandfathering), eine Bestandsschutzgarantie für unter damaligen Umständen getätigte Investitionen ermöglichen.[83]

Wenn die Schadstoffemissionen unter das historische Niveau gesenkt werden sollen, muß entweder ein relatives Grandfathering vorgenommen werden, oder der Staat muß selbst Entsorgungs- und Emissionsminderungsaktivitäten einleiten.[84] Die Grenzziehung bei einer solchen Aufgabenteilung dürfte jedoch schwierig zu ziehen sein. Für Unfallrisiken muß dann bei einer Belassung einer bestimmten Umweltnutzungsrisikostruktur zumindest in der Abwicklung eines Unfalls in Form des Notfall- und Katastrophenschutzes, der der öffentlichen Hand zufällt, mit deutlich höheren Kosten gerechnet werden. Denn unabhängig von der Eintrittswahrscheinlichkeit ist dieser Aufwand allein vom Schaden und

---

80 Vgl. Siebert (1987b), S. 182. Vgl. zur notwendigen Flexibilität, die nicht alleine auf Auflagenlösungen beruhen muß, Siebert (1987a), S. 232f.

81 Vgl. Arnold (1984).

82 Vgl. Pethig (1982). Für die möglicherweise kontraproduktiven Wirkungen einer isolierten Strategie vgl. Merrifield (1988).

83 Vgl. Binswanger (1973).

84 Vgl. zu letzterem Cansier (1975), S. 54, der zusätzlich eine Dynamisierung dieser Überlegung vornimmt.

nicht vom Produkt aus Wahrscheinlichkeit und Schaden abhängig, da die Wahrscheinlichkeit nichts über den Zeitpunkt des Unfalleintritts aussagt.[85]

Insgesamt muß allerdings konstatiert werden, daß von den hier formulierten Vorteilhaftigkeiten bestimmter Instrumente bis dato anscheinend wenig in die umweltpolitische Ausgestaltung umgesetzt wurde. Wir wagen die Hypothese, daß dies nicht alleine an den Spezifika der mehr oder weniger bekannten Schadenswirkungen und/oder den Transaktionskosten liegen kann. Diese Hypothese verhärtet sich dadurch, daß zumindest die Transaktionskosten durch den Fortschritt meßtechnischer Instrumente und der Kommunikation über schnelle Medien deutlich gesenkt werden konnten und wahrscheinlich auch noch werden.

2.5 Externalitäten, gesamtwirtschaftliche Risiken und Optionswerte

Wir geben in diesem Abschnitt die Annahme prinzipiell sicherer Nutzen- und Kostenkategorien sowie sicherer Schadenswirkungen auf und gehen von der realistischeren Annahme risikobehafteter bzw. unsicherer Ereignisse umweltpolitischer Entscheidungen aus. Die Schadensfunktion wird deshalb nicht mehr als mit Sicherheit determinierbar betrachtet, so daß wir die Beziehungen zwischen Umweltressourcennutzung und Externalitäten als stochastische Beziehungen auffassen. Wenn man sich noch einmal die vielen Unbestimmtheiten und Ungewißheiten vergegenwärtigt, die als Resultat komplexer Emissions-Immissions-Relationen möglich sind, erscheint ein stochastischer Ansatz problemadäquat.[86] Die so zu verstehenden Umweltrisiken kann man unterteilen in Akkumulations-, Synergismus-, Diffusions-, Inzidenz- und Schadensrisiken sowie Risiken der Irreversibilität; im weiteren Sinne sind auch Produktions-, Produkt- und Bewertungsrisiken zu integrieren.[87] Damit soll jedoch nicht verschleiert werden, daß Umweltrisiken im Gegensatz zu reinen Naturrisiken immer noch vom Entscheidungsverhalten der Agenten abhängig sind.[88] Wir werden in diesem Abschnitt zunächst risikobehaftetes umweltpolitisches Entscheidungsverhalten derart diskutieren, daß wir von bestimmten Eintrittswahrscheinlichkeiten ausgehen, und unterstellen, daß sich die Agenten dahingehend rational verhalten, indem sie die Ereig-

---

85 Vgl. Binswanger (1990). An einem extremen Beispiel verdeutlicht bedeutet dies, daß es im Extremfall für 10.000 Unfälle mit je einem Verletzten nur der Vorhaltung eines Rettungswagens bedürfte; für einen Unfall mit 10.000 Verletzten muß aber dieselbe Zahl von Rettungswagen zur Verfügung stehen.

86 Vgl. zu einer anderen Vorgehensweise als komplexen Entropie-Umwelt-Kapital-Ansatz Faber, Niemes, Stephan (1983).

87 Vgl. Siebert (1987b), S. 175-177.

88 Vgl. Siebert (1987b), S. 178.

nisse am erwarteten Nutzen und den Varianzen messen. Eine Problematisierung dieser Annahmen und Implikationen erfolgt in Kapitel 4.

Umweltpolitische Entscheidungen über den Grad der Nutzung einer natürlichen Ressource können unter Risikoaspekten eine Reihe von möglichen Umweltsituationen nach sich ziehen: u.U. bedeutet die Einleitung von Abwässern eine starke Beeinträchtigung von Freizeitaktivitäten auf dem Gewässer, möglicherweise einen Verlust an Trinkwasserqualität, etc. Wenn wir von einer stochastischen Beziehung ausgehen, so werden mögliche Schadenswirkungen nicht mehr über regionale/intertemporale Emissions-Immisions-Nutzenfunktionen erfaßt, sondern einer Aktivität werden bestimmte Nutzenniveaus zugeordnet, die verschiedene *sich ausschließende* Ereignisse repräsentieren: die Nutzung einer Ressource hat entweder den einen oder anderen Zustand zur Folge, jeweils mit einer ex ante bekannten Wahrscheinlichkeit. Dies bedeutet, daß wir viele Wirkungsketten der Nutzung einer Umweltressource als allenfalls *stochastisch* erfaßbar betrachten wollen.

Wenn wir davon ausgehen, daß es m endliche, sich ausschließende Ereignismöglichkeiten i (i= 1,...,m) gibt, deren Eintrittswahrscheinlichkeiten wir mit p_i bezeichnen wollen, so ist mit einer Umweltnutzung ein Prospekt-Vektor $y' = (y_1, y_2,..., y_m)$ sich ausschließender Ereignisbewertungen verbunden. y_i wird somit dann und nur dann realisiert, wenn das Ereignis i eintritt. Entscheidend für die Risikoanalyse ist die Tatsache, daß Entscheidungen vor dem Eintritt eines Ereignisses getroffen werden müssen.[89] Es existiere eine Nutzenfunktion als Präferenzfunktion, die überall zweifach differenzierbar ist sowie streng konkav und monoton steigend verläuft in der linearen von Neumann-Morgenstern-Form[90]

$$(2.34) \qquad u(p', y') = \sum_{i=1}^{m} p_i\, u(y_i) \quad \text{mit} \quad \sum p_i = 1 \quad \text{und} \quad p_i \geq 0;$$

der entsprechende Erwartungswert ergibt sich als

89 Beachte, daß es sich hier um eine einperiodige Betrachtung handelt. Grundsätzlich ändert sich nichts an der Analyse für mehrperiodige Betrachtungen unter den Voraussetzungen, daß in folgenden Perioden keine neuen, zusätzlich nutzbaren Informationen über die Ereignisse vorliegen, daß die Nutzenfunktion zeitlich invariant ist und daß jetzige Wahlentscheidungen keinerlei irreversible Folgen nach sich ziehen. Auf Implikationen einer Abweichung von der dritten Bedingung wird im folgenden eingegangen. Zeitlich variante Nutzen können nur dann analytisch berücksichtigt werden, wenn die Bestimmungsfaktoren dieser Variationen bekannt und meßbar sind; vgl. dazu die Diskussion über eine endogene Präferenzbildung in Abschnitt 3.1. Neue Informationen sollten eine neue p-Verteilung gemäß der Bayes-Regel bedingen.

90 Vgl. beispielsweise Dasgupta, Heal (1979), S. 378-388.

(2.35) $$E(y') = \sum_{i=1}^{m} p_i\, y_i.$$

Die Konkavität der Nutzenfunktion bedingt, daß der Nutzen des Erwartungswertes über dem erwarteten Nutzen liegt:[91]

(2.36) $$\sum_{i=1}^{m} p_i\, u(y_i)\} \;<\; u\{E(y')\}$$

Der Entscheidungsträger präferiert aufgrund der Konkavität der Nutzenfunktion den sicheren Erwartungswert vor dem risikobehafteten. Ein zur Indifferenz führendes Sicherheitsäquivalent muß demnach über dem erwarteten Nutzenwerten liegen, bzw. es muß bei dieser durch die Konkavität bedingten Risikoaversion einen Abschlag x mit $x > 0$ auf E(y') geben, der den Entscheidungsträger indifferent im Vergleich zwischen sicherem und risikobehafteten Nutzen bei gleichem Erwartungswert des Geldwertes macht:[92]

(2.37) $$u\,\{E(y') - x\} \;=\; \sum_{i=1}^{m} p_i\, u(y_i),$$

x repräsentiert die Risikokosten und hängt natürlich von y ab. Wir gehen davon aus, daß diese Risikokosten positiv abhängig von der Varianz als Risikomaß sein sollten und können (2.37) unter Verwendung der marginalen Nutzenelastizität

(2.38) $$\eta(y) \;=\; - \;\frac{d\,\{du(y)/dy\}\;/dy}{\{du(y)/dy\}\;/y} \;=\; - \;\frac{y\; d^2u(y)/dy^2}{du(y)/dy}$$

als Verhältnis zwischen einer marginalen Veränderung des Geldwertes y zu einer marginalen, relativen Änderung des Grenznutzens durch Taylor-Reihenentwicklungen für nicht allzu hohe Risikokosten approximieren und umformen zu

(2.39) $$x \;\approx\; \frac{\eta\{E(y')\}}{2}\;\frac{Var(y')}{E(y')}.$$

η wird auch als relative Risikoaversion bezeichnet. Je höher somit die relative Risikoaversion und je größer der Variationskoeffizient, desto größer sind die Risikokosten. Wenn wir (2.34) auch als eine gesamtgesellschaftliche Wohlfahrts-

91 Es folgt direkt aus der Konkavitätsdefinition, daß eine Linearkombination der Funktionswerte unter dem Funktionswert der identischen Linearkombination der entsprechenden unabhängigen Variablen liegt.

funktion oder als eine entscheidungsrelevante Nutzenfunktion eines repräsentativen Wirtschaftssubjektes akzeptieren, so ist für die Beurteilung einer risikobehafteten Umweltnutzung die relative Risikoaversion von entscheidender Bedeutung. x repräsentiert einen Risikozuschlag, der realisiert werden muß, um den erwarteten Nutzen gegenüber dem Nutzen des Erwartungswertes indifferent zu machen.[93]

Für nicht-ausschließbare Risiken von Umweltressourcennutzungen ist entscheidend, daß es keinerlei Möglichkeit der Streuung privater, exkludierbarer Risiken auf viele Agenten gibt. Angenommen, N Wirtschaftssubjekte mit jeweils identischen Nutzenfunktionen würden jeweils identische, voneinander unabhängige *private* Ressourcennutzungsoptionen haben,[94] so würde ermöglicht, das Risiko jeder Ressourcennutzung auf alle Wirtschaftssubjekte zu verteilen. Wenn wir den Prospekt-Vektor ψ' als einen gesamtwirtschaftlichen auffassen, der die gesamte Ressourcennutzungen zusammenfaßt undbei dem den einzelnen Agenten ein identisch propriierbarer Anteil von 1/N des Ergebnisses zufällt, so würde mit Risikoteilung der erwartete Geldwert für jede Ressourcennutzung für jedes Wirtschaftssubjekt in der Höhe von $E(\psi')/N$ verbunden mit einem Risiko von $Var(\psi')/N^2$ anfallen. Die Agenten werden sich in diesem Idealfall dann nämlich gegenseitig derart durch effiziente Verträge versichern, daß unabhängig vom individuellen Ertrag der gesamtwirtschaftliche Ertrag $E(\psi')$ zu gleichen Teilen an die Agenten (entweder in Form eigener Ertragsanteile oder transferierten Mehrertrages anderer Agenten aufgrund von gegenseitigen Versicherungsansprüchen) aufgeteilt wird.[95] Bei N Ressourcennutzungen ergibt sich somit insgesamt derselbe Erwartungswert $N * E(\psi')/N = E(\psi')$, allerdings bei einem deutlich geringerem Risiko $N * Var(\psi')/N^2 = Var(\psi')/N$. Dadurch reduzieren sich für das einzelne Wirtschaftssubjekt die Risikokosten durch die Risikostreuung auf

$$(2.40) \qquad x^* \approx \frac{\eta\{E(\psi')\}}{2} \; \frac{Var(\psi')}{N\,E(\psi')}.$$ [96]

---

[92] Die folgende Argumentation orientiert sich an Dasgupta, Heal (1979), S. 378-388.

[93] Dieser Risikozuschlag läßt sich nur approximativ als linear wie hier dargestellt entwikkeln, da die Nutzenfunktion konkav verläuft.

[94] Voneinander abhängige Ressourcennutzungen werden im Anschluß behandelt.

[95] Dies stellt eine fiktive Referenzsituation dar, in der moral-hazard-Verhalten nicht existent ist. Realistischerweise wird aufgrund der aus Informationsasymmetrien resultierenden principal-agent-Situation zwischen Versicherungsgemeinschaft und Versichertem ein Restrisiko immer beim Versicherten verbleiben. Deshalb sind aufgrund dieser Asymmetrien Versicherungsverträge im Vergleich zu Coasianischen Idealrisikoverträgen unvollkommen.

[96] Dabei ändern sich die Gesamtrisikokosten nicht, denn insgesamt tragen N Wirtschaftssubjekte je x^* Risikokosten, was Gesamtrisikokosten von $N\,x^* = x$ bedingt.

Für soziale Risiken in Zusammenhang mit der Nutzung von Umweltressourcen kann dies jedoch keine Anwendung finden: hier gilt hinsichtlich einer Risikostreuung dasselbe wie hinsichtlich einer Güterstreuung, da die Risiken nicht exkludierbar sind, so daß auch das Risiko einer Umweltressourcennutzung unteilbar ist. E(y') ist nicht propriierbar und im Extremfall rein öffentlicher Güter unabhängig von N. Das wirkt sich auf alle Wirtschaftssubjekte gleichermaßen aus, wenngleich es realistischerweise entgehen der oben getroffenene Annahme natürlich von den einzelnen Wirtschaftssubjekten unterschiedlich bewertet wird.[97]

Eine Risikostreuung, d.h. eine Reduktion der Risikokosten um 1/N (vgl. (2.39) und (2.40)), ist nicht möglich, weil die Umweltnutzung nicht separierbar ist. Dies gilt allerdings nicht für die Erträge der Umweltnutzung, die in den meisten Fällen auf der Produktion marktfähiger Güter beruhen (und somit auf die Produktion eines privaten Gutes zurückgehen). Aufgrund der Öffentlichkeit der interventionsbedürftigen Umweltrisiken führt dies ohne entsprechende politische Maßnahmen zu einem Niveau der risikobehafteten Aktivität, welches über dem liegt, was die Gesellschaft zu tragen bereit wäre: zwar sind auch die Nutzer der Umweltressource gleichermaßen durch das Umweltnutzungsrisiko bedroht, doch wägen sie dagegen den Nutzen der Produktion des privaten Gutes durch die Umweltnutzung ab. Dieses private Gut steht aber nur ihnen exklusiv zur Verfügung. Wenn es sich um Unfallrisiken handelt, die mit einer Umweltressourcennutzung einhergehen, welche zumindest teilweise aufgrund von Haftpflichtansprüchen auch privaten Charakter haben können, sind private Risikostreuungen eher möglich als bei Wirkungsrisiken, die über stetige und andauernde Schädigungsmechanismen Umwelt und Gesundheit beeinträchtigen können.[98]

In den meisten Fällen ist jedoch weniger das Risiko einer einzelnen Umweltnutzung entscheidend, sondern der Einfluß dieser Umweltnutzung auf das Gesamtrisiko. So vermag die Nutzung eines Flusses als Senke für Abwässer für sich keine Risikoquelle darzustellen.[99] Allerdings ist es eine solche dadurch, daß gerade diese zusätzlichen Einheiten an Abwässern das Risiko einer Wasserverknappung für Industrie und Haushalte deutlich erhöhen kann. Um nun anstatt unabhängiger Ereignisse die Nutzung verschiedener Ressourcenquellen in ihren Auswirkungen auf die gesamtwirtschaftliche Risikostruktur zu betrachten, spezifizieren wir eine konkave und monoton steigende Nutzenfunktion ähnlich wie oben, nur daß wir davon ausgehen, daß wir bis dato m Ressourcenquellen (z.B. Kapital, natürliche

---

97 Vgl. Siebert (1987b), S. 175. Alleine unterschiedliche Bewertungen ermöglichen dann Risikotransformationen.

98 Vgl. Karl (1987).

99 Um diesen Tatbestand zu verdeutlichen: es müßte schon die Gefährdung des Abflusses an sich durch eine zusätzliche Einleitung erhöht werden, damit eine solche Umweltnutzung ein Eigenrisiko hat.

Ressourcen und entsprechende Kombinationen) nutzen. Diese Ressourcenquellen werden parallel genutzt und stiften einen Nutzen in der Form

$$(2.41) \qquad u(\rho') = \sum_{i=1}^{m} q_i\, u(\rho_i) \quad \text{mit} \quad \sum q_i = 1 \quad \text{und} \quad q_i \geq 0;$$

mit ρ_i als dem Geldwert der Nutzung der Ressource i und q_i als dem Gewichtungsfaktor, der den Anteil der Ressource i an der Summe aller eingesetzten Ressourcen definiert.[100] Da es sich um risikobehaftete Ereignisse handelt, müssen sowohl die Nutzenbeiträge der einzelnen Ressourcennutzungen als auch der Gesamtnutzen als Zufallsvariable betrachtet werden:

$$(2.42) \qquad E\{u(\rho')\} = \sum_{i=1}^{m} q_i\, u(\rho_i)$$

Akzeptieren wir die Varianz wie oben als Risikomaß, so ergibt sich für diese nun unter Verwendung von u für u(ρ') und u_i für $u(\rho_i)$

$$(2.43) \qquad Var(u) = \sum_{i=1}^{m} q_i^2\, Var(u_i) + \sum_{i=1}^{m} \sum_{\substack{j=1 \\ i \neq j}}^{m} q_i\, q_j\, Cov\,(u_i, u_j)$$

Im Gegensatz zu den oben sich ausschließenden Ereignissen sind die Ressourcennutzungen in ihren Risiken interdependent, was durch die Kovarianzen repräsentiert wird: der erste Summenterm gibt die Eigenvarianzen der Ressourcennutzungen, der zweite Term die Kreuzrisiken der Kombination der Ressourcennutzungen wider. Falls die Resourcennutzungen als in ihrer gegenseitigen Risikobeeinflussung als unabhängig erachtet werden *könnten*, reduziert sich (2.46) zu

$$(2.44) \qquad Var(u) = \sum_{i=1}^{m} q_i^2\, Var(u_i) = \sum_{i=1}^{m} \mathit{q_i\, Var(u_i)} * q_i\,.$$

In diesem Fall ergibt sich das Gesamtrisiko als Summe des Produktes aus der (kursiv gekennzeichneten) Durchschnittsvarianz aller Nutzungsrenditen und ei-

---

100 Wir gehen hier ebenso von einer einperiodigen Nutzungsdauer aller Ressourcen aus. Mehrperiodige und unterschiedlich lange Nutzungen wären einführbar, ohne die Kernaussagen zu verändern.

nem Durchmischungsfaktor, der die Risikomischung des Portefeuilles repräsentiert.[101]

Diese Prämisse aufgebend stellen wir uns jetzt die Frage, welche Auswirkungen die Nutzung einer *zusätzlichen* Ressource hat, nehmen somit an, daß zu den m Ressourcennutzungen eine n-te Umweltressourcennutzung, die einen hinreichend kleinen Ressourcennutzungsanteil an den Gesamtressourcen hat, hinzugefügt wird. Der hinreichend kleine Anteil an der gesamten Ressourcennutzung erlaubt uns, approximativ die Gewichte q_j von oben zu übernehmen, somit die Veränderungen der q_j für j=1,...,m hin zu den q_j für j = 1,...,n als marginal und vernachlässigbar anzusetzen, und deshalb q_j als konstant annehmen zu können und das q_n einfach hinzuzufügen.[102] Wir bezeichnen die jetzt realisierte Nutzengröße mit u^* und bestimmen das Risiko als

$$(2.45) \qquad Var(u^*) = \sum_{i=1}^{n} q_i^2 \, Var(u_i) + \sum_{i=1}^{n} \sum_{\substack{j=1 \\ i \neq j}}^{n} q_i \, q_j \, Cov(u_i, u_j) \approx$$

$$\sum_{i=1}^{m} q_i^2 \, Var(u_i) + \sum_{i=1}^{m} \sum_{\substack{j=1 \\ i \neq j}}^{m} q_i \, q_j \, Cov(u_i, u_j) +$$

$$q_n^2 \, Var(u_n) + 2 \sum_{i=1}^{m} q_i \, q_n \, Cov(u_i, u_n) =$$

$$Var(u) + q_n^2 \, Var(u_n) + 2 \sum_{i=1}^{m} q_i \, q_n \, Cov(u_i, u_n) .$$

Wenn die Nutzung der Ressource n an der Gesamtressourcennutzung nur einen hinreichend geringen Anteil hat, kann approximativ $q_n^2 \approx 0$ angenommen werden, so daß der zweite Term in der letzten Zeile von (2.48) wegfällt. Die Veränderung des Gesamtrisikos des Nutzens durch die Nutzung der Ressource n stellt sich unter diesen Voraussetzungen dar als

$$(2.46) \qquad Var(u^*) - Var(u) \approx 2 \sum_{i=1}^{m} q_i \, q_n \, Cov(u_i, u_n) .$$

---

101 Dies verdeutlicht die Strategie der Risikostreuung im Portfolio, da durch das Quadrat der Gewichtungen (mit $q_j < 1$) die Risiken unterproportional in das Gesamtrisiko eingehen. Das bedeutet keinen Widerspruch zu der oben angeführten Unmöglichkeit der Risikostreuung *einer* Umweltressourcennutzung, da wir es hier mit der Beurteilung *mehrerer* Ressourcennutzungen zu tun haben. Hier bedeutet Risikostreuung eine Streuung auf mehrere *Projekte* und nicht auf mehrere Wirtschaftssubjekte. Letzteres ist bei kollektiven Risiken auch hier nicht möglich.

102 Um exakt zu bleiben, müßten die Gewichte q_j für j = 1,...,m transformiert werden zu q_j^* mit $\sum q_j^* = 1 - q_n$ und $q_j^* = (1 - q_n)\, q_j$.

Relevant für die Beurteilung sind hier allein die Beeinflussung der Risiken der anderen Ressourcennutzungen.[103] Die Kovarianzen allein definieren den Risikobeitrag dieser Ressourcennutzung, die Eigenvarianz hat eine nur untergeordnete Bedeutung. Es kommt somit darauf an, die Auswirkungen einer Ressourcennutzung auf die Risikostruktur einer Gesellschaft vornehmlich in Form der Veränderungen der Risiken der anderen Ressourcennutzungen durch die Nutzung der Ressource n zu evaluieren. Analog dem Capital-Asset-Pricing-Modell könnte man als Risikoveränderungsmaß den sog. ß-Koeffizienten bestimmen:

$$ß_{u,n} = \frac{Cov(u,u_n)}{Var(u)} \quad (2.47)$$

Negative (positive) Werte für ß bedeuten eine Verschlechterung (Verbesserung) der Risikostruktur durch die Nutzung der Ressource n. Negative ß sind für interventionsbedürftige, intensive Umweltressourcennutzungen die Regel,[104] und führen somit zu einem Nutzenentgang über ein verschlechtertes Gesamtrisiko. Dies gilt sowohl für risikoneutrale als auch für risikoaversive Entscheidungsträger. Projekte, die das Risiko eines Portfeuilles verschlechtern, da ihr Mißerfolg (Erfolg) positiv mit dem Mißerfolg (Erfolg) anderer Projekte korreliert, werden deshalb von den Wirtschaftssubjekten im Portfolio schlechter bewertet als solche, die keinerlei oder gar eine negative Korrelation bei gleichem Einzelnutzen aufweisen.[105]

Umweltressourcennutzungen erhöhen oftmals das gesamtwirtschaftliche Risiko; da es sich bei der Gewährleistung einer Umweltqualität aber um ein öffentliches Gut handelt, wird diese Risikoverschlechterung vom Entscheidungsträger häufig nicht in Betracht gezogen. Aufgrund des public-good-Charakters eines Umweltqualitätsniveaus kann ein privates Portfolio diesen Faktor nicht anpassen, da Umweltqualitätsrisiken nicht separierbar und je nach Portfolio anpaßbar sind. Da von einer veränderten Risikostruktur auch der Erfolg von Kollektivgüterbereitstellungen betroffen ist, bedeutet das Festschreiben eines gewissen Umweltqualitätsniveaus mit entsprechenden Kreuzrisiken notwendigerweise die Fixierung

---

103 Falls die Ressourcennutzung hinreichend klein ist, *und* es sich um ein von den anderen Ressourcennutzungen unbhängiges Ereignis handelt (d.h. alle Cov = 0), spielen Risikoaspekte keinerlei Rolle. In diesem Fall sollten - auch wenn der Entscheidungsträger risikoaversiv aufgrund der Konkavität der Nutzenfunktion ist [s. Gleichung (2.44)] - Ressourcennutzungen nur nach ihrem erwarteten Nutzen beurteilt werden. Dieses Ergebnis geht primär zurück auf Arrow, Lind (1970).

104 Im Capital-Asset-Pricing-Modell wird anhand von Renditen anstatt von Nutzen argumentiert. Daß ein negativer ß-Koeffizient bei intertemporalen Bewertungen nicht in einen einfachen Risikozuschlag übersetzt werden kann, wird in Abschnitt 3.3 dargelegt.

105 Letztere stellen nichts anderes als Versicherungen i.w.S. dar, da eine Versicherung immer dann greift, d.h. einen Ertrag bringt, wenn andere Projekte keinen bzw. einen negativen Ertrag bringen.

eines Postens der privaten und kollektiven Portfeuilles. Anpassungen sind dann nur noch über die anderen disponiblen Größen im Portfolio möglich.[106]

Nicht alle risikorelevanten Probleme externer Effekte können jedoch auf prinzipiell umkehrbare soziale Risiken und die entsprechenden Risikokosten sowie die Bewertung von Kreuzrisiken reduziert werden, denn häufig ist zu beobachten, daß eine bestimmte Umweltnutzung mit irreversiblen Konsequenzen verbunden ist: das Trockenlegen eines Moores ist nicht rückgängig zu machen, der Bau einer Talsperre bedeutet den endgültigen Verlust des überspülten Landes, eine Aufheizung der Erdatmosphäre kann ganze Klimazonen unwiderrufbar verschieben, etc. Irreversibilität bedeutet, daß der der Nutzung vorangegangene Zustand der Umweltressource nur mit *unendlich hohen* Kosten wiedererlangt werden kann. Betrachten wir irreversible Handlungen kapitaltheoretisch, so kann die Entwicklungsalternative nur mit positiven Investitionen vonstatten gehen; Desinvestitionen sind unmöglich. Die Affinität mit irreversiblen Investitionen ist nicht zufällig, da es sich auch hier um ein intertemporales Problem verknüpft mit einer möglichen irreversiblen Entscheidung handelt. Wenn solche kapitaltheoretischen Ansätze von sicheren Größen ausgehen, kann der optimale Pfad irreversibler Investitionen einfach bestimmt werden und setzt sich aus sog. freien Zeitintervallen mit einer positiven und aus sog. blockierten Zeitintervallen mit einer Null-Rate zusammen.[107]

Bei umweltpolitischen Entscheidungen gibt es Situationen, in denen selbst bei der Annahme eines risikoneutralen Abwägens von Kosten und Nutzen eine Orientierung allein an den Erwartungswerten einer Ressourcennutzung nicht problemadäquat ist, wenn Unsicherheiten und Irreversibilitäten einer Option gemeinsam existent sind, da eine auf sicheren Größen basierende Kosten-Nutzen-Abschätzung die Nutzen aus dem Unterbleiben einer umweltzerstörenden Nutzung systematisch unterschätzt. Dieser Tatbestand ist in der ökonomischen Literatur unter dem Begriff des Optionswertes bereits ausgiebig diskutiert worden:[108] aufgrund der Irreversibilität einer Entscheidung hat das Innehalten, das Abwarten auf neue entscheidungsrelevante Informationen einen Wert an sich, wenn man sich über die zukünftige Nutzung noch nicht im klaren ist. Allgemein sind nach

---

106 Dies kann bei einem durch die Nutzung der Umweltressource deutlich gestiegenem Gesamtrisiko durch Anpassung *vorhandener* Posten oder durch Integration *neuer* Posten geschehen. Letzteres wäre beispielsweise der Abschluß einer Versicherung gegen Umweltfolgeschäden, die aber von Versicherungsgesellschaften in den meisten Fällen nicht angeboten, ja sogar *explizit ausgeschlossen* werden.

107 Vgl. Arrow, Kurz (1970), S. 81-85. Auf irreversible Investitionen wird im Zusammenhang mit versunkenen Kosten noch einzugehen sein; vgl. dazu Abschnitt 4.2.3.

Weisbrod die Bedingungen für die Existenz eines im konventionellen Kosten-Nutzen-Kalkül vernachlässigten Optionswertes dann gegeben, wenn es Individuen gibt, die unsicher hinsichtlich einer zukünftigen Nutzung der Ressource sind, eine echte Irreversibilitätsentscheidung getroffen werden muß, und es dem Ressourceneigentümer aufgrund des Kollektivgutcharakters der Ressource nicht möglich ist, den Optionswert auf unsichere Nutzer abzuwälzen.[109] Der notwendige Kollektivgutcharakter verdeutlicht den Unterschied der gesamtwirtschaftlichen Relevanz von Umweltoptionswerten im Gegensatz zu den privaten, anrechenbaren Investitionsoptionen.[110]

Um Optionswerte von Risikoaversionen zu isolieren, folgen wir dem Ansatz von Arrow und Fisher, in dem Risikoneutralität angenommen wird, so daß sich der Optionswert allein als ein Lerngewinn über zukünftige Entwicklungen (d.h. als ein bedingter Informationswert) darstellt, der nur durch einen jetzigen Verzicht auf eine irreversible Handlung realisiert werden kann.[111] Ausgehend von einer idealisierten Zwei-Perioden-Betrachtung werden die Entscheidungsalternativen der Landaufgabe (d) und der Erhaltung (p) betrachtet.[112] Wir nehmen an, daß die Kosten und Nutzen der Alternativen unsicher sind und daß die Wahl der durch Externalitäten induzierten Landaufgabe irreversible Folgen hat - beispielsweise führt eine Bodenerosion zum Verlust einer Kulturlandschaft, die nicht wiedergebracht werden kann. Die Risikoneutralität macht Sicherheitsäquivalenzüberlegungen überflüssig. Modellbestandteile sind:

d - eine normalisierte Einheit Boden,

d_1 - der Anteil der Landfläche, der in der ersten Periode für die Nutzung preisgegeben wird,

d_2 - der Anteil der Landfläche, der in der zweiten Periode für die Nutzung preisgegeben wird,

---

108 Einen Überblick bietet Smith (1982/83); empirische Anwendung findet das Optionswertkonzept (Bau eines Staudammes) bei Krutilla, u.a. (1972), die - auch aufgrund unterstellter zukünftig steigender Nachfrage nach Natur sowie zukünftig anhaltendem umweltvermehrenden Fortschritt - zu einer deutlichen Modifikation der Entscheidungssituation in einer Sensitivitätsanalyse kommen. Vgl. auch Fisher, Krutilla, Cicchetti (1972).

109 Vgl. Weisbrod (1964).

110 Vgl. Fisher, Krutilla (1985), S. 174.

111 Vgl. Fisher, Krutilla (1985), S. 185; in der Literatur wird von manchen Autoren auch die mögliche Existenz negativer Optionswerte behauptet. Dies beruht jedoch auf einer Definitionsvermengung mit Risikoaversitäten und Naturkatastrophen, die im Hinblick auf das Offenhalten einer Option unzweckmäßig und verwirrend ist. Vgl. auch Fisher, Hanemann (1987).

112 Vgl. Arrow, Fisher (1974). Wir übernehmen in weiten Teilen die Notation von Arrow und Fisher; darin stehen d für development und p für preservation. Arrow und Fisher bezeichnen den von ihnen abgeleiteten Optionswert als "Quasi-Optionswert", um dadurch eine Abgrenzung gegenüber dem auf Risikoaversität zurückzuführenden Optionswert vorzunehmen.

u_p - Nutzen aus der Erhaltung des Landes in der ersten Periode,[113]
u_d - Nutzen durch die Landaufgabe (durch Erstellung marktfähiger Güter),
μ_p - erwarteter Nutzen aus der Erhaltung des Landes in der zweiten Periode (abhängig von u_p und u_d),
μ_d - erwarteter Nutzen durch die Landaufgabe in der zweiten Periode (abhängig von u_p und u_d),
c_1 - Kosten der Umweltnutzung in Periode 1 (= Projektkosten),
c_2 - Kosten der Umweltnutzung in Periode 2 (= Projektkosten).

Alle Variablen des Modells repräsentieren Gegenwartswerte. Wir betrachten nun zunächst die Entscheidungssituation zu Beginn der zweiten Periode.

Die Entscheidungsregel lautet:

Falls die Nutzen aus einer Landaufgabe abzüglich der Kosten der Umweltnutzung größer sind als der Nutzen aus der Erhaltung des Landes, sollte Land aufgegeben werden und die Umwelt für Produktionszwecke genutzt werden. Es gilt dann: $\mu_d - c_2 > \mu_p$, was umgeformt werden kann zu $\mu_d - \mu_p > c_2$. In diesem Fall sollte konsequenterweise $d_2 = 1 - d_1$, d.h. der gesamte Rest des noch zur Verfügung stehenden Landes, für produktive Zwecke aufgegeben werden. Falls $\mu_d - \mu_p < c_2$ gilt, sollte $d_2 = 0$ aufgegeben werden, d.h. es sollte kein weiteres Land zu Produktionszwecken irreversibel umgewandelt werden. Wir bezeichnen die erste Situation mit A, die zweite Situation mit B.

In Situation A summieren sich die Nutzen zu:

$$(2.48) \qquad U(A) = u_p(1 - d_1) + u_d d_1 - c_1 d_1 + \mu_d - c_2(1-d_1); \text{ d.h.}$$

der Gesamtnutzen setzt sich zusammen aus dem Nutzen aus der Erhaltung in der ersten Periode (erster Term), dem Nutzen aus der Landaufgabe in der ersten Periode (zweiter Term) abzüglich den Nutzeneinbußen durch die Projektkosten in der ersten Periode (dritter Term), zuzüglich den Nutzen aus der Aufgabe des gesamten Landes für produktive Zwecke in der zweiten Periode (vierter Term), wovon die Nutzeneinbußen durch Projektkosten in der zweiten Periode wiederum abgezogen werden (fünfter Term).

Wir setzen $w = u_d - u_p - c_1$, so daß für U(A) gilt:

$$(2.49) \qquad U(A) = wd_1 + c_2 d_1 + u_p + \mu_d - c_2,$$

wobei w den Nutzenüberschuß der Nutzung der Umweltressource in der ersten Periode repräsentiert.

---

113 Wir gehen davon aus, daß die Erhaltungskosten gleich Null sind, was in den meisten Fällen zutreffend erscheint. Ansonsten ist dieser Wert als Nettonutzen zu verstehen.

In Situation B summieren sich die Nutzen zu:

(2.50) $$U(B) = u_p(1 - d_1) + u_d d_1 - c_1 d_1 + \mu_p(1 - d_1) + \mu_d d_1;$$

d.h. der Gesamtnutzen in Situation B setzt sich zusammen aus den ersten drei Termen in Gleichung (2.48), da diese Entscheidung ja bereits getroffen ist und nicht rückgängig gemacht werden kann, sowie aus dem Nutzen aus der Erhaltung in Periode 2 (vierter Term) und dem Nutzen aus der Aufgabe in der zweiten Periode des in der ersten Periode schon aufgegebenen Landes (fünfter Term).

Wir setzen $z = \mu_d - \mu_p$. z repräsentiert den Brutto-Nutzenüberschuß der Nutzung der Umweltressource in der zweiten Periode; da in Situation B die Umwelterhaltung die zu wählende Option ist, fallen keinerlei Projektkosten c_2 an, die in Abzug gebracht werden müssen. Beachte, daß z in Situation B kleiner als c_2 ist, da dies gerade die oben angeführte Entscheidungsregel für B darstellt.

Für U(B) gilt dann

(2.51) $$U(B) = wd_1 + zd_1 + u_p + \mu_p.$$

Betrachten wir nun die Entscheidungssituation in der ersten Periode und ziehen aufgrund der angenommenen Unsicherheiten die Erwartungswerte heran. Die Unsicherheit bedingt, daß wir nicht wissen, wie sich die oben beschriebene Entscheidungssituation zu Beginn der zweiten Periode darstellt. Die Erwartungswerte einer Nutzung sowie einer Nichtnutzung müssen deshalb die noch verbleibenden Handlungsoptionen in Minimal- bzw. Maximalbedingungen berücksichtigen. Für die Landaufgabe gilt:

(2.52) $$E(d) = E\{[(w + \min(c_2;z)]d_1 + u_p + \max(\mu_d - c_2;\mu_p)\},$$

wobei *die Minimalbedingung mit den die zweite Periode betreffenden Variablen* c_2 und z in Verbindung mit der in der ersten Periode bestimmten Landaufgabe d_1 eben die *Irreversibilität* darstellt, da in der zweiten Periode eine Rückgängigmachung von Landaufgabe nicht mehr möglich ist. Wenn sich der Entscheidungsträger in der ersten Periode für die Nutzung der Umweltressource entscheidet, so bleibt ihm nichts anderes übrig, als das bereits irreversibel erschlossene Land d_1 auch in Periode 2 für Produktionszwecke zu nutzen. Es stiftet ihm in jedem Fall einen Nutzen von $(u_d + \mu_d) * d_1$. Die Maximalbedingung erklärt die Wahl zwischen Erhaltung und Nutzung in der zweiten Periode. Durch die Minimalbedingung wird das Minimum von $\{ c_2 d_1 ; (\mu_d - \mu_p) * d_1\}$ realisiert: dieser Vergleich stellt die Entscheidungssituation zu Beginn der zweiten Periode dar. In Situation A gilt $\mu_d - \mu_p > c_2$, was bedeutet, daß eine Entwicklung von d_1 in der ersten Periode einen Nutzen von $c_2 d_1$ stiftet, da diese Entwicklung in der zweiten Periode nicht mehr anfällt: es müssen nur noch $c_2 (1 - d_1)$ als Projektkosten getragen werden. In Situation B gilt $\mu_d - \mu_p < c_2$, was bedeutet, daß kein weiteres Land irreversibel umgewandelt werden sollte: allerdings ist d_1 bereits irreversibel umgewandelt worden, so daß der Nutzen des in Periode 1 erschlossenen Landes realisiert wird und vom Nutzen μ_p der Erhaltung des gesamten Landes *unabänderlich* $\mu_p d_1$ abgezogen werden muß.

Der Erwartungswert ohne Landaufgabe ergibt sich als

$$(2.53) \qquad E(p) = E\{u_p + \max(\mu_d - c_2;\mu_p)\},$$

wobei hier die Maximalbedingung nur Entscheidungsvariablen der zweiten Periode enthält.

Die Entscheidung in der ersten Periode wird getroffen auf Grundlage des Vergleichs beider Erwartungswerte. Bildet man die Differenz:

$$(2.54) \qquad \begin{aligned} E(d) - E(p) &= E\{[(w + \min(c_2;z)]d_1 + u_p \\ &\quad + \max(\mu_d - c_2;\mu_p)\} - \\ &\quad E\{u_p + \max(\mu_d - c_2;\mu_p)\} \\ &= E\{w + \min(c_2;z)d_1\} \end{aligned}$$

und ist diese Differenz positiv, so wird sich der Entscheidungsträger für die Landaufgabe zur Nutzung für Produktionszwecke entscheiden, im umgekehrten Falle für die Nichtnutzung.

Wenn der Entscheidungsträger die Unsicherheiten hinsichtlich z und w ignoriert,[114] so geht er von als bekannt angenommenen Werten E(z) und E(w) aus und wägt sie gemäß Gleichung (2.54) ab, so daß sich als Entscheidungsgrundlage die modifizierte Differenz der Erwartungswerte (E^*) ergibt:

$$(2.55) \qquad E^* = E(w) + \min[c_2;E(z)]$$

Es gilt definitionsgemäß

$$(2.56) \qquad \min(c_2;z) \leq c_2.$$

Nun sind zwei Fälle zu unterscheiden. In Fall I sei $c_2 < E(z)$. Das Kriterium lautet nun

$$(2.57) \qquad E^*_I = E(w) + c_2.$$

Aus (2.56) folgt

$$(2.58) \qquad p[\min(c_2;z) < c_2] > 0.$$

---

114 Dabei geht es nicht um eventuelle Risikokosten, wie sie oben angeführt wurden, sondern nur um die Tatsache, daß *bestimmte Erwartungswerte als bekannt* angesehen werden und in Form sicherer Werte diese Erwartungswerte ersetzen.

Dies kann weiterentwickelt werden zu

(2.59) $E\{\min(c_2;z)\} < c_2$ oder

$E\{w + \min(c_2;z)\} < E(w) + c_2$

Im Fall II soll $c_2 > E(z)$ gelten. Analog läßt sich herleiten:

(2.60) $\min(c_2;z) \leq z$

(2.61) $p[\min(c_2;z) < z] > 0$

(2.62) $E\{\min(c_2;z)\} < E(z)$

Die Implikationen aus den Gleichungen (2.59) und (2.62) lauten, daß die Annahme von sicheren Erkenntnissen zu einer systematischen Unterschätzung des potentiellen Nutzens der Nichtnutzung der Umwelt führt. Man muß sich dazu noch einmal vergegenwärtigen, daß eine positive Differenz der Erwartungswerte, wie sie in Gleichung (2.54) abgeleitet wurde, eine Entscheidung für die Landaufgabe für Produktionszwecke bedingt. Die systematische Höhereinschätzung in den Gleichungen (2.59) und (2.62) durch die Nichtberücksichtigung der Unsicherheiten bedingt somit eine potentiell suboptimale Verzerrung zugunsten der Landaufgabe. Es gibt eine - und da Irreversibilitäten und Unsicherheiten bei Umweltressourcennutzungen immer häufiger eine Rolle spielen - nicht kleine Bandbreite von Kombinationen von w und z, bei der die Vernachlässigung der Unsicherheit zu einer Fehlentscheidung führt. Man sollte also bei seinen Entscheidungen deshalb zumindest "tendenziell" die Nichtnutzung favorisieren, wenn eine Landaufgabe irreversibel ist. Die Option, aus der Zukunft zu lernen, hat einen positiven Wert, da ein Lernerfolg nur bei einer vorher nicht erfolgten Landaufgabe eintreten kann. Wenn man dennoch Land irreversibel umwandelt, so ist es in den meisten Fällen deshalb sogar günstiger, entweder sofort alles oder gar nicht zu erschließen.[115]

Die konventionelle Kosten-Nutzen-Analyse ist somit nicht in der Lage, als alleinige Entscheidungsgrundlage des Problems zu dienen, da solche Analysen im Ergebnis die irreversible Aktion tendenziell überbewerten. Eine Abschätzung von Risikokosten und von Kreuzrisiken ist auch nicht geeignet, alle Unsicherheitsphänomene abzudecken. Daß eine Integration von Optionswerten in die Bewertung schwierige Meß- und Implementierungsprobleme zur Folge hat, rechtfertigt nicht ihre Unterschlagung. Denn auch hier bietet es sich wieder an, entsprechende Optionsstandards zu definieren, deren Schattenpreise in eine adäquate Kosten-Nutzen-Abwägung problemloser Eingang finden können.[116]

---

115 Vgl. hierzu Fisher, Krutilla, Cicchetti (1972).

116 Vgl. Siebert (1980), S. 363.

3. Ökonomische Analyse kollektiver Umweltnutzungsentscheidungen

Im letzten Kapitel haben wir die Konturen einer im ökonomischen Sinne rationalen Umweltpolitik umrissen:

- In einem ersten Schritt sollte die Interventionsnotwendigkeit anhand eines Effizienzbeweises der Überlegenheit kollektiver gegenüber allein individueller Umweltnutzungen aufgezeigt werden.
- Dabei gilt es, Unsicherheiten und die daraus resultierende Risikostruktur gesamtwirtschaftlich abzuwägen sowie Irreversibilitäten durch die Berücksichtigung unter Umständen unwiederbringlich verlorener Optionen zu integrieren.
- Schließlich muß die aus diesen Erwägungen ermittelte kollektive Umweltnutzungsstruktur in ihrer Wirkung auf alle Agenten durch adäquate Instrumente kostenminimal durchgesetzt werden.

Auch wenn konstatiert werden muß, daß diese Skizze einen bedeutenden Freiheitsgrad - in Form der im politischen Willensbildungsprozeß festzulegenden Umweltqualitätsschranke - beinhaltet, so könnte doch vermutet werden, daß dieser Vorschlag auch im politischen Raum viele Freunde finden sollte: wird doch nicht mehr allein eine rein individualistische Abschätzung von Kosten und Nutzen vorgenommen, sondern dem politischen Prozeß die Festlegung der Knappheit der Ressource Umwelt überlassen. Nicht nur das: die Optionswertanalyse gab den Verantwortlichen ausdrücklich eine Berechtigung, Entscheidungen mit Unsicherheits- und Irreversibilitätscharakter anders als mit Sicherheitsäquivalenten selbst bei Risikoneutralität zu bewerten. Trotzdem scheinen diese (dort nicht originär formulierten) Vorschläge keinen großen Charme zu haben. Wir wenden uns in diesem und im nächsten Kapitel der Frage zu, woraus diese Disparitäten zwischen ökonomischer und politischer Bewertung resultieren könnten.

Kollektive Entscheidungen und somit auch Entscheidungen über die Nutzung der Ressource Umwelt werden in demokratischen Gesellschaften in Rücksichtnahme auf individuelle und/ oder gruppenspezifische Interessen getroffen. Bestimmte individuelle Interessenlagen sind somit für eine kollektive Entscheidungsfindung eine notwendige Bedingung. Welche und inwieweit individuelle Interessenlagen kollektive Entscheidungen bestimmen bzw. bestimmen sollten, somit inwieweit individuelle Interessenlagen für den kollektiven Entscheidungsprozeß auch hinreichende Bedingungen darstellen bzw. darstellen sollten, ist dagegen zwischen den verschiedenen Disziplinen der Sozialwissenschaften umstritten. Im folgenden werden wir diesen Konflikt in seiner Problemrelevanz für die Umweltpolitik erörtern, da eine solche Abwägung individueller Interessen Interventionsnotwendigkeit und Interventionsniveau determiniert.

Dabei gehen wir so vor, daß wir in den ersten beiden Abschnitten dieses Kapitels den Versuch unternehmen, das Problem zu strukturieren, die wesentlichen Theoriebeiträge zu diskutieren und als Schlußfolgerung daraus Verteilungswirkungen und Werturteile über Umweltressourcennutzungen neu angehen. Im Anschluß daran beschäftigen wir uns mit deskriptiven, notwendigerweise nicht erschöpfenden Analysen kollektiver und politischer Prozesse, um einen Eindruck über mögliche Disparitäten zwischen politischer und ökonomischer Bewertung zu gewinnen. Zum Abschluß betrachten wir die intertemporalen Probleme von Umweltnutzungen.

In der Vorgehensweise werden im Hinblick auf eine Trennung zwischen positiven und normativen Ansätzen aus einer konventionellen Perspektive einige Unschärfen zu beobachten und hinzunehmen sein, so daß die ersten zwei Abschnitte nicht allein als normativ und der dritte Abschnitt nicht allein als deskriptiv orientiert verstanden werden können. Dies liegt darin begründet, daß zum einen normative und positive Theorien immer in einem engen Verhältnis stehen müssen, da eine von jedem Verhalten der Agenten sich loslösende normative Theorie keinen Eigenwert hat. Zum anderen werden wir einige die Koinzidenz zwischen normativer und positiver Theorie gewährleistenden Annahmen im Laufe des Folgekapitels 4 zunehmend in Frage stellen müssen. Dadurch wird das Verhältnis zwischen normativer und positiver Erklärung notwendigerweise unbestimmter, da schwächere Annahmen die unangenehme Eigenschaft mit sich bringen, die ökonomische Referenzsituationen für diesen Vergleich zwischen normativem Anspruch und positivem Handeln selbst zu variieren.

Von umweltpolitischen Maßnahmen (und somit auch vom Unterlassen solcher Maßnahmen) sind die in einer Volkswirtschaft tätigen Agenten unterschiedlich betroffen. Gruppiert man die Agenten nach dem Kriterium ihrer gemeinsamen Interessenlage bzw. nach dem Anspruch an die Umweltpolitik, so lassen sich die Gruppe der Schädiger, die Gruppe der Geschädigten, die Gruppe der Anbieter von Reinigungs- und Vermeidungstechnologien, die Gruppe der Anbieter von Substitutionstechnologien und -produkten, die Gruppe der Bürokraten, die Gruppe der Politiker, und die Gruppe der intrinsisch Motivierten unterscheiden. Die letzte Gruppe umfaßt diejenigen, die zwar nicht unmittelbar von Externalitäten betroffen sind, aber denen die Erhaltung der Umwelt ein Ziel unabhängig von ihrer eigenen Betroffenheit bedeutet. Es ist zu beachten, daß einzelne Individuen bei verschiedenen Umweltnutzungen potentiell zu mehreren Gruppen gehören können; allerdings ist bei konfligierenden Interessenlagen ex ante keine Aussage hinsichtlich der individuellen Interessenlage bei dem in Frage stehenden Umweltproblem möglich. Auch innerhalb der einzelnen Gruppen sind Individuen mit unterschiedlicher Interessenintensität anzutreffen. Ein Beispiel unterschiedlicher

Interessenlagen ist die unterschiedliche regionale Betroffenheit der Geschädigten, ein anderes sind unterschiedliche individuelle Vermeidungsmöglichkeiten.[117]

Es ist an dieser Stelle noch einmal darauf hinzuweisen, daß wir hier die Entscheidungssituationen nicht aus der Sicht der Spieltheorie beleuchten werden. Dies liegt zum einen darin begründet, daß wir hier weniger ein potentielles Spiel selbst in den Mittelpunkt der Überlegungen stellen wollen, sondern - aus der Sicht der Spieltheorie - die Voraussetzungen in Frage stellen, die bei kollektiven Entscheidungen konventionellerweise an die individuelle Rationalität der einzelnen Spieler gestellt werden. Zudem wird sich zeigen, daß eine Modifikation dieser Voraussetzungen eine Ergebnisambivalenz bedingt, die nicht kongruent ist mit der Ergebnisambivalenz, die aus der (bereits in Abschnitt 2.3 als für reale Umweltnutzungen fragwürdig eingestuften) Annahme, daß es sich bei Entscheidungen über Umweltressourcennutzungen um Superspielsituationen handelt, resultiert. Zum anderen blenden wir die spieltheoretische Betrachtung hier aus, weil eine allgemeine umweltökonomische Betrachtung mit durch Umweltnutzungen unterschiedlich Betroffenen, die unterschiedliche Informationen zudem - wie zu zeigen sein wird - unterschiedlich perzeptieren, alleine eine so schwere spieltheoretische Strukturierungsaufgabe darstellt, die wirklich ein eigenes Buch verdient. Hinzu kommt, daß die Agenten, die sich bei umweltökonomischen Entscheidungen gegenüberstehen, partiell auch andere Spiele in anderen Bereichen spielen, was die Strukturierung allein, geschweige denn eine empirische Ausfüllung mit konkreten Lösungskonzepten eines solchen "Super-Super-Spiels" noch schwieriger macht. Wir verbleiben in diesem Kapitel 3 zunächst in der einfachen sicheren Welt und besprechen im folgenden verschiedene Kriterien, die als Interventionsgrundlage dienlich sein könnten, sowie mögliche systematische Abweichungen von einem daran ausgerichteten Verhalten.

3.1 Entscheidungskriterien kollektiver Umweltnutzungen

Für die Beurteilung kollektiver Entscheidungen sind verschiedene theoretische Ansätze formuliert worden, die in diesem Abschnitt in ihrer extremen Form mit einem mehr oder weniger exklusiven Erklärungsanspruch dargelegt und diskutiert werden. Wir werden prüfen, inwieweit diese Ansätze, nämlich der Property-Rights-Ansatz, die Formulierung einer sozialen Wohlfahrtsfunktion oder die Integration meritorischer und ethischer Aspekte eine Entscheidungsgrundlage für die Nutzung von Umweltressourcen abgeben können, gerade auch, wenn es um neu auftretende Umweltprobleme geht. Schon ein Blick in die Gliederung zeigt auf, daß die angeführten Ansätze allein keine Grundlage für unsere weitergehen-

---

117 Bei der Kategorisierung in Schädiger und Geschädigte geht es nur um eine Kategorisierung nach Interessen und nicht nach Schuld; vgl. die Ausführungen zum Coase-Theorem und Coase (1960), S. 2.

den Überlegungen sein können, so daß wir uns in Abschnitt 3.2 erneut mit Verteilungswirkungen und der Formulierung eines Wohlfahrtskriteriums beschäftigen müssen.

Die Botschaft des Coase-Theorems war, daß unter bestimmten Umständen die Existenz von exklusiven Eigentumsrechten ein effizientes Ergebnis gewährleistet. Interventionsbedürftige Umweltprobleme wären *allein* vor einem solchen Hintergrund als Probleme nicht oder nicht vollständig definierter Eigentumsverhältnisse zu interpretieren. In einer extremen individualistischen Interpretation würde demnach die Definition von Eigentumsrechten an der Umwelt (sowohl notwendig als auch) hinreichend für eine effiziente Lösung der Umweltprobleme sein; die Verteilung der Rechte hingegen ist unerheblich.

Solche Überlegungen gehen nicht auf Coase, sondern auf die unter dem Eindruck des Coase-Theorems formulierte Theorie der Property Rights zurück.[118] Diese Theorie stellt eine Erweiterung der Theorien des Tausches und der Produktion dar, bei dem das System der Property Rights umschrieben werden kann als die Menge der ökonomischen und sozialen Beziehungen, die die Position einzelner Individuen im Hinblick auf die Nutzung knapper Ressourcen regelt.[119] Der Tauschwert einer Sache hängt demnach nicht allein von den Gutseigenschaften im engeren Sinne, sondern vom Wert der mit dem Gut verbundenen Rechte ab.[120] Die Theorie der Property Rights ergänzt die Prozeßanalyse in Form einer Analyse der Institutionen. In einer extremen Interpretation, die wir hier für umweltökonomische Nutzungen diskutieren wollen, sind die Property Rights allein ausschlaggebend für die Effizienz ökonomischer Austauschhandlungen.

Kollektives Handeln hat in der Theorie der Property Rights eine allein individualistische Orientierung, ist somit buchstäblich die Summe individuellen Handelns. Nur die Handlungen Einzelner, die ihre Grenzen in den Interessen anderer und den Umgebungsbedingungen finden, determinieren kollektives Handeln. Da kollektives Handeln nur eine Summendefinition und keine neue Dimension darstellt, und jedes Handeln dem Pareto-Prinzip genügen muß, finden veränderte Umweltnutzungen nur als Pareto-relevanter Interessenausgleich zwischen Individualinteressen statt.

Wesentlich für das Verständnis der Theorie der Property Rights ist ihre streng institutionelle Orientierung. Institutionen werden dadurch relevant, daß Transaktionen mit Kosten verbunden sind - ein Tatbestand, auf den wiederum Coase zuerst

---

118 Wir behalten im folgenden den Begriff der Property Rights bei und ersetzen ihn nicht durch Eigentumsrechte o.ä., um eine Verwechselung mit in der juristischen Literatur gebräuchlichen Begriffen zu vermeiden.

119 Vgl. Furubotn, Pejovich (1972).

120 Vgl. Demsetz (1967).

hingewiesen hat.[121] Verhandlungen über den Austausch von Rechtsbündeln an Gütern sind je nach institutioneller Ausgestaltung mit unterschiedlichen Kosten verbunden, denn für Transaktionen müssen Ressourcen eingesetzt werden: für Informationssuche und -verarbeitung, für Verhandlungsprozesse, für Überwachung, für Sanktionierung der Durchführung und für die Anpassung unvollkommen spezifizierter Inhalte an neue Situationen.[122]

Der Institutionenbegriff der Theorie der Property Rights hat eine eigene Qualität. Die Organisationsform der Institutionen ist hier die entscheidende Effizienzvariable.[123] Die Wirtschaftssubjekte wählen diejenige Organisationsform, die ihnen den höchsten Netto-Nutzen sichert. Datenänderungen werden dahingehend berücksichtigt, indem geprüft wird, inwieweit eine veränderte Organisationsform und/oder veränderte Property Rights kombiniert mit entsprechenden Seitenzahlungen zumindest einen Agenten besserstellen würden. Veränderungen müssen somit Pareto-relevante Verbesserungen darstellen.

Vor dem Hintergrund dieses Kurzüberblickes kann das Problem der Externalitäten auch als dynamisches Problem der Mutation vormals freier in knappe Güter aus der Sicht der Theorie der Property Rights betrachtet werden.[124] Eine Internalisierung findet dann und nur dann statt, wenn die Gewinne aus der Internalisierung größer als die Internalisierungskosten sind.[125] Aber nicht nur eine veränderte Struktur historisch bereits definierter Property Rights, sondern auch neue, vormals nicht definierte Property Rights entstehen gemäß diesem Kalkül: "It is my thesis [...] that the emergence of new property rights takes place in response to the desires of the interacting persons for adjustment to new benefit-cost possibilities."[126] Eine auf der Ebene individueller Agenten anzutreffende Nicht-Internalisierung externer Effekte ist in diesem Sinne durchaus effizient, da die Kosten der Internalisierung externer Effekte größer als die Nutzen sind. Denn - so einige Vertreter der Property-Rights-Theorie - privates Eigentum ist Gemeinschaftsei-

---

121 Vgl. Coase (1937). Auch in seinem Aufsatz "The Problem of Social Cost" geht Coase auf mit Verhandlungen verbundenen Transaktionen ein; vgl. Coase (1960), S. 15-19.

122 Vgl. Gäfgen (1984), S. 52. Transaktionskosten werden nicht von allen Autoren identisch definiert; insbesondere die zuletzt erwähnte Kategorie der Anpassungskosten ist umstritten. Es existieren unterschiedlich breite Definitionen von Transaktionskosten; in der Theorie werden im Hinblick auf komplexe Einheiten insbesondere interne und externe Transaktionskosten nicht einheitlich abgegrenzt.

123 Vgl. Meyer (1990).

124 Aus formaler Sicht kann eine solche Mutation anhand des Kuhn-Tucker-Ansatzes (vgl. (2.19) und (2.20)) dargelegt werden, in dem das Produkt aus Nebenbedingung, die eine Ungleichung darstellt, und Schattenpreis immer Null sein muß. Eine solche Mutation ist deshalb so zu verstehen, daß eine in Gleichung (2.19) angeführte Restriktion vormals einen Schattenpreis von 0, bei der jetzigen Nutzungsintensität jedoch einen positiven Schattenpreis hat, wodurch die Restriktion gleich 0 gesetzt wird.

125 Vgl. Demsetz (1967).

gentum als Organisationsform in jedem Falle überlegen, da privates Eigentum durch das beständige Streben nach Maximierung des Gegenwartswertes der Kapitalgüter implizit auch die Präferenzen zukünftiger Generationen berücksichtigt, und weil Gemeinschaftseigentum durch Erweiterung des Kreises der Eigentümer- und Anspruchstellenden mit sehr hohen Internalisierungskosten konfrontiert werden kann. Eine Privatisierung der Umwelt würde dann für internalisierungsbedürftige Tatbestände allein aus dem Selbstinteresse der Agenten erfolgen dürfen.

Denkt man in dieser Richtung weiter, so kann es nur eine Ursache für Pareto-relevante, internalisierungsbedürftige Externalitäten geben, die dennoch nicht internalisiert werden: administrative Regelungen verhindern die Realisierung neuer Gewinne aus einer entsprechenden Internalisierung. Somit liegt bei Problemen der Umweltnutzung kein Problem des Markt-, sondern allenfalls ein Problem des Staatsversagens vor.

Dieser Ansatz provoziert Widerspruch. Zum einen gilt hier genauso wie bei der Diskussion des Coase-Theorems, daß die Umweltressourcen zumindest in der Qualität ihrer Nutzung in vielen Verwendungen öffentliche Güter darstellen können, die aufgrund ihrer Unteilbarkeit notwendigerweise kollektiven und gegenüber strategischem Verhalten nicht invarianten Charakter haben und deshalb gar nicht vollständig privatisiert werden können. Die Argumente brauchen hier nicht wiederholt zu werden.

Aber auch der Institutionenbegriff der Theorie der Property Rights ist aufgrund seiner ausschließlichen Allokationsorientierung nicht unproblematisch. Es ist müßig darauf hinzuweisen, daß Institutionen und institutioneller Wandel nicht nur durch Gewinnmöglichkeiten determiniert sind. Wenn wir mit Gäfgen eine Institution als ein "System von Regelungen [...], welche das Verhalten in sozialen Systemen auf die Realisierung bestimmter kollektiv akzeptierter Zwecke ausrichten"[127], verstehen, so haben Institutionen nicht ausschließlich Gewinnarbitragecharakter.[128] So weist Elster darauf hin, daß beispielsweise soziale Normen nicht allein nur durch die damit verbundenen Selbstinteressen der Individuen erklärt werden können, da es institutionalisierte soziale Normen gibt, die offen-

---

126 S. Demsetz (1967), S. 350.

127 S. Gäfgen (1983), S. 19f.

128 Man denke beispielsweise an Umverteilungsinstitutionen, es sei denn, man interpretiert diese als Effizienzinstitution zur Abwicklung altruistischer Motive, die den Altruisten eigenen Nutzen stiften; eine Interpretation, die zumindest aus historischer Sicht der Entstehung von Sozialversicherung und sozialer Absicherung befremden dürfte.

sichtlich eine Wohlfahrtssteigerung bei mindestens einem Agenten nicht bedingen.[129]

Man könnte nun diese Institutionen, die keinen Arbitragecharakter haben, als exogen vorgegebene Umgebung ökonomischer Handlungen betrachten. Die Theorie der Property Rights tut sich jedoch schwer mit einer eindeutigen Unterscheidung in eine allokationsexogene institutionelle Umgebung und allokationsendogenen institutionellen Arrangements, was Unschärfen in der Analyse exogener und endogener Bestimmungsgründe bedingt.[130] Dies hängt originär damit zusammen, daß die Prämisse gegebener Property Rights eine unrealistische Prämisse der Separation in exogene und endogene institutionelle Ausgestaltungen darstellt. Vielmehr ist realiter zu erwarten, daß sich Institutionen beider Prägungen zumindest in ihren Wirkungen überlagern: Institutionen und institutionelle Arrangements sind interdependent, und dies gilt auch für solche, die gerade das Fehlen eines preislichen Allokationsmachanismus bedingen. Dies macht zumindest in normativer Hinsicht eine Bewertung deutlich komplizierter, da der Tatbestand der Pareto-Relevanz nicht mehr eindeutig definiert werden kann.[131] Wenn der Netto-Nutzen der Internalisierung externer Effekte nicht mehr unabhängig von der Anfangsausstattung ist, kann es verschiedene Umweltnutzungsoptionen geben, die je nach Verteilung der originären Rechte entweder Pareto-superior oder Pareto-inferior sind. Die in diesem Sinne optimale Nutzung der Umwelt ist unbestimmt und zeigt, daß das Pareto-Kriterium ein relatives Kriterium darstellt. Eine Negierung dieser Problematik ist nur dann zulässig, wenn wir es mit kleinen in Frage stehenden potentiellen Veränderungen zu tun haben, die die Prämisse gegebener Anfangsausstattungen akzeptabel erscheinen läßt. Die aktuellen Herausforderungen, die Externalitäten beispielsweise in Form einer drohenden Klimakatastrophe stellen, lassen sich jedoch mit solchen Marginalüberlegungen nicht bewältigen.

Aber auch für die deskriptive Sicht der Dinge stellt sich die Frage der Unterscheidung je nach Betrachtungshorizont und Untersuchungsgegenstand in als exogen fixierte, allokationsfremde oder als allokationsinduzierte zu erachtende institutionelle Arrangements.[132] Diese Institutionen stehen in einer zumindest

---

129 Vgl. Elster (1989).

130 Vgl. Borchardt (1977), S. 155.

131 "From a normative point of view, however, the distribution of property cannot be taken as given, simply because it is the result of an endless dynamic process the patterns of which depend very much on the institutions of the society in regard to inheritance, family structure, integrative networks, charities, state redistributions, and so on." S. Boulding (1977), S. 815.

132 Dadurch wird eine empirische Ausfüllung der Theorie der Property Rights noch schwieriger, als sie ohnehin schon ist. Interessant ist in diesem Zusammenhang der Kommentar von Holtfrerich zu dem Beitrag von Borchardt (1977), der anmerkt, daß die Neuorientierung der ökonomischen Theorie von der Preistheorie hin zur Theorie der Property Rights

langfristig wechselseitigen Beziehung. Allokationsfremde Institutionen hinsichtlich ihrer Ziel-Mittel-Orientierung zu analysieren ist kein leichtes Unterfangen.[133] Bezieht man umweltpolitisches Handeln jedoch ausschließlich auf die Gestaltung von Property-Rights-Strukturen und den damit verbundenen Netto-Nutzen, so muß eine solche Aufgabe gelöst werden.

Die Entstehung und Veränderung von Property Rights ist zudem häufig durch das Vorhandensein einfacher Machtverhältnisse erklärbar,[134] und nicht allein auf das Erkennen neuer institutioneller Arrangements und ihrer vertraglichen Umsetzung, die zumindest für einen Agenten eine Verbesserung ohne Schlechterstellung eines anderen Agenten bedeuten, zurückzuführen. So werden Umweltnutzungen *ja gerade* dann zu einem Problem, wenn diese konkurrieren: ein Agent oder mehrere Agenten haben die Macht, auch dann Umweltnutzungen einzuleiten, wenn andere schlechter gestellt werden. Das Pareto-Prinzip scheint somit nur für die Internalisierungsbemühungen und nicht für Externalisierungseffekte relevant zu sein. Wenn Property Rights das Verhältnis der Agenten zu knappen Gütern bestimmen, so geht die Definition der Property Rights der Umweltnutzung zunächst nahezu ausschließlich mit der Durchsetzung von Macht- und Gewohnheitsinteressen einher. Eine unbedingte Überlegenheit privater gegenüber gemeinschaftlicher Nutzungen von Property Rights ist dabei nicht ableitbar, da sich das Verhältnis gemeinschaftlicher zu privaten Property Rights nach Maßgabe der gruppenspezifischen Kohärenzkosten und im Außenverhältnis der Gruppe nach den Exklusionskosten gegenüber privaten Transaktionskosten bemißt.[135] Private Property Rights sind deshalb nicht in jedem Falle gemeinschaftlichen Property Rights überlegen. Allerdings ist zu vermuten, daß die Fälle exklusiver Property Rights der Umweltnutzung durch Gruppen recht rar sind, da sie eine überschaubare Teilnehmerzahl und ein einfach strukturiertes Umweltproblem voraussetzen, was wiederum die Effizienzüberprüfung staatlicher Interventionen direkt induziert.

---

empirisch den Wandel von einer unbefriedigenden, aber empirisch meßbaren Theorie hin zu einer Theorie mit einem breiten Feld möglicher Verhaltensweisen, die aber empirisch kaum meßbar ist, bedeute (vgl. S. 158).

133 Die in Kapitel 4 zu behandelnden Anomalien sind nach Ansicht von Frey und Eichenberger ebenso sowohl Anlaß für die Gründung von als auch Erfolgsfaktor für Institutionen. Die durch Anomalien begründeten können auch unter die allokationsinduzierten Institutionen subsumiert werden; allerdings ist ihr Charakter nicht kompatibel mit der streng individualistisch-rationalitätsbezogenen Sichtweise der Theorie der Property Rights. Vgl. Frey, Eichenberger (1989).

134 Vgl. Schanze (1989).

135 Vgl. Field (1989). Field, der anstatt der Kohärenzkosten den unglücklichen Begriff Transaktionskosten wählt, weist darauf hin, daß es zwischen diesen Kostenkomponenten Interdependenzen geben kann. Als Kohärenzkosten sind jene Kosten aufzufassen, die eine Gruppe aufwendet, um den kooperativen Zusammenhalt derselben zu garantieren.

Zudem ist die Prämisse der Irrelevanz der Anfangsausstattung sehr fragwürdig, denn kein Agent wird freiwillig einer Anfangsausstattung neu geschaffener Property Rights zustimmen, die ihn schlechter stellt als in einem Zustand der individuellen Macht- und u.U. Gewaltausübung zwischen den Agenten.[136] Dies bedeutet jedoch, daß die Agenten in einer Welt ohne jegliche Interventionskompetenz des Staates zumindest den Untersuchungsgegenstand betreffend eine Referenzsituation der Verteilung von Property Rights haben, die die Zufälligkeit oder Irrelevanz der Anfangsausstattung sehr fragwürdig macht. Dadurch wird auch die Prämisse der Irrelevanz von Distributionsaspekten aufgrund möglicher Kompensationszahlungen nicht mehr haltbar. Denn diese Referenzsituation, an der auch die Seitenzahlungen gemessen werden, macht einfache Umverteilungen nach jenseits der Property-Rights-Welt liegenden Gerechtigkeitsvorstellungen nicht mehr beliebig möglich. Allokations- und Distributionsaspekte sind somit nicht mehr streng separierbare Probleme ohne Wechselwirkungen.

Der fehlende Distributionsaspekt ist einer der Hauptkritikpunkte an der Theorie der Property Rights.[137] Die Verteilung von Umweltnutzungsrechten kann nicht als unabhängig von der Verteilung bereits vorhandener Umweltnutzungsrechte erachtet werden. Bargaining-Prozesse zwischen Agenten werden deshalb häufig nicht von der Realisierung von Verhandlungsgewinnen, sondern von Verteilungsaspekten dominiert, Seitenzahlungsmöglichkeiten sind kaum gegeben und die Zuteilungsbasis neuer Property Rights ist umstritten.[138] Die Realisierung von Verhandlungsgewinnen ist deshalb nur eine notwendige Bedingung für effiziente Verhandlungen. Letzteres resultiert daraus, daß es sich für den einzelnen Agenten lohnt, Ressourcen für die Durchsetzung einer für ihn möglichst günstigen Verteilungsbasis einzusetzen: Schädiger beanspruchen ein Höchstmaß an Verschmutzungsrechten, Geschädigte und intrinsisch Motivierte ein Höchstmaß an Unterlassungsrechten, etc.

Dagegen wird von Vertretern der Theorie der Property Rights angeführt, daß die Unmöglichkeit veränderter Property Rights keineswegs Ineffizienzen bedeute, da das beschränkte Wohlfahrtsmaximum durchaus realisiert sein könne. Ansonsten würde man Idealbedingungen voraussetzen, die einem Nirvana-Irrtum gleichkämen.[139] Außerdem bedinge eine nicht unbedeutende Reallokation von Rechten auch eine deutliche Änderung der Einkommensverteilung und der Faktorpreise,

---

136 Vgl. Umbeck (1981), der die Entstehung von Property Rights am Beispiel des Goldrausches erörtert.

137 Vgl. beispielsweise Gäfgen (1983) und Libecap (1989).

138 Vgl. Libecap (1989).

139 Der Begriff des Nirvana-Irrtums (oder Nirvana-Ansatzes) wurde von Demsetz geprägt und soll den Irrtum verdeutlichen, den man begeht, wenn man unvollkommene Marktprozesse mit idealisiertem und vollkommenem, aber realiter nicht gegebenem staatlichen Handeln vergleicht.

so daß sich der Bewertungsmaßstab zur Beurteilung der Reallokation selbst ändert.[140] Ein durch die Reallokation von Property Rights selbst veränderter Bewertungsmaßstab der Agenten kann ganz andere Ergebnisse bedingen als eine Bewertung unter fälschlicherweise konstant gehaltenem Maßstab.[141]

Diese Position offenbart allerdings eine Tautologisierung: jede institutionelle Ausgestaltung ist effizient, da Reallokationen nicht stattfinden und hypothetische Reallokationen außerhalb des Möglichkeitsbereiches liegen. Man braucht jede "Ungereimtheit" nur mit einer zusätzlichen Restriktion des Möglichkeitsspektrums zu identifizieren, die dann natürlich - wenn sie zieht - auch gemäß dem Kuhn-Tucker-Ansatz einen positiven Schattenpreis hat, und das Wohlfahrtsmaximum ist immer garantiert.[142] Finden bedeutende Reallokationen statt (oder nicht statt), so bedingt eine statische Bewertung einen u.U. nicht unbedeutenden Fehler gegenüber einer problemgerechten dynamischen Betrachtung. Da die neuen veränderten Bewertungsmaßstäbe ex ante nicht beobachtbar und ex post sich gerade im offenbarten Verhalten widerspiegeln und gemäß den Paradigmata der revealed preferences daraus abgelesen werden, ist auch eine solche Reallokation immer effizient. Ex ante ist eine Bewertung nicht möglich, ex post offenbart die beobachtbare Handlung gerade die eigentlich ex ante notwendigen Präferenzstrukturen.[143] Die Theorie immunisiert sich gegen jegliche Art möglicher Falsifizierungen, da sie immer richtig ist. Da private Agenten rational handeln und alle möglichen Verhandlungsgewinne realisieren, bleibt als einziger Hort der Ineffizienz das staatliche Handeln, welches - aus welchen Gründen auch immer - die vollkommen effiziente Allokation der Property Rights verhindert.[144] Im übrigen geben diese Argumente keine Antwort auf Fragen in Hinblick auf eine beobachtbare zunehmende Kollektivierung in manchen Bereichen.[145]

Dies bedeutet nicht, daß der Gedanke beschränkter Wohlfahrtsmaxima zu verwerfen sei. Auch in der Koordination der Nutzung von Umweltressourcen ist wie

---

140 Vgl. Furubotn (1989).

141 Im weiteren Sinne handelt es sich hier um ein Integrabilitätsproblem, weil nicht mehr marginale, sondern große Änderungen betrachtet werden; zum Integrabilitätsproblem vgl. Samuelson (1983), S. 54 und 95.

142 Dies gilt insbesondere für die Transaktionskosten, bei denen "... die Gefahr [besteht], daß man sie zu einer offenen Kategorie macht, welche ad hoc zu Erklärungszwecken erweitert werden kann." S. Gäfgen (1984), S. 53.

143 Dies ist allerdings auch ein generelles Problem der Ansätze, die von der strikten Korrespondenz zwischen Präferenzen und offenbarten Entscheidungen ausgehen, wenn das Verhalten durch Präferenzen erklärt wird, die am offenbarten Verhalten abgelesen werden. Vgl. Sen (1977), S. 325. Dieser Ansatz ist jedoch deshalb nicht bedeutungslos, weil er gewisse Konsistenzansprüche beinhaltet, deren Deviationen wir in Kapitel 4 diskutieren, wohingegen alle Devianzen hier in Residualgrößen aufgehen können.

144 Vgl. hierzu auch Weimann (1987), S. 320-327.

145 Vgl. Borchardt (1977), Gäfgen (1983).

in anderen Bereichen mit Unvollkommenheiten zu rechnen. Eine Theorie löst sich jedoch von ihrer möglichen empirischen und damit wirtschaftspolitischen Relevanz, wenn quasi eine Residualgröße - sei es in Form erweiterter Transaktionskosten, der Einführung von Schattenpreisen aufgrund zusätzlicher Restriktionen oder eines veränderten Bewertungsmaßstabes - die Lücke zwischen der formulierten Theorie und beobachtbaren Phänomenen ex definitione schließen kann. Eine Orientierung der Umweltpolitik als kollektive Entscheidungswahl allein an individuellen Property-Rights-Maßstäben ist deshalb nicht zu empfehlen.[146] Dabei ist es durchaus ein Verdienst dieser Theorie, auf die Relevanz der Transaktionskosten in Abhängigkeit von der Ausgestaltung der Institutionen hingewiesen zu haben, gerade auch um Nirvana-Irrtümer idealer Staatsinterventionen zu vermeiden. Auf die Überlegenheit von spezifischen Instrumenten für bestimmte Umweltprobleme aufgrund der anderweilig exorbitant hohen Transaktionskosten war bereits in Abschnitt 2.4.2 hingewiesen worden. Für die Umweltpolitik ist es aber wohl insgesamt und deshalb auch für neue Umweltprobleme ein realistischerer Ansatz, daß *nicht allein eine fehlende oder falsche staatliche institutionelle Rahmensetzung*, sondern *auch eine in der Natur der Sache liegende Unmöglichkeit der Definition von privaten Property Rights* den Kern interventionsbedürftiger Umweltprobleme ausmacht.

Gäfgen sieht deshalb in Institutionen eher das Ergebnis einer endogenen Bestimmung von Verhaltensregeln, die die Streuung spieltheoretischer Situationen mit ihrem zu großen Lösungsmöglichkeitsspektrum reduzieren,[147] so daß Institutionen einen Eigenwert über die Summe der Individualinteressen hinaus haben: sie definieren überhaupt erst Lösungen aus dem bei stetigen Problemen unendlich großen Lösungsmöglichkeitsspektrum. Bis dato ist mit Ausnahme der Reform der US-amerikanischen Luftreinhaltepolitik in der Umweltpolitik kein gewinnbringender wirklich von individuellen Einzelinteressen getragener institutionalisierter Transmissionsmechanismus größeren Ausmaßes erkennbar. Aus der extremen Sicht der Theorie der Property Rights liegt somit entweder konsequentes Staatsversagen oder die Irrelevanz von Internalisierungen vor. Aufgrund dieser nicht überzeugenden Diagnose scheint eine individuelle Privatisierung von Umweltnutzungen in vielen Fällen nicht adäquat zu sein; der Staat als Inhaber der exklusiven Umweltnutzungsrechte bleibt dann sowohl unter Transaktionskostenaspekten als auch unter den Aspekten des Charakters eines öffentlichen Gutes der adäquate Agent zu sein: "Der staatliche Eingriff in die Vertragsfreiheit dient dann der Transaktionskostensenkung. Der Staat handelt und verhandelt mit geringerem

---

146 Dies liegt an der konsequenten Ausrichtung am methodologischen Individualismus im engeren Sinne; es besteht insbesondere "... die Gefahr versteckter Normativität, indem faktische Gestaltungsformen als zugleich effizient erklärt werden oder wichtige Gesichtspunkte wie Machtausgleich oder Humanität bei den Folgen bestimmter Eigentumsrechtsanalysen nicht mitanalysiert werden." S. Gäfgen (1984), S. 62.

147 Vgl. Gäfgen (1983), S. 26.

Transaktionskostenaufwand für die Personen, deren Transaktionskostenaufwand zu hoch wäre."[148,149] Dies bedeutet nicht, daß *immer* der Staat im Durchgriff die effizienteste Lösung gewährleistet.

Wir müssen also kollektives Handeln im Umweltbereich anders auffassen als die Summe individueller Property-Rights-Strukturen. Dabei helfen uns auch verfassungstheoretische Überlegungen nicht weiter,[150] bei denen interindividuelle Wertfragen in einer Verfassungsform kontrahierend geklärt werden.[151] Umweltpolitik findet im Hier und Jetzt statt und wird nicht in einer dem sozio-ökonomischen Leben vorausgehenden Phase prinzipiell konzipiert. Sie muß somit auf Basis bereits vorhandener Institutionen formuliert werden.[152]

Wenn eine potentielle Effizienzunterlegenheit privater Agenten konstatiert ist, bedarf es somit eines kollektiven Entscheidungskriteriums für Abschätzung von Art und Niveau der potentiellen Umweltnutzungsintervention. Die vom Ökonomen am meisten präferierte Lösung wäre sicherlich eine ihm an die Hand gegebene soziale Wohlfahrtsfunktion. Diese Funktion ermöglichte es ihm, unterschiedliche soziale Zustände - auch im Hinblick auf die Nutzung der Umwelt - zu vergleichen und gemäß ihres sozialen Wertes zu ordnen.

Man muß allerdings bei sozialen Wohlfahrtsfunktionen im Vergleich zu den Voraussetzungen und Implikationen in der Analyse individueller Nutzenfunktionen Abstriche machen. So zeigen die allseits bekannten Ergebnisse von Arrow - formuliert in seinem Possibility Theorem -, daß die Ableitung einer in diesem Sinne konsistenten Wohlfahrtsfunktion nicht möglich ist.[153] Es gibt bei drei in Frage stehenden Alternativen keine soziale Wohlfahrtsfunktion, die nicht mindestens eine der fünf Fairneßbedingungen Arrows verletzt. Im Gegensatz zu den zuvor von Bergson und Samuelson formulierten Wohlfahrtsfunktionen steht bei Arrow die Ermittlung einer solchen im Zentrum der Überlegungen.[154] Die Unmöglichkeit konsistenter sozialer Wohlfahrtsfunktionen resultiert aus der in der

---

148 S. Weizsäcker (1984), S. 145.

149 Der Staat kann dabei durchaus Teile seiner Rechte an Private zumindest zeitweise effizient veräußern, wie dies bei der Zertifikatslösung in Form der Übertragung der usus-Rechte der Fall ist; vgl. dazu Abschnitt 2.4.2.

150 Vgl. hierzu Bernholz (1981), der behauptet, daß die Verfassungstheoretiker diejenigen Ökonomen seien, die sich mit Wertfragen beschäftigen. Diese Einschätzung beruht wohl auf der Auffassung, Ökonomen hätten nur zu Verfassungsfragen Werturteile abzugeben und sich ansonsten auf allokative Aspekte zu konzentrieren.

151 Vgl. dazu auch Rawls (1975).

152 Dadurch unterscheidet sie sich zumindest in der Bundesrepublik Deutschland von anderen Politikbereichen, deren ordnungspolitische Ausgestaltung quasi zur Stunde Null in den frühen Nachkriegsjahren formuliert wurde.

153 Vgl. Arrow (1951b) sowie Sen (1986).

Nutzentheorie weitläufig akzeptierten Natur informationeller Beschränkungen: eine soziale Wohlfahrtsfunktion soll allein eine Funktion individueller Wohlfahrten sein, die jedoch nur ordinal verfügbar sind und den interpersonellen Nutzenvergleich verbieten. Für die Abwägung des sozialen Wertes soll allein das Pareto-Kriterium entscheidend sein, d.h. Urteile über soziale Zustände sollen alleine auf individuellen Nutzeneinschätzungen basieren. Informationen darüber stehen nur in äußerst spärlicher Form zur Verfügung, so daß Inkonsistenzen und Unvollständigkeiten sowie - gemessen an den hohen Ansprüchen - Unmöglichkeiten die logische Konsequenz sind. Selbst eine Lockerung der einen oder anderen Bedingung führt nur in sehr wenigen Fällen zur Erfüllung der übrigen Fairneßbedingungen.[155]

In einer sozialen Abwägung müssen deshalb notwendigerweise gewisse Inkonsistenzen in Kauf genommen werden. Wenn wir die Prämisse der Nichtvergleichbarkeit interpersonellen Nutzens fallen lassen, somit Bewertungen von Nutzenvergleichen zulassen, können wir die Aufgabe angehen. Das Problem verlagert sich aber darauf, daß es keinen einstimmig akzeptierten Maßstab für interpersonelle Nutzenvergleiche gibt. Deshalb werden wir nicht umhinkommen, im folgenden Abschnitt ein solches zu formulieren, um mit Umweltnutzungen einhergehenden Kosten- und Nutzenkomponenten eine Bewertungsbasis zu geben. Denn das Possibility Theorem impliziert nicht, daß man sich nicht mit ökonomischen Fragestellungen auch im Hinblick auf Umweltnutzungen beschäftigen kann, wenn man eine bestimmte soziale Wohlfahrtsfunktion unterstellt.[156] Gerade diese Überlegung haben die Analyse von Pigou und die Ausführungen zu sozialen Risiken in 2.5 erst möglich gemacht, indem der Unterschied zwischen privaten und sozialen Kosten auf Basis einer bestimmten Werturteilsannahme über die einfache Aggregation dieser sozialen Kosten in den Mittelpunkt der Überlegungen rückte. Wir werden uns eine solche Überlegung zunutze machen. Bevor wir im nächsten Abschnitt ein den Umsetzungsrealitäten entsprechendes Wohlfahrtskriterium formulieren, von dem wir glauben, daß das darin enthaltene Werturteil über Aggregationen und Verteilungspositionen eine naheliegende ordnungspolitische Grundposition widergibt, müssen wir noch auf extreme Interventionsformen kollektiven Handelns eingehen, nämlich der Meritorisierung von Umweltgütern und der Integration ethischer Forderungen.

Die Integration ethischer Ansätze ist in Mode: die Berücksichtigung ethischer Aspekte in Unternehmensentscheidungen, in der Ausschöpfung begrenzter Res-

---

154 Vgl. hierzu und im folgenden Sen (1979).

155 Vgl. Sen (1986).

156 "It is a legitimate exercise of economic analysis to examine the consequences of various value judgements, whether or not they are shared by the theorist, just as the study of comparative ethics is itself a science like any other branch of anthropology." S. Samuelson (1983), S. 220.

sourcen, in der Nutzung der Umwelt rücken zumindest in der sog. Diskussion zwischen Theorie und Praxis in den Mittelpunkt. Funktional soll der Ethikgedanke dadurch werden, daß Ethik ein Korrektiv gegen Ökonomie- und Marktversagen darstellt, da Sanktions- und Kontrollkosten gesenkt werden.[157] Inwieweit ethisches Handeln instrumentalisiert für umweltpolitische Ziele eingesetzt werden soll, weiß auch dieser Ansatz aufgrund seiner Unschärfe nicht zu beantworten. Fairneßgedanken und Prozeßorientierungen mit ethischen oder gar metaphysischen Dimensionen zu verbinden, mag eine philosophisch interessante Frage zu sein, Umsetzungsanforderungen für kollektives Handeln genügen diese Überlegungen aufgrund ihrer Unbestimmtheit nicht.[158] Diese Unbestimmtheit wäre nur dadurch zu lösen, indem man konkret in einem deskriptiv-experimentellen Ansatz Situationen zu isolieren sucht, bei denen die Agenten eine gewisse Verpflichtung empfinden, nicht gemäß einer Minimax-Strategie im Gefangenendilemma zu handeln.[159] Dies verdeutlicht natürlich eine höhere Anforderung an Introspektion und Kommunikation als bei der lediglichen Beobachtung von offenbartem Marktverhalten.[160]

Zudem sollten aus einer normativen Sicht ethische Forderungen nicht für kollektives Handeln in der Umweltpolitik überstrapaziert werden. Ethische Motive sind sicherlich in vielen Bereichen verantwortlich für Abweichungen von rein egoistischen Erwägungen hin zu altruistischen Handlungen, ein Tatbestand, auf den bereits Adam Smith hingewiesen hat. Allerdings sind diese moralischen Gefühle eher bei persönlichen als bei anonymen Kontakten zwischen den Agenten anzutreffen, da dort Gefühle erfolgreich personifiziert werden können. Bei umweltpolitischen Entscheidungen vor dem Hintergrund der in Abschnitt 2.4.1 beschriebenen Probleme der Schadensfunktionsermittlung und bei der Vielzahl der in der einen oder anderen Art und Weise betroffenen Agenten auf moralische Gefühle zu setzen, erscheint deshalb nicht erfolgversprechend. Da von Menschen kaum erwartet werden kann, daß sie alle Entscheidungen vor dem Hintergrund moralischer Gefühle fällen, sondern ihr moralisches Empfindungsvermögen eher

157 Vgl. Koslowski (1989) und für die verschiedenen Ethikkonzepte im Verhältnis zu Umweltnutzungen Kneese, Schulze (1985), S. 204-210. Diese Ausrichtung der Ethik basiert auf einer humanistischen Orientierung, die den ökonomischen Ansatz der Nutzbarmachung der Natur durch den Menschen verfolgt. Naturalistische Ansätze, die der Natur unabhängig von menschlichen Nutzengrößen einen Eigenwert zubilligen, sind im Grunde mit jeglichem ökonomischen Paradigma, welches immer Agenten und deren Nutzenmöglichkeiten im Umgang mit knappen Gütern begreift, nicht vereinbar; vgl. hierzu Kneese, Schulze (1985), S. 195-200.

158 In Abschnitt 3.3 und Kapitel 4 werden Fairneßgedanken und Prozeßorientierungen erneut aufgegriffen. Wie schwierig die Umsetzung und Verständigung in der Ethik-Diskussion ist, zeigt ein Diskussionsbeitrag von Weikard (1990) zu Koslowski, der moralische Normen als Institutionen interpretiert, sowie die erboste Erwiderung von Koslowski (1990).

159 Vgl. hierzu Sen (1977), insbesondere S. 340-342.

160 Vgl. Sen (1977), S. 339.

begrenzt erscheint, wäre eine Forcierung moralischer Gefühle in anderen, persönlicheren Bereichen zur effektiveren Durchsetzung kollektiver Entscheidungen wesentlich erfolgreicher.[161]

Oftmals wird im Zusammenhang mit Umweltnutzungen auch von einer notwendigen Meritorisierung gesprochen. Eine Meritorisierung von Gütern bedeutet, daß man den Agenten im Widerspruch zum Prinzip des methodologischen Individualismus eine richtige Wertschätzung nicht zubilligt. Als meritorisch erachtete Güter können sowohl private Güter wie beispielsweise Drogen als auch öffentliche Güter wie die Umwelt erachtet werden; ein Tatbestand der häufig übersehen wird, indem meritorische mit öffentlichen Gütern identifiziert werden. Die Ursache dieser Fehlinterpretation liegt darin, daß die individuellen Wertschätzungen für öffentliche genauso wie für meritorische Güter unbekannt sind[162] - erstere allerdings aufgrund strategischer Verhaltensmöglichkeiten, und nicht, weil ihnen ex ante eine richtige Wertschätzung abgesprochen wird. Bei privaten Gütern wird demgegenüber das Prinzip der Agenten- bzw. Konsumentensouveränität schlichtweg außer Kraft gesetzt. Aus dieser Sicht liegt bei einer angenommenen Meritorisierung der Umwelt das Problem darin, daß die Wirtschaftssubjekte der Umwelt falsche Wertschätzungen entgegenbringen.[163] Der Staat leitet aus dieser Einschätzung paternalistische Interventionen ab, die Umwelt wird von staatlicher Seite aufgewertet.

Meritorisierungsansätze stellen eine offene Flanke der Ökonomie dar. Ohne daß geleugnet werden soll, daß "falsche" Wertschätzungen der Agenten vorliegen können, kann durch solche paternalistischen Argumente jede Art der Intervention und Bevormundung gerechtfertigt werden. Diese Gefahr ist vor allem deshalb gegeben, weil die Theorie meritorischer Güter kein operationales Definitionskriterium meritorischer Güter anbietet. Zwar werden verschiedene Präferenzkonzepte und ihre Relevanz für soziale Wohlfahrtsabwägungen diskutiert, Operationalisierungen jedoch nicht angeboten, sondern statt dessen Interventionsargumente allenfalls enumerativ dargelegt.[164] Eine klare Linie fehlt, und es macht

---

161 Damit soll nicht behauptet werden, daß moralische Gefühle keinerlei positiven Einfluß auf umweltpolitische Entscheidungen haben. Sie sind nur bei weitem nicht hinreichend für die Lösung der Umweltprobleme. So können Erfolge vielleicht in der Zukunft in Zusammenhang mit der Abfallproblematik zu verzeichnen sein, da es sich hier auch um ein lokales Problem handelt; alle moralischen Appelle hinsichtlich einer "umweltbewußteren Nutzung" des Automobils durch freiwillige Geschwindigkeitssenkung sind jedoch zwecklos geblieben.

162 Vgl. Andel (1984), S. 647.

163 Diese meritorische Einschätzung ist nicht mit dem Tatbestand u.U. gegebener Unmöglichkeiten der Wertschätzung von Umweltnutzungen aufgrund von Informationsasymmetrien zwischen umweltorientierten Konsumenten und umweltverbrauchenden Anbietern zu verwechseln. Vgl. hierzu Paech (1989).

164 Vgl. dazu die unterschiedlichen Präferenzkonzepte bei Head (1988).

sich der Eindruck breit, daß die Theorie bereits existierende Paternalisierungen nur analytisch nachvollzieht.

Allenfalls Theorien endogener Präferenzbildung wären in der Lage, meritorische Aspekte systematisch aufzuzeigen. So diskutieren sowohl Weizsäcker als auch Yaari auf Basis solcher Theorien Fälle, bei denen nur kurzfristiges Denken aufgrund der endogenen Präferenzbildung für individuelle Wohlfahrtsverluste verantwortlich ist.[165] Weizsäcker stellt heraus, wie relevant das Erziehungswesen als Institution der Überwindung nur kurzfristiger Orientierungen durch Erweiterung des Erfahrungshorizontes bei endogener Präferenzbildung sein kann, um die mentale und emotionale Abhängigkeit vom status quo zu überwinden.[166] Dies ist bereits ein Hinweis auf die Relevanz einer hinreichend hohen "internen Substitutionselastizität" der Agenten, um eine Verzerrung in Richtung auf eine nicht problemadäquate Persistenz des status quo, die wir in Abschnitt 4.2.2 diskutieren werden, zumindest abzumildern.

Theorien endogener Präferenzbildung sind allerdings weitläufig wenig akzeptiert, da sie nach Ansicht der Mehrzahl der Ökonomen jenseits des Forschungsprogrammes der positiven Ökonomie liegen.[167] Da jede Wissenschaft nur konditionale Aussagen treffen könne, liege die Grenze zwischen Ökonomie und Psychologie eben dort, wo die Präferenzbildung hinterfragt werde. Stigler und Becker zeigen, daß offensichtlich präferenzverändernde Phänomene durch die Einführung einer Humankapitalgröße in eine Haushaltsproduktionsfunktion mit stabilen Präferenzen erklärt werden können und sogar erklärt werden müßten, da eine endogene Präferenzänderung aufgrund der Beobachtungsäquivalenz unter diesen realistischeren Annahmen gar nicht erklärungsmöglich sei.[168] Weizsäcker stellt diesen Ansatz, der die Präferenzen als für Ökonomen weiterhin irrelevant und exogen annimmt, und die daraus resultierende Arbeitsteilung zu Recht in Frage.

---

165 Vgl. Weizsäcker (1971) und Yaari (1977), der allerdings übersieht, daß die in seinem Beispiel von ihm konstatierte Unfairneß weniger mit sich ändernden Präferenzen als mit der von ihm angeführten einseitigen Lösung einer bilateralen Monopolsituation zusammenhängt.

166 Vgl. Weizsäcker (1971), S. 371.

167 Vgl. beispielsweise Friedman (1962), S. 13, und Pollack (1978).

168 Vgl. Stigler, Becker (1977). Eigentlich ist ihre Argumentation nur technischer Natur, da jedes intertemporale Phänomen durch Einführung entsprechender von Stromgrößen beeinflußter Bestandsgrößen wie Humankapital mit stabilen Zielfunktionen kompatibel gemacht werden kann. "The great advantage, however, of relying only on changes in the arguments entering household production functions is that all changes in behavior are explained by changes in prices and income, precisely the variables that organize and give power to economic analysis." S. ebenda, S. 89. Vgl. dazu auch Witt (1987), Fußnote 2 auf S. 156.

Denn wenn die Präferenzbildung selbst durch ökonomische Faktoren beeinflußt wird, habe sich auch die Ökonomie damit zu beschäftigen.[169]

Eine unangenehme Eigenschaft endogener Präferenzen ist die Nicht-Anwendbarkeit des Pareto-Kriteriums.[170] Zwar sind Theorien endogener Präferenzbildung weit von einer empirischen Ausfüllung entfernt, die seriöse Handlungsempfehlungen impliziert. Immerhin scheint das gewachsene Umweltbewußtsein weiter Teile der Bevölkerung durchaus konform mit sich verändernden Präferenzen zu sein. Inwieweit dies endogen oder exogen zu erklärende Phänomene sind, ist eine offene Frage, aber eigentlich berechtigt ein *zunehmendes* Umweltbewußtsein gerade noch weniger zu paternalistischen Interventionen. Ohne eine solide Begründung einer "falschen" Wertschätzung der Umwelt sollte sich eine meritorische Politik auf Informationsaspekte beschränken und auf paternalistische Interventionen verzichten. Daß sich Präferenzen ändern können, scheint in der Ökonomie keine beliebte Annahme zu sein; nichtsdestotrotz müssen kollektive Entscheidungen auch vor dieser Möglichkeit erörtert werden. Daß dabei je nach Grenzziehung der auszumachenden Ursachen das Pareto-Kriterium auf der Strecke bleibt, ist dabei kein so schwerer Verlust, wie gemeinhin anzunehmen wäre, denn wir werden im folgenden Abschnitt ein alternatives und nach Ansicht des Autors praktikableres Bewertungsmaß vorstellen.

3.2 Verteilungswirkungen und Wohlfahrtskriterium

Paternalistische Interventionen und das Verlassen auf die individualistische Abschöpfung von Gewinnmöglichkeiten scheinen als Leitlinien kollektiver Umweltentscheidungen wenig geeignet. Mitverantwortlich für diese unzureichende Bewertungsbasis kollektiver Umweltnutzungsentscheidungen scheint das von Ökonomen häufig vor der Brust getragene Schild des Pareto-Kriteriums zu sein. Wenn es nicht ohnehin durch die Einführung neuer Restriktionen einen tautologischen Charakter erhält,[171] führt es nicht nur aus umweltpolitischer Sicht zur gesellschaftlichen Erstarrung.[172] Man stelle sich vor, daß eine umweltpolitische Maßnahme alle Agenten besserstellt oder nicht tangiert außer einen einzigen: beispielsweise einen Verschmutzer, der extrem hohe Vermeidungskosten zu tragen hat, wenn der neue Umweltstandard durchgesetzt werden soll. Kompensatio-

---

169 Vgl. Weizsäcker (1971), S. 345. Die Berücksichtigung endogener Prozesse auf der sich mit Wertschätzungen beschäftigenden Nutzenseite ist das Analogon zur Berücksichtigung endogener Prozesse (wie vom Ausmaß der Brutto-Investitionen abhängiges Lernen) auf der wertfreien Produktionsseite, die zuerst von Arrow besprochen wurden; vgl. Arrow (1962).

170 Vgl. Weizsäcker (1971), S. 346.

171 Vgl. Abschnitt 3.1 und Hammond (1990), S. 7.

172 Vgl. Weizsäcker (1984), S. 126.

nen sind nicht möglich und strategisches Verhalten ist nicht auszuschließen. Nach dem Pareto-Kriterium läge keine interventionsbedürftige Externalität vor, die umweltpolitische Maßnahme ist nicht zu empfehlen. Da diese Situation fehlender Seitenzahlungsmöglichkeiten fast immer mindestens einen Agenten in eine (wenn auch nur marginal) schlechtere Position bringt, verbietet sich nahezu immer das Ergreifen jeglicher umweltpolitischen Maßnahmen.[173] Dieses umweltpolitisch "optimale" Aktivitätsniveau, welches nahe, wenn nicht identisch mit Null ist, wird wohl kaum die wirkliche, auch unter Verteilungsaspekten präferierte Option im Hinblick auf die drängenden Umweltprobleme darstellen.

Auch das Zulassen Pareto-irrelevanter Politikvarianten durch Ökonomen, die dann darin die Verwirklichung reiner Distributionspolitiken sehen, ist eher ein hilfloser Ausweg. Wenn umweltpolitische Entscheidungen mit dem Argument einer effizienteren Nutzung der Ressource Umwelt getroffen werden, kann man nicht diese einfach in die (aus Sicht des Ökonomen häufig als irrelevant erachtete) Welt der Distributionsangelegenheiten hinwegdiskutieren, um dann auf Basis dieser neuen Verteilung wieder Pareto-Optimalität einzuklagen. Eine solche Vorgehensweise würde eine Effizienzbeurteilung notwendiger *Veränderungen* allein auf für die Umweltpolitik nahezu ausschließbare Pareto-Verbesserungen reduzieren.

Hinzu kommt, daß die so oft angeführten lump-sum-Transfers zur Garantie wirklich Pareto-relevanter Internalisierungen incentive-inkompatibel sind.[174] Dies wird zum einen damit begründet, daß zu kompensierende, potentielle Verlierer einen deutlichen Informationsvorsprung hinsichtlich ihrer Verluste gegenüber den auf eine Verbesserung der Umweltqualität Drängenden haben. Diese werden somit versuchen, Kompensationen so hoch wie möglich zu anzusetzen, und werden für diese Nicht-Leistung entlohnt. Selbst wenn es möglich sein sollte, Seitenzahlungen optimal festzulegen,[175] so wird jede Veränderung der umweltpolitischen Rahmenbedingungen dazu führen, daß der Anteil derer, die allein vom Nicht-Leistungseinkommen der Kompensationen ihren Lebensunterhalt bestreiten, ständig wächst - hier entzieht sich die Gesellschaft ihre produktive Grundlage; eine zunehmende gesellschaftliche Erstarrung ist auch so anzutreffen. Der Bezug eines immer größer werdenden Anteils des Sozialprodukts

---

173 Gerade die Vielzahl der Agenten behindert Pareto-optimale Veränderungen; vgl. Nijkamp (1986).

174 Vgl. Hammond (1990), S. 9.

175 Beachte, daß dies keine profane Aufgabe der Bildung einer einfachen Differenz ist, sondern daß der abdiskontierte Gegenwartswert aller zukünftigen Verluste, dic aus der Veränderung der Umweltpolitik resultieren, berechnet werden muß. Daß dabei seitens der Kompensationsempfänger versucht werden wird, alle negativen Einflüsse der in Frage stehenden Maßnahme zuzurechnen, und alle positiven Einflüsse als unabhängig auch in der Zukunft darzustellen, liegt nahe. Die dynamische Komponente der Bestimmung des Referenzrahmens potenziert somit die schon statische Diffizilität von Kompensationen.

wird dann von vermuteten historischen Leistungen abhängig gemacht, die bei umweltökonomischen Entscheidungen zumeist versunkene Kosten darstellen.[176] Der Ansatz über Kompensationen erscheint deshalb nur in überschaubaren Gruppen ohne bedeutende Informationsasymmetrien möglich zu sein und dort, wo man Agenten analog einer marktmäßigen Transaktion entschädigen kann.[177]

Dieser Tatbestand läßt das bekannte Kaldor-Hicks-Kriterium, welches die Überlegenheit sozialer Zustände auch dann postuliert, wenn die Bessergestellten die Schlechtergestellten nur kompensieren *können*, dies aber nicht wirklich zu tun brauchen, in einem anderen Licht erscheinen. Hierdurch würden incentive-inkompatible Kompensationen vermieden, und fehlende Seitenzahlungsmöglichkeiten lassen den Ausweg der Pareto-Tautologisierung durch Einführung neuer Restriktionen nicht zu. Es stellt somit gegenüber dem Pareto-Prinzip ein schwächeres Konzept dar; allerdings ist die Bestimmung einer fiktiven Kompensation durch die fiktive Wirkung auf potentiell Schlechtergestellten ebenso mit Informationsproblemen behaftet: Die Schlechtergestellten werden ihre Verluste durch neue Umweltqualitäten noch mehr übertreiben, um diese abzuwenden, da sie in keinem Fall kompensiert werden. Auf der anderen Seite haben die von der Maßnahme Profitierenden einen Anreiz, ihren Nutzen entsprechend zu übertreiben. Da strategische Verhaltenssituationen in der Natur der Sache liegen, muß bei interventionsbedürftigen Umweltnutzungen u.U. in Kauf genommen werden, daß sich die Übertreibungen nicht in jedem Fall ausgleichen müssen. Asymmetrisch starke Übertreibungsmöglichkeiten in Abhängigkeit von der spezifischen Interessenlage sollten deshalb vermieden werden. Das Abwenden dieser Gefahr ist jedoch die Aufgabe jeder interventionsbedingten Abschätzung, und nicht allein ein Charakteristikum des Kaldor-Hicks-Kriteriums. Der Kaldor-Hicks-Ansatz ist allerdings insofern unvollkommen, als er *jede* Verteilung zuläßt, bei der die Summe der Nutzen über der Summe der Kosten liegt, wovon keine hohe Akzeptanz erwartet werden kann.

Da lump-sum-Transfers und incentive-Kompatibilität in einem trade-off-Verhältnis stehen, muß die Gesellschaft wohl oder übel ein Urteil fällen, ob sie wirklich nur Pareto-relevante Umweltpolitiken dulden will, die die meisten umweltpolitischen Maßnahmen kurzfristig am Fehlen von Kompensationsmaßnahmen scheitern läßt, und langfristig die Grundlagen ökonomischer Aktivitäten entweder aufgrund eines zunehmenden Anteils incentive-inkompatibler Nicht-Leistungseinkommen oder durch eine per Akkumulationswirkungen sich ständig verschlech-

176 In Abschnitt 4.2.3 werden wir explizit auf versunkene Kosten eingehen.

177 Dies gilt beispielsweise für die Entschädigung von Bodeneigentümern wegen verminderter Bodennutzungsmöglichkeiten aufgrund eines neu ausgewiesenen Naturschutzgebietes. Die Anreizinkompatibilitäten in Form der Übertreibung der (potentiell) zu Entschädigenden stellen principal-agent-Probleme mit den zu Entschädigenden als Agenten

ternde Umweltqualität gefährdet. Wir treffen hier ein klares Pareto-irrelevantes, aber wohl von allen Agenten zumindest unter dem Schleier der Ungewißheit[178] akzeptiertes Werturteil, wonach eine Gesellschaft sich dann für eine andere Orientierung der Umweltpolitik entscheiden sollte. Ansonsten würden sich Gesellschaften in einen Zustand erhöhter Verkrustungsgefahr begeben, wenn sie nicht in der Lage wären, Dinge durchzusetzen, die anderen auch eine Verschlechterung bringen können. Dies ist die logische Konsequenz daraus, daß Liberalismus und Pareto-Kriterium nicht in jedem Fall vereinbar sind.[179]

Außerdem würde die Beschränkung auf technologische externe Effekte und die Ausklammerung pekuniärer externer Effekte hinfällig, weil es beim Pareto-Prinzip allgemein um die Nicht-Schlechterstellung eines Individuums geht. Technologische negative externe Effekte bedingen zwar auch eine Schlechterstellung der potentiell Betroffenen, aber diese gehen nur auf eine externe Veränderung der Produktions- und/oder Nutzenmöglichkeiten zurück. Pekuniäre externe Effekte wirken über Marktentscheidungen, sind aber auch Pareto-relevant, da auf allein leistungsbezogenen Märkten typischerweise keine vollständigen Kompensationen an Unterlegene gezahlt werden. Hier stehen Pareto-Kriterium und marktwirtschaftliche Freiheit am deutlichsten im Widerspruch.

Wenn also das Pareto-Kriterium für eine ernsthafte Auseinandersetzung mit den kollektiven Umweltentscheidungen nicht geeignet ist, benötigen wir ein anderes, schwächeres Kriterium. Zunächst muß aber dann die Frage beurteilt werden, wie denn nun Verteilungswirkungen prinzipiell berücksichtigt werden sollen, wenn wir nicht mit Kaldor und Hicks jede Verteilungsveränderung akzeptieren. Gerade im Umweltbereich ist diese Frage entscheidungsmaßgeblich und deshalb umstritten, denn in vielen Fällen bedingen umweltpolitische Maßnahmen regressive Effekte: die Verteilung von Umweltschäden wirkt oftmals selbst regressiv; wenn eine stringente Umweltpolitik verfolgt wird, verändert die Verteilung von Nutzen aus einer bewahrten Umwelt ihren proportionalen Charakter hin zu einem progressiven. Außerdem wirken die durch die monetären Kosten der Umweltpolitik hervorgerufenen Preiseffekte ebenso regressiv wie die aus der Zielkonkurrenz

---

mit Informationsvorsprüngen dar. Incentive-Inkompatibilitäten zählen zu den "hidden information"-Problemen dieses Ansatzes; vgl. Arrow (1985), S. 39f.

178 Zum Schleier der Ungewißheit vgl. Rawls (1975).

179 Vgl. Sen (1979), der darauf hinweist, daß es eben Fälle gibt, in denen die Freiheitsprinzipien höher als das Pareto-Prinzip anzusehen sind. Der so verstandene Liberalismus bedeutet, daß der einzelne Agent sich ohne Rücksicht auf negative pekuniäre Externalitäten für andere entfalten darf. Dies darf nicht mit dem sog. Radikalliberalismus des Pareto-Prinzips verwechselt werden, der dem einzelnen Agenten ein Veto-Recht einräumt, welches dem konträr entgegen steht.

mit anderen wirtschaftspolitischen Zielen resultierenden Wohlfahrtsverluste.[180] Verteilungseffekte können deshalb nicht vernachlässigt werden.

Prinzipiell gibt es zwei Möglichkeiten, Verteilungseffekte bei umweltpolitischen Entscheidungen zu berücksichtigen. Zum einen kann versucht werden, Verteilungseffekte einer Umweltnutzungsoption explizit in die Bewertung der in Frage stehenden Optionen einfließen zu lassen. Im Gegensatz zu der Beurteilung anhand von Effizienzkriterien durch die Transformation des Effizienzkriteriums in einen Geldwert ist für Gleichheitskriterien kein "allgemeiner Nenner" verfügbar,[181] so daß die Transformation der verschiedenen Wohlfahrtskomponenten in ein Kriterium nicht möglich ist. Nijkamp entwirft deshalb einen multidimensionalen Ansatz, der die verschiedenen Wirkungen einer bestimmten Umweltnutzungsoption aufzeigen soll.[182] Sicherlich hat eine solche Analyse einen hohen informativen Wert, allerdings muß der Entscheidungsträger in den meisten Fällen doch zumindest eine implizite Bewertung vornehmen.[183] Die Darlegung macht zwar die Entscheidungsfindung transparenter, kann jedoch eine Entscheidung allenfalls besser vorbereiten und nicht nachvollziehen, solange keine (u.U. willkürlichen) Gewichtungen eingeführt werden. Außerdem sind die Verteilungswirkungen stets sehr diffus, insbesondere in ihrer zeitlichen Entwicklungsstruktur, so daß ein daraus abgeleitetes "Verteilungsregime" auf sehr undeutlichen und streitbaren Dimensionsgrößen im Gegensatz zu einem reinen Effizienzregime fußen muß.[184]

Die andere Möglichkeit besteht darin, Allokations- und Distributionsaspekte unterschiedlichen Politikbereichen zuzuweisen. Zimmermann zeigt, daß *bei* der Formulierung und Durchsetzung kollektiver Umweltentscheidungen Verteilungsaspekte schwierig zu integrieren sind.[185] Trotzdem sind sie für die Umweltpolitik von hoher Relevanz, da ihre Berücksichtigung durch einen anderen Politikbereich geeignet ist, diese Effekte auch langfristig zu neutralisieren.[186] Kompensierende Maßnahmen der Distributionspolitik können somit dafür sorgen, daß die

---

180 Vgl. Zimmermann (1988).

181 Vgl. hierzu und im folgenden Nijkamp (1986).

182 Hammond, der Gewichtungen als unvermeidbar ansieht und anstatt der Suche nach dem Optimum Verbesserungen in den Mittelpunkt der Politikbemühungen stellt, empfiehlt ebenso die Konzentration auf disaggregierte Daten und fordert "no more surplus economics". S. Hammond (1990), S. 26.

183 Dies gilt nur dann nicht, wenn es eine dominante Option gibt, die sich dadurch auszeichnet, daß alle Kriterien mindestens so gut erfüllt sind wie bei allen anderen Optionen. Dies wäre allerdings wieder genau eine Pareto-Verbesserung, wenn die Kriterien vollständig sind.

184 Vgl. Weizsäcker (1984).

185 Vgl. hierzu und im folgenden Zimmermann (1988).

186 Vgl. Zimmermann (1988), S. 104.

Umweltpolitik eine adäquate Unterstützung findet. Wenn also eine explizite Berücksichtigung im Entscheidungsfindungsprozeß nicht möglich ist, stellt sich die Aufgabe, Allokations- und Distributionsaspekte zu koordinieren anstatt zu integrieren.

Die Trennung von Allokations- und Distributionsaufgabe hat auch aus Gründen der Ziel-Mittel-Kontrolle eine große Berechtigung. Eine Vermischung von Zielen, die man mit vielen Maßnahmen erreichen will, führt zur Notwendigkeit der Definition von Zielkonkurrenzen und damit auch zu Zielabwägungen. Da politische Akteure und Bürokraten, wie im folgenden Abschnitt zu zeigen sein wird, ebensowenig wie andere Agenten bestmögliche Vollzieher kollektiver Anweisungen sind, führt dies zumeist zu einer Unbestimmtheit der Ziele und zur Verselbständigung derer, die Mittel für kollektive Ziele zu disponieren haben. Die Ziele werden verwässert, und es wird den Bürokraten aufgrund der unmöglichen bzw. nur unter exorbitant hohen Kosten möglichen Kontrolle aller potentiellen Ziel-Mittel-Beeinflussungen ermöglicht, ein Höchstmaß eigener Ziele zu definieren und zu verfolgen. Das principal-agent-Problem potenziert sich, wenn der Prinzipal dem Agenten eine Unmenge erstrebenswerter, aber konkurrierender Zielen vorgibt. Man sollte deshalb in der Organisation der Zuweisung von Zielen eher sparsam sein und Vollzugseinheiten möglichst wenig simultan zu verfolgende Ziele zuweisen, so daß Ziele anderer Vollzugseinheiten in ihrer Wirkung als Nebenbedingung und nicht als selbst zu berücksichtigende Ziele Eingang in die Vollzugsvorgänge finden.[187]

Deshalb ist allerdings noch nicht unsere incentive-Problematik gelöst, denn eine Pareto-Anforderung als Kompensationsmaßnahme könnte ja auch an die entsprechende Vollzugseinheit gestellt werden. Günstiger ist es jedoch, ein schwächeres Kriterium zu definieren, welches wir in Rückgriff auf die zuerst dort erfolgte Formulierung Weizsäcker-Kriterium nennen wollen: "Ein Vorgang wird dann jedenfalls günstig zu beurteilen sein, wenn er den Wohlstand keines Wohlstandsperzentils in der Verteilung reduziert und insgesamt die Wohlstandssumme erhöht."[188] Dies bedeutet, daß für den einzelnen Agenten die Durchsetzung einer kollektiven umweltpolitischen Handlung eine Schlechterstellung bedeuten kann. Unabhängig davon allerdings, wer sich konkret vorher und nachher in einem Wohlstandsperzentil befindet, werden die *Agenten in dem Wohlstandsperzentil*

---

187 In seiner Extremform der "Ein Ziel - eine Maßnahme - ein Träger" kann diese Zuweisungsregel entsprechend den Diskussionen in der Theorie der Wirtschaftspolitik als Tinbergen-Mundellsche Zuordnungsregel bezeichnet werden; vgl. Borchert, Grossekettler (1985), S. 178. Für eine Diskussion dieses Aspektes für die CO_2-Problematik vgl. Stähler (1990), S. 181.

188 S. Weizsäcker (1984), S. 127, vgl. hierzu und im folgenden Weizsäcker (1984).

nicht schlechter gestellt.[189] Weizsäcker ersetzt also das auf Individuen bezogene Pareto-Prinzip durch ein auf die Position bezogenes Pareto-Prinzip: durch die Maßnahme kann zwar der einzelne Agent ärmer oder reicher werden, die unterschiedlichen Wohlstandsgruppen verschlechtern sich aber nicht.

Das schwächere Kriterium hat den Vorteil, daß es nicht per se in einem Widerspruch zu Anforderungen der incentive-Kompatibilität steht, da keine vollständigen Kompensationen in Form von Nicht-Leistungseinkommen angestrebt werden. Außerdem macht es zumindest für einen Teilbereich, nämlich der Einkommenspolitik, die Distributionsaufgabe transparent: eine sich aus dem kollektiven Entscheidungsfindungsprozeß ergebende "gewünschte Verteilung" kann beispielsweise mittels einer negativen Einkommensteuer zumindest für die Nutzenmöglichkeiten des Geldeinkommens garantiert werden.[190] Wir gehen davon aus, daß eine Gesellschaft eine Umverteilungspolitik wünscht, da jeder Agent einem anderen Agenten ein Mindesteinkommen bzw. eine Mindestnutzenmöglichkeit zubilligt, und es nicht akzeptiert wird, daß Individuen nur auf altruistische Spenden zurückgreifen können, wenn - aus welchen Gründen auch immer - ihre Leistungsfähigkeit unter ein Minimalniveau sinkt. Inwieweit sich darüber hinaus Umverteilungsmaßnahmen gestalten, ist eine offene politische Frage. Daß jede Umverteilung in einem trade-off-Verhältnis zu der gesamtwirtschaftlichen Effizienz steht, ist spätestens seit Okun eine bewährte Hypothese;[191] die Gesellschaft führt eine Wahlhandlung durch, wobei sie realisieren muß, daß durch die Verfolgung einer bestimmten Distributionspolitik die Verteilungsmasse selbst verändert wird.[192]

Akzeptieren wir das Weizsäcker-Kriterium, so ist ein Effizienzregime zur Abwägung umweltpolitischer Handlungsoptionen einem Verteilungsregime deutlich überlegen, und die häufig nur auf Basis des Kaldor-Hicks-Kriteriums Anwendung findende Kosten-Nutzen-Analyse als Abwägung der Gesamtsumme der Kosten mit der Gesamtsumme der Nutzen ist dann berechtigt, weil die Verteilungsaspekte anderweitig berücksichtigt werden. Allerdings sind unsere Argumente insofern unvollständig, als wir nur für die Einkommenspolitik ein operationales Konzept anbieten können. Es ist zu beachten, daß Einkommen nicht direkt mit einer Nutzenkomponente oder gar aufgrund der fehlenden anderen

---

189 Dies ist auch eine Operationalisierung dessen, was man landläufig oft unter dem Begriff der "sozialen Absicherung" subsumiert.

190 Wir sprechen hier von Nutzenmöglichkeiten, da ein gleiches Einkommen für verschiedene Agenten unterschiedliche, weil unvergleichbare Nutzen stiftet. Zum Vorschlag der negativen Einkommensteuer vgl. beispielsweise Frey (1981), S. 223-226.

191 Vgl. Okun (1975).

192 In diesem Sinne ist Hammond beizupflichten, der feststellt, daß distributionsmotivierte deightweight losses unvermeidbar sind und deshalb als versunkene Kosten anzusehen seien; vgl. Hammond (1990), S. 12f.

Komponenten mit dem Gesamtnutzen eines Individuums in einem Wohlstandsperzentil identifiziert werden kann. Eine Umweltpolitik zeichnet sich nämlich bei einer intendierten Schonung von Umweltressourcen durch viele Nutzenkomponenten aus, die keinen Geldeinkommenscharakter haben.

Da eine komplette Beurteilung des Gesamtnutzens uns erneut mit enormen Informationsanforderungen und strategischen Verhaltensmöglichkeiten konfrontiert, müssen wir wohl die Einkommenspolitik als einzig mögliche, aber unvollständige Gewährleistungsinstanz des Weizsäcker-Kriteriums (sozusagen im engeren Sinne) akzeptieren. Dies steht auch in einer engen Beziehung zur Anwendung des Standard-Preis-Ansatzes, da viele Nutzengrößen gerade bei globalen Problemen nur unvollständig erfaßbar sind. Standards in diesem Sinne ersetzen dann eine explizite Betrachtung einzelner Wohlstandsperzentile und vertrauen auf die ausgleichende Distributionspolitik.

Wir können also nicht ausschließen, daß durch umweltpolitische Handlungen auch das Weizsäcker-Kriterium im weiteren Sinne verletzt wird, müssen aber diese Unvollständigkeit einer engeren Interpretation bezogen allein auf Geldeinkommen abwägen mit den Vorteilen einer Operationalisierung, die aufgrund der beschriebenen Indizien als höher angenommen werden müssen. Immerhin nennt uns Weizsäcker einige Gründe, die Anlaß für eine optimistische Betrachtung geben. So muß als Bezugsgröße eigentlich das gesamte Leben eines Agenten betrachtet werden, was es wahrscheinlich macht, daß aufgrund einer im Sinne der Kosten-Nutzen-Analyse effizienten Umweltpolitik alle Wohlstandsperzentile zumindest nicht schlechter gestellt werden. Außerdem bedeutet eine durchschnittliche Erhöhung des Wohlstandes über den public-good-Charakter umweltpolitischer Maßnahmen auch, daß der Wohlstand aller Perzentile steigt.

Obwohl der Autor der Meinung ist, daß der oben skizzierte Vorschlag von den meisten Gesellschaftsmitgliedern *im Prinzip* akzeptiert würde, gehen die Dinge einen anderen Weg. Dies liegt u.a. an der Bildung von Interessengruppen, die ein kollektives Abwandern ihrer Mitglieder in schlechtere Wohlstandsperzentile zu verhindern suchen, auch wenn die Summe der Nutzen die Summe der Kosten der in Frage stehenden Handlung übersteigt. Auf ihre Relevanz im politischen Prozeß wird im folgenden Abschnitt eingegangen. Wesentlich für unsere Analyse in Kapitel 4 ist der Tatbestand, welches Merkmal Individuen in einer solchen Gruppe eint: "Eine Gruppe von Personen, die erhebliche irreversible Investitionen getätigt hat, um einen bestimmten ökonomischen Status zu erlangen, bildet eine natürliche Interessengemeinschaft."[193] Es sind somit hauptsächlich versunkene Kosten, die hier die entscheidende Rolle spielen.

---

193 S. Weizsäcker (1984), S. 135.

3.3 Positive Analyse kollektiver Umweltnutzungsentscheidungen

Im vorangegangenen Kapitel haben wir Maßstäbe entwickelt, an denen sich kollektive Umweltentscheidungen orientieren können und die sowohl relativen Gerechtigkeitsaspekten als auch der Anforderung an incentive-Kompatibilität genügen. Das Effizienzregime ist aufgrund dieser Überlegungen dem Verteilungsregime überlegen.

Wirft man nun einen Blick auf reale umweltpolitische Entscheidungen, so scheinen von diesen Überlegungen wenige Eingang gefunden zu haben. In der Bundesrepublik Deutschland dominiert eindeutig die ordnungsrechtliche Variante umweltpolitischer Maßnahmen, wie sie in Abschnitt 2.4.2 beschrieben und kritisiert worden war. Command-and-control-Mechanismen finden in nahezu allen umweltpolitischen Feldern anscheinend nicht nur aufgrund einer Überlegenheit in den Transaktionskosten Verwendung und werden allenfalls unterstützt durch ein diffuses Netz von Subventionsleistungen. Die sog. "marktwirtschaftlichen" Instrumente sind höchstens auf dem Etikett vertreten: Bei der Abwasserabgabe kaufen die Einleiter zwar ein Recht, sie kann aber aufgrund des damit verbundenen ordnungsrechtlichen Genehmigungsvorbehaltes, der sich nicht an der Höhe des Entgelts orientiert, nicht als marktwirtschaftlich eingestuft werden. Einzig der Wasserpfennig in Baden-Württemberg kann als Anwendungsbeispiel herhalten. In den USA werden durch das Bubble- und das Offset-Konzept die Möglichkeiten der Ausnutzung von Kostenunterschieden in der Vermeidung externer Effekte geschaffen, diese sind aber eher als Flexibilisierungen ordnungsrechtlicher Regulierungen denn als ein neues Konzept aufzufassen.

Daß ordnungsrechtliche Regulierungen überwiegen, die komparative Kostenunterschiede nicht ausschöpfen, kann durchaus im Rahmen der ökonomischen Theorie erkärt werden, denn der Bürokrat leistet nicht Verwaltungsarbeit und der Politiker keine politische Arbeit aus Ergebenheit gegenüber dem politischen Willen, sondern als Nebeneffekt seiner Bemühungen um Einkommenserzielung. Marktwirtschaftlichen Konkurrenzsystemen wird die Eigenschaft zugesprochen, daß die Verbindung zwischen persönlicher Einkommenserzielung und der sozial erwünschten Bereitstellung von Leistungen eine sehr enge ist, so daß gerade die incentive-kompatiblen Haupteffekte eine optimale Versorgung über die Nebeneffekte garantieren. Die Neue Politische Ökonomie postuliert, daß diese enge Verbindung zwischen Nebeneffekten und Hauptmotivationen in politischen und bürokratischen Prozessen eben nicht gegeben sei. Für den Bereich der repräsentativen Demokratie hat dies vor allem Downs, für den Bereich der Bürokratie Niskanen und für den Bereich der wirtschaftlichen Interessengruppen Olson untersucht.[194] Regierung, Politiker, Bürokraten und wirtschaftliche Interessengruppen werden in der auf Schumpeter zurückgehenden Neuen Politischen Ökonomie endogen in den sozio-ökonomischen Entscheidungsprozeß integriert und gehören nicht länger zu den exogen und vielleicht vormals als von ökonomischen Selbstmotiven unbeeinflußt erachteten Randgruppen.

In politischen Prozessen werden Entscheidungen per Abstimmung getroffen. Die politischen Akteure verfolgen dabei das Ziel der Wiederwahl, welche ihnen Macht und Einkommen sichert. Da Wahlen in aus Sicht der Umweltproblematik sehr kurzen Abständen stattfinden, müssen Wähler einen guten und langfristigen Informationsstand hinsichtlich der langfristigen Wirkungen der von Wahlperiode zu Wahlperiode vorgestellten Programme der politischen Parteien und ihrer Repräsentanten haben. Dies gilt insbesondere für umweltökonomische Entscheidungen, die sich durch diese Langfristigkeit auszeichnen. Die Neue Politische Ökonomie postuliert eine Informationsasymmetrie dahingehend, daß Wähler systematisch unterinformiert seien, wodurch die Langfristigkeit der Umweltprobleme in Kombination mit der Wahlperiode der Politiker zu einem gravierenden Problem wird. Dies wird begründet durch den politischen Abstimmungsprozeß, bei dem unveräußerliche Wahlrechte nach dem Prinzip "one (wo-)man - one vote" unterschiedliche Präferenzintensitäten und Stimmenkauf *auf dieser Ebene* nicht zulassen, da diese demokratischen Grundrechte eben unveräußerlich sind.[195] Aufgrund der geringen Beeinflussbarkeit durch die eigene Stimme, die im wahrsten Sinne untergeht, seien Wähler allenfalls bereit, mäßige Informationskosten zur Vergegenwärtigung der politischen Programmalternativen zu tragen.

Das erleichtert es dem Politiker, zugunsten der Gegenwart verzerrte Entscheidungen zu propagieren, bei denen den Wählern heute Nutzen versprochen und die damit einhergehenden Kosten auf zukünftige Zeitpunkte möglichst dispers und unfühlbar verteilt werden. Eine eher kurzfristige Orientierung der Politiker und Parteien ist die Folge. Umweltpolitische Maßnahmen mit der Absicht von Umweltnutzungseinschränkungen zeichnen sich aber gerade dadurch aus, daß ihr Nutzen erst in späteren Perioden realisiert wird, ihre Kosten aber bereits frühzei-

---

194 Vgl. Downs (1968), Niskanen (1971) und Olson (1985) sowie zusammenfassend Frey (1981), S. 129-195.

195 Auf den Tatbestand der Unveräußerlichkeit weist Weizsäcker (1984) als einen unumstößlichen Tatbestand hin. Forderungen einer "Flexibilisierung dieser Wahl-Property-Rights" durch Zulassung des Stimmenkaufes würden nicht nur als unsittlich betrachtet werden, sondern auch durch diese theoriebedingte Verengung der Sicht der Dinge (vgl. die Ausführungen in Abschnitt 3.1) auch verkennen, daß die ursprüngliche Verteilung sich dann wieder nach Machtpositionen mit entsprechenden Verkrustungen richten könnte. Das Prinzip "one (wo-)man - one vote" hat somit erst dazu beigetragen, daß autokratische Verkrustungen aufgebrochen werden konnten.

tig anfallen, so daß aktive umweltpolitische Entscheidungen von Politikern allenfalls rudimentär zu erwarten sind.

Allerdings impliziert dieser Ansatz auch, daß Wahlen nur eine äußerst geringe Wahlbeteiligung aufweisen dürften: analog der geringen Bereitschaft, Ressourcen für eine fundierte Informations- und Meinungsbildung einzuholen, lohnt es sich für den Wähler eigentlich auch nicht, Ressourcen in Form beispielsweise entgangener Freizeit, etc. für den Wahlgang selbst einzusetzen. Die Wahlbeteiligungen in den meisten demokratischen Ländern zeigen jedoch, daß dies so nicht gegeben ist - ein Tatbestand, der als Wahlparadoxon bezeichnet wird.

Man kann denn auch behaupten, daß die Implikation einer mangelhaften Wahlbeteiligung deshalb falsch sei, weil Wahlen den Individuen eine hervorragende Gelegenheit bieten, ihre Präferenzen unentgeltlich kund zu tun und einzubringen.[196] Bei Marktentscheidungen sind Präferenzeinbringungen nur im Zusammenhang mit Entscheidungen über eigenes Einkommen möglich. Danach kompensieren Wahlen die oft anzutreffende große Rigidität von Budgetrestriktionen, Wahlen erhalten einen Eigenwert, der die für den Wahlgang eingesetzten Ressourcen überkompensiert, was allerdings nicht eine Beseitigung der Informationsverzerrung zur Folge hat.

Für die adäquate Berücksichtigung langfristiger Umweltnutzungsentscheidungen in politischen Prozessen sieht es deshalb eher schlecht aus. Hinzu kommt, daß die Verwaltung und Bewirtschaftung von kollektiven Gütern, in unserem Falle also die Durchsetzung und Kontrolle umweltpolitischer Maßnahmen, typischerweise Verwaltungen und Bürokratien auferliegt. Dies liegt häufig weniger an ökonomischen Notwendigkeiten, da kollektive Leistungen auch von Privaten im Rahmen der öffentlichen bzw. kollektiven Auftragsvergabe produziert werden können. Vielmehr beziehen Bürokraten ein nicht-leistungsbezogenes Einkommen und versuchen, ihren diskretionären Spielraum aus Prestige- und damit Eigennutzgründen dafür zu nutzen, zusätzliche Kompetenzen an sich zu ziehen. Auch hier ist im Verhältnis zwischen Politikern und Bürokraten eine Informationsasymmetrie verantwortlich: Bürokraten bereiten politische Entscheidungen vor und können deshalb Informationen selektieren, um Entscheidungsgrundlagen in ihrem Sinne zu verzerren. Nach Niskanen sind Büros Budgetmaximierer, welche die gesamte Zahlungsbereitschaft des Parlaments dadurch abzuschöpfen versuchen, daß sie den politischen Entscheidungsträgern nur wenige vorab selektierte Alter-

---

196 Vgl. in dieser Richtung Andel (1984), S. 647f., und die dort angegebene Literatur, sowie Sen (1970), S. 195.

nativen vorlegen, von der eine, der die Bürokraten die besten Chancen im Parlament einräumen, die gesamte Zahlungsbereitschaft des Parlaments abschöpft.[197]

In diesem Sinne hat die Bürokratie einen maßgeblichen Einfluß auf die Gestaltung der Umweltpolitik. Zwar belegen die Niskanen-Überlegungen nur ein übertriebenes bürokratisches Aktivitätsniveau und nicht, daß dieses Aktivitätsniveau mit mehr Ressourcen als nötig durchgesetzt wird.[198] Die Bestimmung umweltpolitischer Aktivitätsniveaus wird jedoch weniger durch Bürokraten, denn von ökonomischen und politischen Einflußnahmen unter Heranziehung naturwissenschaftlicher Wirkungsmechanismen determiniert, da weniger Vollzugs- als Wirkungsdefizite die Umweltproblematik in ihrer Ambivalenz ausmachen. Deshalb ist hier kein kompensierender Ausgleich zwischen im politischen Prozeß als zu gering und im bürokratischen Prozeß als zu hoch erachteten durchzusetzenden Umweltschutzniveaus zu erwarten.

Bürokraten können dies jedoch dadurch kompensieren, indem sie Regulierungsnotwendigkeiten behaupten, die in dieser Art und Weise nicht vorliegen. Ein höheres Aktivitätsniveau wird zwar nicht unbedingt erreicht, aber es wird dem Politiker ein Aktivitätsniveau der Regulierungen zur Durchsetzung suggeriert. Dies wird dadurch unterstützt, daß Politiker sich selbst vornehmlich aus den Reihen der Bürokraten rekrutieren und deshalb natürliche Beziehungen bestehen. Außerdem werden öffentliche und damit auch bürokratische Aktivitäten nicht nach Markt-, sondern nach Inputwerten bilanziert, so daß eine höhere Kosteneffizienz ex definitione versteckt als höheres monetäres Aktivitätsniveau ausgewiesen wird. Statt eines überoptimalen Umweltaktivitätsniveaus setzt somit die Bürokratie ein von ihr weitgehend unbeeinflußtes Aktivitätsniveau mit X-Ineffizienzen durch.[199] Deshalb finden Umweltverträglichkeitsprüfungen statt, werden von Bürokraten zu vollziehende und zu kontrollierende command-and-control-Mechanismen angewendet. Marktorientierte Instrumente haben für den Bürokraten weniger Charme, da seine Vollzugshoheit weitgehend an die Transaktoren

---

197 Vgl. Niskanen (1971). Bürokraten sind in diesem Sinne Optionsfixierer. Wenn wir das Verhältnis zwischen Bürokraten und Politikern als ein Inspektorenspiel begreifen, muß dies nicht in jedem Fall die dominante Strategie sein, wenn sie auch aufgrund der zu beobachtenden Vorlagepraxis zu den wahrscheinlichen zählt. Da Politiker aber selbst Agenten des Prinzipals Wähler sind, sind die Beziehungen zwischen Bürokratie und Politikern nicht mit einer profanen principal-agent-Beziehung identifizierbar.

198 D.h. ein *überoptimales*, aber dennoch *kostenminimal* verwirklichtes Aktivitätsniveau.

199 Der Begriff der X-Ineffizienz geht auf Leibenstein (1966) zurück, der damit zu beobachtende Ineffizienzen beschrieb, deren Ursache er nicht über isolierte Optimierungskalküle, sondern nur über organizational slack lokalisieren konnte. Vgl. auch Frey (1981), S. 91f. Diese Ineffizienzen können entweder innerhalb oder außerhalb der Bürokratie als anderen Sektoren auferlegte Mehrkosten zu beobachten sein. Sie werden dann, wenn sie mit einem Prestigegewinn aufgrund der Inputorientierung im öffentlichen Sektor einhergehen, umso interessanter für den Bürokraten, als eine Beeinflussung des Aktivitätsniveaus nicht möglich ist.

abgegeben wird. Hier hat deshalb die Dominanz ordnungsrechtlicher Ausgestaltungen eine erste Ursache.

Es stellt sich nun die Frage, inwieweit Gruppen diese Verzerrung durch Lobbyismus gegenkompensieren können. Die - hauptsächlich von Olson geprägten - Ergebnisse sind aus dieser Anspruchsperspektive nicht ermutigend. Olson definiert Organisationen über ihren Zweck der Förderung der Interessen ihrer Mitglieder.[200] Die grundlegende Aufgabe einer Organisation ist die Bereitstellung von öffentlichen oder Kollektivgütern, was allerdings keineswegs heißt, daß dies ihr ausschließlicher Zweck ist. Schwierigkeiten ergeben sich vor allem daraus, daß verschiedene Individuen dem Kollektivgut einen unterschiedlichen Wert beimessen. Eine suboptimale Bereitstellung ist deshalb die Regel, denn geringer Interessierte profitieren von den Interessen der an der Bereitstellung des Kollektivgutes stärker Interessierten. Deshalb liegen die Probleme großer Gruppen in dem geringen Eigenanteil des Ertrages eigener Leistungen, den geringen Anreizen für das Tragen der Last durch den Einzelnen und den hohen Organisationskosten.

Olson kategorisiert Gruppen wie folgt: in den Einzelnen analog dem reinen Monopol bzw. dem reinen Monopson, der nicht-kollektive Güter bereitstellt, in die privilegierte Gruppe analog dem Oligopol, in der die Kollektivgutbereitstellung durch mindestens einen Agenten erfolgt, in die mittelgroße Gruppe analog dem Oligopol mit einem ambivalenten Ergebnis, und in die latente Gruppe analog der atomistischen Konkurrenz, die nur über selektive Anreize bewegt werden kann.[201] Er charakterisiert die mobilisierte latente Gruppe als eine Gruppe, die per Zwangsmaßnahmen bzw. durch Belohnungen dafür sorgt, daß im Gruppeninteresse gehandelt wird. Ein Gruppenhandeln im Hinblick auf eine effizientere Nutzung der Umwelt ist somit aufgrund fehlender möglicher selektiver Anreize kaum wahrscheinlich. Diese Schlußfolgerungen gelten auch für uneigennütziges Verhalten (und bereits erwähnte ethische Motive), weil der Einzelne dies lieber merkbar einsetzt, anstatt es in einer latenten Gruppe untergehen zu lassen. Sollten dennoch latente Gruppeninteressen verwirklicht werden, verweist Olson zur Erklärung an andere Disziplinen, insbesondere die Psychologie.[202] Insgesamt gilt, daß große unorganisierte Gruppen wie die Gruppe der von Externalitäten Betroffenen den Schaden tragen, da sie aus incentive-Gründen nicht in der Lage sind, ihre Interessen entsprechend dem Anteil an den in der gesamten Gesellschaft vertretenen Interessen einzubringen. Nur kleine Gruppen oder Gruppen, die über selektive Anreize verfügen, können ihren Einfluß geltend machen.

---

200 Vgl. hierzu und im folgenden Olson (1985).

201 Besonders interessant ist dabei der Tatbestand, daß aus normativer Sicht die Analogien der Marktform für die Effizienz des zu erwartenden Ergebnisses genau umgekehrt werden.

Diese Verzerrung der Repräsentanz der Interessen im politischen Raum wird dadurch verstärkt, daß - wie im vorigen Abschnitt erwähnt - natürliche Gruppen auch durch den Tatbestand der getätigten irreversiblen Investitionen entstehen. Selektive Anreize und kleine Gruppengrößen sind nicht die einzigen hinreichenden Gründe für eine organisationsfähige Gruppe; es sei denn, man interpretiert den Verlust von Einkünften aus versunkenen Kosten selbst als selektiven Anreiz. Investoren, die aufgrund der Irreversibilität ihrer umweltintensiven Anlagen um ihre Quasi-Renten fürchten müssen, haben zu viel zu verlieren, als daß sie nicht zu einer effizienten Gruppenvertretung beitragen wollen. Zwar stehen sie ökonomisch versunkenen und eigentlich nicht entscheidungsrelevanten Kosten gegenüber, über die Quasi-Renten und ihrer Perzeption der umweltpolitischen Entscheidungen macht diese Beeinflussung durchaus Sinn, vor allem auch im Hinblick auf die von diesen Gruppen präferierte Instrumentenwahl.[203]

Allerdings muß die Neue Politische Ökonomie dahingehend relativiert werden, daß sie nicht jede kollektive Entscheidung abdeckt. Es kommt nämlich entscheidend auf das Verhältnis von marginaler Produktivität und individuellen marginalen Kosten kollektiver Handlungen an.[204] Eine zunehmende (abnehmende) marginale Produktivität kollektiver Handlungen bedeutet, daß zusätzliche Kooperationspartner den bewerteten Erfolg der kollektiven Aktion überproportional (unterproportional) erhöhen. Individuelle marginale Kosten kollektiver Handlungen geben die *dem Individuum* auferlegte Veränderung der von ihm zu tragenden Kosten der Verwirklichung einer zusätzlichen Einheit des kollektiven Aktivitätsniveaus an. Soweit sich kollektive Umweltnutzungshandlungen in einem Bereich abnehmender marginaler Produktivität und zunehmender individueller Marginalkosten zu befinden scheinen, sind die Chancen für kollektives Handeln allerdings schlecht - eine Bedingung, die für die heute drängenden Umweltprobleme wirklich zuzutreffen scheint, da die Dominanz strategischer Verhaltensweisen dies genau voraussetzt.

Aber auch andere Prämissen sind hinterfragenswert; insbesondere die von der Neuen Politischen Ökonomie vorgetragenen Grundhypothese des Kommunikationsverhältnisses zwischen Politikern und Wählern ist auch bei Ökonomen nicht unwidersprochen geblieben. Wir erläutern diese Kritik exemplarisch an den Ausführungen von Wittman,[205] der behauptet, daß politische Märkte nicht per se ineffizienter funktionieren als andere Märkte, da beide Markttypen insofern ähnlich

---

202 Vgl. Olson (1985), S. 159.

203 Auf die Bedeutung der versunkenen Kosten aus Sicht der Perzeption wird in Abschnitt 4.2.3 eingegangen.

204 Vgl. Elster (1985), S. 239f.

205 Vgl. hierzu und im folgenden Wittman (1989).

sind, als principal-agent-Probleme in beiden Märkten existent sind.[206] Wittman kritisiert diese Informationshypothese, da sie verkenne, daß es für den politischen Unternehmer durchaus auch profitabel sein kann, Informationen anzubieten. Informationsdefizite könnten zudem von außen weder durch den Wissenschaftler noch durch den Wähler beurteilt werden, wenn diese Informationsthese gelten würde. Falsche Wahlentscheidungen gingen in der großen Zahl unter. Hinsichtlich der Internalisierung externer Effekte behauptet Wittman eine Orientierung an den damit einhergehenden Verhandlungskosten, die nicht zu hoch sein dürfen, um Pareto-Verbesserungen zu ermöglichen.[207] Rentenübertragungen ermöglichten auch eine Anwendung des Coase-Theorems im politischen Raum, da Pakete mit entsprechenden Grandfathering-Regelungen geschnürt werden können. Wittman greift das von ihm als "knifeedge stupidity" ("Voters recognize efficient transfers but not inefficient ones")[208] bezeichnete Phänomen als mögliche Kritik auf, läßt diesen Einwand aber nicht gelten, da er davon ausgeht, daß die Politiker Ineffizienzen aus Eigeninteresse selbst ausmerzen. Ähnliche Überlegungen gelten nach Wittman für andere Teilbereiche der Neuen Politischen Ökonomie, so daß auch die Aussagen über den unvollkommenen Wettbewerb zwischen pressure groups, legislative Fehlentscheidungen, das Medianwählermodell und multidimensionale Probleme revidiert werden müßten.

Dieser Ansatz relativiert die pessimistischen Aussagen der Neuen Politischen Ökonomie im Hinblick auf politische Prozesse. Wittman warnt faktisch vor dem umgekehrten Nirvana-Fehler, den man begeht, wenn man ideale Marktentscheidungen mit realen politischen Entscheidungen vergleicht. Allerdings ist Wittman nicht in der Lage zu zeigen, daß politische Prozesse effiziente Ergebnisse (wie in der Überschrift seines Aufsatzes von ihm beansprucht) bedingen, sondern er führt Argumente an, die aussagen, daß eine ex ante schlechtere Beurteilung politischer im Vergleich zu marktorganisierten Prozessen nicht berechtigt sei. Da interventionsbedürftige Umweltentscheidungen notwendigerweise kollektive Entscheidungen sein müssen, sind deshalb auch dort effiziente Ergebnisse zu erwarten. Allerdings leidet die Analyse ähnlich wie die Neue Politische Ökonomie und die Theorie der Property Rights darunter, daß sie kollektive Entscheidungen *allein* als Summe im Sinne der ökonomischen Theorie rationaler, individueller Ent-

206 Wittman weist auf verschiedene Tatbestände hin, die diese Analogie plausibel erscheinen lassen: die mögliche "Vererbung" von Reputationen, die Partei als Markenzeichen, Gefahr des Amtsverlustes. Trotz der beobachtbaren Schwächen gilt für Wittman: "However, this does not mean that the outcome is inefficient if it is truly impossible to find an alternative structure that is Pareto superior, because individuals lie and shirk, and monitoring and other forms of private and public control are too costly" (s. ebenda, S. 1399).

207 Dazu muß angemerkt werden, daß es im beobachtbaren politischen Prozeß häufig um pekuniäre Externalitäten geht, die aus dieser Sicht ökonomisch irrelevant sind; d.h. Verteilungsaspekte können nach unserer vorangegangenen Analyse Internalisierungsaspekte dominieren.

208 S. Wittmann (1989), S. 1404.

scheidungen versteht. Die Analyse Wittmans kommt nur deshalb zu einem anderen Ergebnis, weil sie die Informationsannahme der Neuen Politischen Ökonomie aufgibt.

Liefen alle politischen Entscheidungen effizient ab, gäbe es kein diskussionsbedürftiges Umweltproblem. Gerade aber Entscheidungen über öffentliche Güter können nicht allein über individualistische Ansätze entweder bezogen auf den Politiker oder den von Externalitäten Betroffenen erkärt werden, da, selbst wenn strategische Verhaltensweisen ausgeschlossen werden können, Wohlfahrtsgewinne dennoch aufgrund der offensichtlichen ordnungsrechtlichen Orientierung nicht realisiert werden. Die *repräsentative* Demokratie bedingt immerhin wie bei Marktentscheidungen eine Offenbarung der Präferenzen durch den Politiker, da ein politischer Repräsentant notwendigerweise aus Gründen der Wiederwahlchancen (Hauptmotiv) die Präferenzen seiner Wähler offenbaren muß (erwünschter Nebeneffekt).[209] Die repräsentative Demokratie scheint somit doch geeignet, strategisches Verhalten zumindest abzuschwächen.

Die Neue Politische Ökonomie postuliert das Desinteresse der Individuen an Entscheidungen über öffentliche Güter. Kirsch und Mackscheidt behaupten durch eine Erweiterung der ökonomischen Theorie der Politik durch psychologische Überlegungen, daß dieses Postulat realiter nicht haltbar sei.[210] Sie diskutieren zwei grundsätzlich verschiedene Politikauffassungen: zum einen die sachliche, in der dem Politiker nur eine instrumentelle Rolle zukommt, zum anderen die personale, die auf das Verfahren wert legt.

Gerade bei politischen und damit auch bei kollektiven Umweltentscheidungen handelt es sich um einen Austausch zwischen Menschen, und entscheidend für die Funktionsfähigkeit der Demokratie ist aus dieser Sicht, daß aus dem Verfahren trotz aller Gegensätze ein allgemein akzeptiertes und stabiles Ergebnis resultiert. Die psychologische Erweiterung fragt nach der Sach- und Personenbezogenheit "... und nach der pathologischen Entartung als Folge einer Hyper- bzw. einer Hypotrophie der Rationalität bzw. der Emotionalität".[211] Die wohlfahrtsökonomische Theorie der Kollektiventscheidungen vernachlässigt diesen Aspekt konsequent, da sie sich nicht mit der Person des Wählers beschäftigt[212] und Entscheidungen über Kollektivgüter genauso wie Entscheidungen über private Güter angeht. Dabei wird dort ein anderes Spiel gespielt: "Während auf dem Markt der einzelne dann, wenn seinem Einsatz keine Aussicht auf Gewinn mehr entgegensteht, sich zurückziehen kann, muß er hier auch dann, wenn er verliert, mit von

209 Vgl. Johansen (1987b).

210 Vgl. hierzu und im folgenden Kirsch, Mackscheidt (1985).

211 S. Kirsch, Mackscheidt (1985), S. 16.

212 "... daß Ökonomen für diese Art der Frage nicht nur keine Sensibilität haben, sondern diese ihnen geradezu zuwider ist"; s. Kirsch, Mackscheidt (1985), S. 19.

der Partie sein".[213] Auf dem Markt garantieren die entsprechenden Mechanismen, daß man es mit einer begrenzten Informations- und Entscheidungsaufgabe zu tun hat; in der Politik ist die Aufgabe als Anbieter und Nachfrager viel schwieriger. Deshalb muß nach Ansicht von Kirsch und Mackscheidt eine Theorie, die nur das rationale Kalkül betrachtet, unvollständig sein. Denn in solchen Situationen können und werden Konflikte leidenschaftlicher ausgetragen, da der eigene Einfluß zwar als marginal eingeschätzt werden kann, das Interesse am Ergebnis jedoch keineswegs. Gegenüber sachlichen Marktentscheidungen ist deshalb der Grad der emotionalen Aufladung wesentlich höher.[214] Eine marktanaloge Orientierung am sachlichen Optimum führt nach Ansicht der Autoren deshalb am Problem vorbei.[215]

Im Gegensatz zu Marktentscheidungen sind somit bei politischen Entscheidungen Persönlichkeitsfaktoren zu berücksichtigen. Entscheidungen über öffentliche Güter haben deshalb eine andere Qualität und können nicht allein wie bei privaten Gütern aus der kollektiven Präferenzbildung, den Institutionen und den Umweltnutzungs- und Produktionsmöglichkeiten erkärt werden. Ob man so weit gehen muß, den Agenten zumindest teilweise neurotisches Verhalten zu unterstellen, ist eine Frage, der wir hier nicht nachgehen werden. Neurosen zu diagnostizieren scheint schon für die Psychatrie schwierig zu sein, eine neurotische Gesellschaft deshalb vorauszusetzen, die aus diesem Grund mit ihren Umweltproblemen nicht oder nur schwer fertig wird, ist deshalb zunächst nur eine Hypothese und keine gesicherte Aussage. Außerdem läuft ein Appell an das Unterbewußtsein Gefahr, für eine tautologische Richtigkeit aller Behauptungen zu sorgen.

Es ist allerdings deutlich geworden, daß eine Darlegung analog des individuellen Entscheidungsprozesses Faktoren vernachlässigt, die bei Marktprozessen aufgrund einer *geringeren Betroffenheit* und möglicher *Arbitragen* keinen Einfluß haben. Kollektive Entscheidungen besitzen ex ante keine koordinierende Instanz,

---

213 S. Kirsch, Mackscheidt (1985), S. 24 f. Auch die Attributionstheorie erkennt dieses Phänomen und nach ihr "... macht es einen bedeutenden Unterschied, ob die Ursachen eines Handlungsergebnisses in dispositionellen Eigenschaften der Situation oder aber des Handelnden gesehen werden." S. Wiswede (1981), S. 105.

214 Vgl. Kirsch, Mackscheidt (1985), S. 27-29.

215 Sie bereiten hier den Weg für die Unterscheidung der Politikertypen Staatsmann, Demagoge und Amtsinhaber. Entscheidend ist für ihre weiteren Überlegungen die Unterscheidung zwischen dem innerlich freien und dem neurotischen Menschen. Der neurotische Mensch verkennt die Möglichkeiten (und erkennt diese deshalb nicht an). Neurotisch eingeengte Präferenzen beeinflussen nicht nur das Ergebnis, sondern auch das Verfahren. "Weil das Wissen um die Realität die im Unbewußten thronende Autorität in Frage stellt, stellt die Autorität nach Kräften die Realität in Frage." (vgl. Kirsch, Mackscheidt (1985), S. 51). Dafür bietet sich das Feld der Politik hervorragend an, denn das Nichtwahrnehmen von Möglichkeiten, welches leichter möglich ist, wenn - wie in der

und Abweichungen von als ökonomisch streng rational erachteten Verhaltensweisen scheinen möglich und ergebnisrelevant zu sein. Ob man diese mit Neurosen assoziiert, ist dabei sowohl eine Frage der psychologischen Theorieorientierung als auch eine Geschmacksfrage; wir wollen uns der Wahl dieses Begriffes aufgrund des bereits abgelehnten, aber wohl bei Annahme dieses Begriffes naheliegenden Meritorisierungskonzeptes nicht anschließen.[216]

Immerhin gibt es auch Anhaltspunkte nicht nur für neurotisches Taktieren, sondern auch für die individuelle Unterstützung und Forcierung kollektiver *Aktionen*. Elster führt als mögliche Motive neben dem durchaus möglichen Selbstinteresse irrationale Motive, Altruismus, Utilitarismus, Kantianische Einstellungen, Fairneßhaltungen und soziale Normen an.[217] Letztere bedingen im Gegensatz zu moralischen Normen eine Prozeß-, und nicht eine Outputorientierung und vermitteln bei einer Verletzung Scham-, und nicht Schuldgefühle. Zwar ist die Existenz sozialer Normen durchaus im Rahmen des methodologischen Individualismus erklärbar,[218] allerdings existiert eine Reihe sozialer Normen verbunden mit Gruppenzugehörigkeiten, die einen sehr ineffizienten Charakter zur Realisierung der offensichtlichen Ziele nach außen tragen.[219] Soziale Normen können deshalb durchaus für eine freiwillige Verkrustung hinsichtlich ineffizienter umweltpolitischer Maßnahmen verantwortlich sein. Johansen andererseits weist darauf hin, daß Begriffe wie honesty vs. dishonesty relevant sein können,[220] so daß u.U. Themen in den Mittelpunkt der Diskussion rücken, bei denen schnelle politische Erfolge nicht zu erwarten sind. Außerdem ist durchaus auch das Unterwerfen unter gewisse Regeln möglich, wenn diese gewissen Fairneß-Bedingungen genügen, die von den Teilnehmern positiver als die Nicht-Einigung empfunden werden.[221]

Elster sieht deshalb das Problem der Bereitstellung öffentlicher Güter nicht in den strategischen Verhaltensmöglichkeiten, sondern primär in der Pluralität ko-

---

Politik - die Wirklichkeit nur schwer zu begreifen ist, ist gerade hier deshalb häufig anzutreffen.

216 Kirsch und Mackscheidt diskutieren denn auch keine meritorischen Ansätze, sondern erweitern die Neue Politische Ökonomie um die oben angesprochenen drei verschiedenen Politikertypen, die diese Neurosen unterschiedlich aufgreifen und beeinflussen.

217 Vgl. Elster (1985), S. 240-247, wobei Elster interessanterweise die Kantianische Einstellung (die sich am kategorischen Imperativ orientiert) als im Sinne kollektiver Effizienz ambivalent auffaßt, da solche bedingunglos kooperativen Individuen zwar lebensnotwendig für eine Gesellschaft seien, die Folgen einer solchen Einstellung dennoch in manchen Fällen für alle Beteiligten negativ sein können; er führt hierzu das Beispiel der einseitigen, bedingungslosen Abrüstung an.

218 Vgl. für eine Kritik an der Vorgehensweise der soziologischen Theorie, die Normen voraussetzt, Coleman (1964), S. 166-168.

219 Vgl. Elster (1989).

220 Vgl. Johansen (1987b) und auch Sen (1977).

operativer Arrangements.[222] Diese Pluralität verhindert die Realisierung kollektiver Handlungen, weil neben der Effizienzorientierung nun aufgrund der Vielfältigkeit auch Fairneßüberlegungen eine Rolle spielen. Je ineffizienter und je unfairer eine Option eingeschätzt wird, desto weniger wird sie präferiert. Die Agenten sind aber bereit, Ineffizienzen für ein von ihnen als höher empfundenes Maß an Fairneß in Kauf zu nehmen. Daß Fairneß keine leere Worthülse ist, haben Experimente zum Fairneßverhalten auch unter vollkommener Anonymität gezeigt.[223] Die konventionelle ökonomische Theorie weiß zwar mit dem Fairneß-Gedanken allenfalls als altruistische Präferenz etwas anzufangen,[224] trotzdem sind Verhaltensweisen zu beobachten, die nicht mit einer schlichten Erweiterung der deskriptiven ökonomischen Theorie gelöst werden können. Entscheidend ist für Kahneman, Knetsch und Thaler, daß ohne die spezifischen Rahmenbedingungen Fairneß-Verhalten nicht verstanden werden kann.[225]

Wir müssen verschiedene Ebenen kollektiver Koordination unterscheiden, um Klarheit über die Argumente zu erhalten. So definiert Johansen eine kollektive Entscheidung als solche, bei der die Entscheidungsfindung nach vorgegebenen Regeln abläuft; und dies einschließlich einer Regel, die festlegt, was passiert, wenn keine entsprechende von diesen Regeln verlangte Einigung zustande kommt.[226] Auf der anderen Seite kennzeichnet er Bargaining als einen Entscheidungsprozeß, der nicht nach vorgegebenen Regeln abläuft und erst dann wirklich in ein Ergebnis mündet, wenn alle dies akzeptieren. Nach außen hin wirken diese Bargaining-Prozesse als sehr irrational, da aber keine generelle Verhandlungslösungsstrategie gegeben ist, ist in diesem Prozeß keine inhärente kollektive Rationalität enthalten, ohne daß sich die einzelnen Teilnehmer irrational verhalten. Bargaining-Prozesse stellen sich deshalb häufig als Prozesse dar, die potentielle Gewinne eliminieren.

Johansen macht eine Tendenz zunehmender Bargaining-Prozesse auf Kosten nicht-kooperativer Spiele und kollektiver Entscheidungen aus, allerdings ohne explizit Gründe zu nennen. Im umweltpolitischen Bereich kann ein Trend, der

---

221 Vgl. Johansen (1987a).

222 Vgl. Elster (1985), S. 247.

223 Vgl. hierzu und im folgenden Kahneman, Knetsch, Thaler (1987). Darauf, daß Fairneßüberlegungen der Agenten bei umweltpolitischen Entscheidungen für den Einsatz flexibler Instrumente wie Zertifikate eine negative Rolle spielen können, hat Frey hingewiesen; vgl. Frey (1986) und die Ausführungen in Abschnitt 4.2.2.

224 "It is often viewed as an embarrassment to the basic theory that people vote, do not always free ride, and commonly allocate resources equitably to others and themselves when they are free to do otherwise." S. Kahneman, Knetsch, Thaler (1987), S. 102.

225 Vgl. Kahneman, Knetsch, Thaler (1987), S. 113. Dies werden wir unter dem Aspekt des Framing in Kapitel 4 besprechen.

226 Vgl. hierzu und im folgenden Johansen (1987c).

diese Tendenz unterstützt, aber durchaus beobachtet werden, da viele Umweltprobleme aufgrund der zunehmenden Globalität als interventionsbedürftig eingestuft werden müssen. In Abschnitt 2.4.1 hatten wir viele mögliche Unbestimmtheiten im Hinblick auf die zunehmende Komplexität von Umweltressourcennutzungen ausgemacht. Deshalb müssen auch bereits realisierte kollektive Umweltnutzungsstrukturen neu überdacht werden. Wir haben es somit vielfach mit ganz *neuen* Umweltproblemen zu tun, die noch gar nicht von einer kollektiven Regelung erfaßt werden können. Außerdem gewährleisten politische Prozesse keineswegs die Abwesenheit von Bargaining-Phänomenen. Erstens sind für alle möglichen Umweltprobleme gar keine Regeln ex ante festlegbar, zweitens zeichnen sich politische Maßnahmen häufig selbst durch eine starke Unbestimmtheit aus. Selbst wenn ein Umweltproblem erkannt wird, werden die Beteiligten vorab im Rahmen von als-ob-Bargaining versuchen, den jeweils in einer anderen Interessenlage Stehenden von der Aussichtslosigkeit seines Ansinnens zu überzeugen. Die Interventionsabsicht ist zwar (zumindest quasi) schon erklärt, die konkrete Ausgestaltung aber noch offen oder zumindest ständig beeinflußbar. Darin liegt eine der Ursachen, daß umweltpolitische Entscheidungen zumeist als von der Öffentlichkeit zu spät getroffene Entscheidungen identifiziert werden.

Wir sehen, daß sich die positive Analyse von kollektiven Umweltnutzungsentscheidungen immer nur auf Teilaspekte stützen kann, die je nach der Richtigkeit der ihr zugrunde liegenden Prämissen den einen Aspekt der Umweltproblematik richtig, den anderen eher unzutreffend analysiert. Weder die Neue Politische Ökonomie noch die im folgenden dargelegten Überlegungen sind in der Lage, ein geschlossenes Bild umweltpolitischer oder gar politischer Entscheidungen zu zeichnen. Ob politische Märkte effizient sind, bleibt in der ökonomischen Beurteilung ein hochspekulativer Gegenstand.

Es ist kein gesellschaftliches Totalmodell verfügbar, da Ökonomen - schon in Überschreitung Popperscher Grenzen wissenschaftstheoretischer Ansprüche - allenfalls in der Lage sind, Musteraussagen über bestimmte Wirkungen in in höchstem Maße komplexen Systemen zu treffen.[227] Ein gesellschaftlich valides Totalmodell kann aufgrund der hohen Komplexität nie zur Verfügung stehen. Auch für umweltpolitische Entscheidungen gelten die von Weizsäcker für die Wettbewerbspolitik gezogenen Schlußfolgerungen: "We do not have a good theory of government behavior, and it is therefore very difficult to make the institutional comparison on a general theoretical level."[228] Schon die für eine langfristige Analyse notwendige Integration der Wechselwirkungen zwischen kul-

227 Vgl. hierzu Hayek (1972), der die abnehmende Falsifikationsmöglichkeit dieser Musteraussagen als den Preis für das Vordringen in das Gebiet komplexer Phänomene kennzeichnet, den wir zu zahlen haben.

228 S. Weizsäcker (1980), S. 18.

turellen Werten und individuellen Bedürfnissen[229] zeigt das hohe Maß an Ambivalenz, welches mit solchen Anforderungen einhergeht.

Immerhin war unsere Suche nach Musteraussagen hinsichtlich umweltpolitischer Entscheidungsfindungen nicht erfolglos: unterstützt werden konnte, daß Bürokratien für eine bestimmte Ausrichtung der Umweltpolitik verantwortlich sind, daß Effizienz und Fairneß nicht streng separierbar sind, daß kollektive zu individuellen Entscheidungen nicht in völliger Analogie zu betrachten sind und daß Bargaining-Prozesse für manche Irritation des externen Betrachters verantwortlich sind.

Viele dieser Unvollkommenheiten müssen wohl in Kauf genommen werden, da es an realen Alternativen mangelt. Hat man aber bestimmte Orientierungen der Agenten erkannt und mit Effizienzaspekten koordiniert, können sog. eingeschränkt effiziente Lösungen im wirklichen Sinne des Wortes formuliert und diskutiert werden. Dabei ist es aber besonders wichtig, die Einschränkung auf wirklich beobachtbares Verhalten der Agenten zurückzuführen, und nicht wie manche Vertreter der Theorie der Property Rights beobachtbares Verhalten durch residuale Determinanten zu tautologisieren. Dies ist die Aufgabe, der wir uns in einem Teilaspekt in Kapitel 4 stellen wollen. Wir werden dabei kollektives Handeln und seine Rationalität nicht aus individuellen Handlungen analog der Analyse des Marktverhaltens deduzieren, sondern systematische Abweichungen von ökonomischen Paradigmen in ihrer potentiellen Relevanz für kollektive Umweltressourcennutzungen diskutieren, da bei kollektiven Handlungen eine die kollektive Rationalität gewährleistende Institution nicht erkennbar ist. Bevor dies angegangen werden kann, müssen allerdings die bis hierher vernachlässigten zeitlichen Probleme der Umweltressourcennutzung betrachtet werden, wobei im folgenden Abschnitt bereits ein erstes Licht auf unsere für Kapitel 4 formulierte Aufgabe fällt.

3.4 Intertemporale Aspekte kollektiver Umweltnutzungsentscheidungen

Bis dato haben wir intertemporale Probleme nur im Zusammenhang mit Akkumulationsproblemen und der Überwälzungsmöglichkeit und -gefahr bei einer Steuerlösung besprochen. Intertemporale Aspekte sind aber auch für Bewertungsfragen, somit auch für kollektive Umweltentscheidungen relevant. Wenn Kosten und Nutzen einer Handlungsoption zu unterschiedlichen Zeitpunkten anfallen, ist es eine unberechtigte Annahme, diese gleichzugewichten. Vielmehr scheinen Knappheiten heute rigider als in der Zukunft, Nutzen heute wünschenswerter. Der intertemporale Verrechnungspreis, der Kosten und Nutzen zu unter-

---

229 Vgl. dazu Wiswede (1981).

schiedlichen Zeitpunkten für eine Bewertung auf einen Zeitpunkt basiert, ist die Diskontrate. Die Diskontrate spiegelt den Preis wider, den ein Agent zu zahlen bereit ist oder den er erwartet, damit Kosten- bzw. Nutzenkomponenten erst eine bestimmte Zeiteinheit später anfallen.[230]

Da es sich beim Umweltproblem um ein langfristiges Problem und - unabhängig vom kollektiv angestrebten und/oder durchgesetzten Umweltqualitätsniveau - um ein Phänomen mit zeitlich deutlich differierenden Kosten- und Nutzenkategorien handelt, sind hier intertemporale Bewertungen nicht nur von politischer, sondern auch von hoher ökonomischer Brisanz.[231] Eine hinreichend hohe Diskontrate induziert beispielsweise bei einem Umweltproblem, welches sich in Abwesenheit jeglicher kollektiven Entscheidung mit mäßigem Nutzen heute und hohen Kosten in zukünftigen Perioden darstellt, ein Unterlassen jeglicher umweltpolitischen Aktivität. Die Wahl der Diskontrate hat somit gerade auf Umweltentscheidungen sehr großen Einfluß.

Interventionsbedürftige Umweltentscheidungen als kollektive Entscheidungen implizieren aufgrund des Grades ihrer Öffentlichkeit notwendigerweise eine kollektive oder gebräuchlicher: eine soziale Diskontrate. In Hinblick auf die konkreten Motive der Diskontierung nennt Böhm-Bawerk drei Motive:[232] erstens einen abnehmenden Knappheitsgrad in der Zukunft, da die Individuen bei ihrer subjektiven Einschätzung davon ausgehen, daß sich in der Zukunft die Güterversorgung ständig verbessert. Zweitens werden zukünftige Bedürfnisse nach Böhm-Bawerk sogar systematisch unterschätzt, und drittens bedingt die Mehrergiebigkeit von Produktionsumwegen, daß ein Konsumverzicht heute über die damit verbundenen Investitionen einen Mehrkonsum morgen ermöglicht, der deshalb diskontiert werden muß, weil sonst alle Konsummöglichkeiten in die ferne Zukunft verlagert würden. Aus Sicht des Umweltschutzes bzw. der intrinsisch Motivierten hat die Wahl einer bestimmten Diskontrate eine Licht- und eine Schattenseite. Wird beispielsweise die Diskontrate hoch angesetzt, so bedeutet dies bei Gültigkeit der Hotelling-Regel, daß erneuerbare und damit auch erschöpfbare Ressourcen wie beispielsweise Umweltgüter langsamer ausgebeutet werden.[233] Auf der anderen Seite bedingt eine hohe Diskontrate, daß die Kapi-

---

230 Exakt gibt der Diskontfaktor den Faktor in Geldeinheiten an, den ein Wirtschaftssubjekt gerade akzeptiert, damit eine Geldeinheit heute erst eine Zeitperiode später anfällt. Die Diskontrate ist der Diskontfaktor abzüglich Eins.

231 Die politische Brisanz offenbarte sich in der von der Neuen Politischen Ökonomie postulierten zu kurzfristigen Orientierung der Wirtschafts- und damit auch der Umweltpolitik.

232 Vgl. dazu Stephan (1988), hier S. 348, der die von Böhm-Bawerk behauptete systematische Minderschätzung zukünftiger Bedürfnisse analysiert.

233 Zur Hotelling-Regel vgl. Hotelling (1931) sowie die Diskussion unter 2.4.2. Für erneuerbare Ressourcen modifiziert sich diese Regel aufgrund der Eigenverzinsung i zu $r = (dp/dt)/p + i$.

talkosten ansteigen. Realistischerweise sind Kapital und Ressourcen Bruttosubstitute,[234] so daß ein erhöhter Ressourceneinsatz die Folge ist. Welcher Effekt überwiegt, kann nur empirisch beantwortet werden.

Der ökonomische Ansatz zur Ableitung einer sozialen Diskontrate geht von der Prämisse aus, daß die soziale Diskontrate aus den individuellen Kapitalmarktentscheidungen ableitbar ist. Setzen wir also zunächst voraus, daß die intertemporalen umweltpolitischen Entscheidungen nur auf Basis einer sozialen Diskontrate getroffen werden können. In einer Welt vollkommener Voraussicht ohne Verzerrungen, d.h. in einer Welt vollkommener Konkurrenz, unter vollständiger Sicherheit und ohne Transaktionskosten, Steuern und Kreditbeschränkungen, investieren die Unternehmen bis zu dem Punkt, an dem das Produkt aus Diskontrate und investiertem Kapital dem Grenzertrag entspricht, passen Konsumenten ihren Konsumpfad zur Maximierung ihres intertemporalen Nutzens so an, bis der Diskontfaktor die Indifferenz zwischen dem Produkt aus Diskontfaktor und Konsum heute gleich dem Konsum morgen repräsentiert. Durch die Möglichkeit der Arbitrage per Umschichtung ist garantiert, daß die Diskontrate für Investoren und Konsumenten gleich der Grenzertragsrate der Investitionen und somit gleich dem Marktzinssatz ist, so daß nur noch diese zur Wahl der sozialen Diskontrate übrig bleibt.

Allerdings sind Kapitalmärkte zumindest in ihrer zeitlichen Befristung unvollkommen, da die meisten Terminmärkte einfach nicht existieren. Hinzu kommt, daß der Staat (aus in der Mehrzahl akzeptierten Gründen) selbst für Verzerrungen sorgt. Die Einführung allein einer Einkommensteuer kann bedeuten, daß ein Keil zwischen die Diskontrate bei Konsum- und Investitionsentscheidungen getrieben wird. Private Investoren orientieren sich an der Grenzertragsrate *nach Steuern*, so daß die Diskontrate vor Steuern auf dem Markt höher sein muß, um die Besteuerung tragen zu können.[235] Es können eine Menge potentieller und realer Verzerrungen ausgemacht werden, so daß eine Auswahl zu treffen ist. Es sind zahlreiche Gründe für die Wahl einer bestimmten, auf den Konsumenten- und Produzentenmärkten zu beobachtenden Marktdiskontrate[236] angeführt worden.[237] Entscheidend für die Wahl der Diskontrate ist die Tatsache, daß die in Frage stehenden Handlungsoptionen aufgrund des damit verbundenen Ressourcentransfers sowohl im Konsum- als auch im Produktionsbereich zu zukünftigen Zeitpunkten

---

234 Wären sie es für alle Aktivitätsniveaus realiter nicht, bedingte dies notwendigerweise zu einem endlichen Zeitpunkt Produktionsmöglichkeiten von 0. Daß eine Ressourcenausbeutung einen höheren Kapitaleinsatz impliziert, stellt gerade die Erschöpfbarkeitsschranke dar.

235 Wir verzichten auf ein profanes Beispiel, zumal bei nicht-linearer Besteuerung die Ansprüche je nach Steuerklasse unterschiedlich sind.

236 Beachte, daß eine zu beobachtende Marktdiskontrate nicht bedeutet, daß alle Marktteilnehmer identische Zeitpräferenzen haben.

Effekte zeitigt. Diesem Phänomen trägt der Schattenpreisansatz Rechnung.[238] Es kommt für die Wahl der Diskontrate darauf an, welche Entzugseffekte eine Handlungsoption auf das gesamtwirtschaftliche Konsum- und Investitionsverhalten hat. Für letzteres ist nicht auszuschließen, daß durch die Handlung statt Entzugs- netto sogar Stimulanzeffekte zu erwarten sind. Entscheidend ist diese Unterscheidung nicht nur wegen der realiter anzutreffenden Disparität der Diskontsätze, sondern vor allem deshalb, weil die Wirkungen auf den Kapitaleinsatz im Gegensatz zu den Wirkungen auf das Konsumverhalten prinzipiell in alle Folgeperioden abstrahlen.[239] Eine Beeinflussung der Kapitalakkumulation bedeutet eine Beeinflussung aller zukünftigen Produktions- und somit wiederum Investitions- und Konsummöglichkeiten.

Wir verdeutlichen dies an einem Beispiel. In einer einfachen zweiperiodigen Betrachtung steht eine Umweltnutzungsoption zur Debatte, die mit Kosten in Höhe von C verbunden ist.[240] Durch diese Umweltnutzungsoption soll nach der ersten Periode ein Nutzen von U_1, nach der zweiten Periode ein Nutzen von U_2 anfallen. Wenn wir annehmen können, daß der anfallende Nutzen vollständig konsumiert wird und die Kosten der Umweltnutzungsoption vollständig den privaten Investitionen (100%-iges crowding out) entzogen werden, die nach der ersten Periode wiederum vollständig konsumiert werden sollen, so müssen wir Nutzen- und Investitionsgrößen mit zwei unterschiedlichen Diskontraten bewerten, nämlich r^* für den Marktzinsatz und r_t für die potentiell höhere Grenzertragsrate privater Investitionen. Der Schattenpreisansatz geht davon aus, daß der Marktzinssatz ohne Steuern den für die Gesellschaft relevanten Diskontierungsfaktor angibt. Die Opportunitätskosten entgangener privater Investitionen liegen nach der ersten Periode bei $C\ (1 + r^t)$, diskontiert mit dem Marktzinssatz auf den Beginn der ersten Periode bei $C\ (1 + r_t)/(1 + r^*)$. Die Umweltnutzungsoption ist somit dann zu empfehlen, wenn

$$(3.1)\quad U_1/(1 + r^*) \quad + \quad U_2/(1 + r^*)^2 \quad > \quad C * (1 + r_t)/\,(1 + r^*)$$

gilt. $(1 + r_t)/\ (1 + r^*)$ ist in diesem speziellen Fall der Schattenpreis privaten Kapitals, der die abdiskontierten entgangenen Opportunitäten des Konsums widerspiegelt.

Die mit einem solchen Ansatz verbundenen Anforderungen sind allerdings nicht als gering einzuschätzen, denn in der Realität ist nicht mit einer so vereinfachten und trivialen Problemstruktur zu rechnen. Es muß ex ante bekannt sein, welche

---

237 Vgl. Lind (1982).

238 Vgl. beispielsweise Lind (1982) und Erdmann (1987).

239 Eine erste systematische Untersuchung hierzu im Hinblick auf öffentliche Investitionen haben Arrow, Kurz (1970) vorgenommen.

Wirkungsstruktur zu allen relevanten zukünftigen Zeitpunkten mit einer entsprechenden Umweltnutzung verbunden ist. Im Prinzip müssen wir in der Lage sein, ein disaggregiertes Wachstumsmodell zu entwerfen.[241] Schon die Schwierigkeit, eine aggregierte Wachstumsprognose für ein Jahr abzugeben, verdeutlicht die enormen Informationsanforderungen. Für kleinere Umweltprobleme kann in vielen Fällen sicherlich noch von bestimmten ceteris-paribus-Hypothesen ausgegangen werden, bei größeren, wirklich drängenden Umweltproblemen wird man wohl im Dunkeln tappen.

Hinzu kommt, daß in einer Marktwirtschaft Investitions- und Konsumentscheidungen bezüglich ihres Risikogrades eine grundsätzlich andere Qualität haben. Investitionsentscheidungen sind in ihren Konsequenzen unsicher, sie werden vornehmlich von Risikofreudigeren getroffen. Die beobachtbaren Diskontraten auf den Kapitalmärkten beinhalten aber auch u.U. Risikoprämien, die aus dem möglichen Verlust der Einlage resultieren.[242] Diese herauszurechnen ist kein triviales Unterfangen, weil auf Kapitalmärkten Nachfrager nach unterschiedlich risikobehaftetem Kapital auftreten. Zudem läßt sich einfach zeigen, daß unterschiedliche Risikograde nicht über einen zeitinvarianten Aufschlag auf die Diskontrate berücksichtigt werden können, da dies einen ganz speziellen Entwicklungspfad impliziert:

Wir betrachten eine Umweltnutzungsoption zunächst für eine Periode, deren soziale Kosten wir aus Vereinfachungsgründen gleich 1 setzen, wobei der mit dieser Option verbundene Nutzen unsicher ist mit einem Erwartungswert $E(U_1)$ und dem entsprechenden Sicherheitsäquivalent U_1^*, so daß bei angenommener Risikoaversion $U_1^* < E(U_1)$ für alle identischen U_1 gilt.[243] Wir bezeichnen mit r die risikofreie, mit r' die risikoangepaßte Diskontrate, so daß eine positive Bewertung dieser Option

(3.2) $$-1 + U_1^* / (1 + r) > 0$$ respektive

(3.3) $$-1 + E(U_1) / (1 + r') > 0$$

voraussetzt, was für das Verhältnis von risikofreiem und risikoangepaßten Diskontfaktor

---

240 Dieses Beispiel kann sowohl als Verzicht auf eine bestimmte Nutzung als auch als Nutzung mit den entsprechenden angenommenen sozialen Kosten interpretiert werden.

241 Vgl. zu modifizierten Auswirkungen auf Investitions- und Konsumneigung durch Einführung von entsprechenden Koeffizienten des Anteil des crowding-outs (oder -ins) am Gesamteffekt Lind (1982), S. 39-55.

242 Deshalb orientiert sich eine Diskontierung häufig an der Rendite der als risikolos erachteten festverzinslichen Wertpapiere.

243 Vgl. dazu die Ausführungen in Abschnitt 2.5.

(3.4) $U_1^* / E(U_1) = (1 + r) / (1 + r')$ bedeutet.

Erweitern wir nun die Analyse auf zwei Perioden mit einem entsprechend risikoangepaßten Zinssatz r'', so modifizieren sich (3.2) bis (3.4) zu

(3.2)' $-1 + U_2^* / (1 + r)^2 > 0$ respektive

(3.3)' $-1 + E(U_2) / (1 + r'')^2 > 0$,

und dem Verhältnis von risikofreiem und risikoangepaßten Diskontfaktor

(3.4)' $U_2^* / E(U_2) = [(1 + r) / (1 + r'')]^2$.

r'' ist aber nur dann mit r' identisch wenn

(3.5) $U_2^* / E(U_2) = [U_1^* / E(U_1)]^2$ bzw. allgemein

(3.6) $[U_1^* / E(U_1)]^n = U_n^* / E(U_n)$ gilt,

eine Bedingung, die nur zufällig erfüllt ist.

Selbst wenn wir bestimmte Papiere als risikoneutral und damit als Basis einer Diskontierung deklarieren, ist aufgrund der zunehmenden Globalität und der informationellen Anforderungen des Schattenpreisansatzes dieser als universeller Ansatz für unser Problem nicht geeignet.

Als Alternative zu marktlichen Orientierungen empfehlen sich rein politische Prozesse zur Evaluierung einer sozialen Diskontrate. Man könnte sich zumindest theoretisch vorstellen, daß die Agenten in einer Volkswirtschaft nach ihren Zeitpräferenzen befragt werden, um diese in einen politischen Abstimmungsprozeß einzubringen. Nach der Analyse in Abschnitt 3.1 sind wir uns den Problemen der Deduktion einer konsistenten sozialen Präferenzfunktion aus individuellen Rangordnungen bewußt. Hinzu kommt, daß solche Zeitpräferenzen ohne jegliche marktliche Verpflichtung geäußert werden, so daß je nach Interessenlage die bekannten strategischen Über- oder Untertreibungen nicht auszuschließen sind. Neben den strategischen Verhaltensmöglichkeiten müssen wir allerdings ins Kalkül ziehen, daß der Markt als Informations- und Koordinationsinstrument nicht zur Verfügung steht. Psychologische Theorien der Zeitpräferenz, die dann aufgrund fehlender Märkte durchaus an potentieller Relevanz gewinnen, machen eine Vielzahl von endogenen und exogenen Faktoren der Zeitpräferenz aus, die einer im ökonomischen Sinne konsistenten Diskontierung widersprechen.[244] Außerdem sind die Agenten in einer solchen isolierten Situation anscheinend nicht in

244 Vgl. Jungermann, Fleischer (1988) für eine Freudianische Betrachtung. Wir greifen hier schon vor auf die Überlegungen in Kapitel 4, indem wir die Hypothese wagen, daß Anomalien als systematische Abweichungen von rationalem Verhalten gemäß der ökonomischen Theorie zumindest unter *Abwesenheit einer Marktkoordination* ergebnisrelevant sein können.

der Lage, Zeitpräferenzen und Probleme öffentlicher Güter zumindest methodisch zu unterscheiden.[245] Die Adaption eines Zeitsinnes ist - so Pinner - nach Ansicht aller Psychologen eine Funktion des Lernens und der persönlichen inneren Stärke. Somit kann bei Nicht-Marktentscheidungen, bei denen richtige Adaptionen im Gegensatz zu Marktentscheidungen nicht belohnt werden, "narzißtisches" Verhalten nicht ausgeschlossen werden, welches eine konsequent unterschiedliche Zeitpräferenz je nach eigenem Betroffenheitsgrad bedingt. Pinner schlägt in Abwehr solchen Verhaltens allgemein eine Institutionalisierung dieses Prozesses vor, was nichts anderes bedeutet, als daß auch Psychologen Koordination einfordern.[246]

Loewenstein und Thaler weisen auf Anomalien hin, die bedingen, daß Individuen unterschiedliche, ja sogar negative Diskontraten verwenden, wenn sie isolierte Entscheidungen zu treffen haben. Sie verhalten sich dynamisch inkonsistent, weil sie unterschiedliche Größen (magnitude effects) und unterschiedliche Vorzeichen (sign effects), d.h. Gewinn bzw. Verlust, unterschiedlich diskontieren.[247] In manchen Situationen sind die Individuen sogar bereit, sichere negative Erfahrungen vorzuziehen (Argument: "Man sollte es sofort hinter sich bringen!") und entsprechend sichere schöne Erfahrungen sich für später aufzubewahren ("savoring and dread").[248] Gegenüber einer makroökonomischen Aggregation solch verzerrter Zeitpräferenzen als Entscheidungsgrundlage sind die Autoren deshalb sehr skeptisch.[249]

Ein Ablesen der Diskontrate anstatt auf den Kapitalmärkten an konkreten Ressourcenentscheidungen scheitert an dem Tatbestand, daß solche Entscheidungen zwar im Form von revealed preferences zu bestimmten Zeitpunkten transparent werden, aber nahezu jede Entscheidung über die Nutzung von Ressourcen und Gütern eine intertemporale Handlung bedingt. Diese wird in anderen Perioden ausgeführt als in denen, in die sie in ihrem Nutzenprofil abstrahlt.[250]

---

245 Vgl. hierzu und im folgenden Pinner (1988).

246 Diese ist im übrigen bei Marktprozessen gegeben. Wenn Pinner bestimmte Persönlichkeiten für die Entscheidungsfindung fordert, so sind dies bei Marktentscheidungen diejenigen, welche ihre Überlegenheit durch richtige Adaption in Gewinne umsetzen.

247 Vgl. Loewenstein, Thaler, (1989). Kahneman, Tversky (1979) haben mit dem Begriff der "loss aversion" umschrieben, was Loewenstein und Thaler als die Berücksichtigung von entscheidenden Referenzpunkten der Individuen darlegen. Auf diese Ansätze wird explizit in Kapitel 4 eingegangen.

248 Dies könnte im standardökonomischen Rahmen höchstens dadurch erklärt werden, daß das Abwarten selbst einen negativen bzw. positiven Eigenwert hat.

249 Vgl. Loewenstein, Thaler (1989), S. 191, die diese Schlußfolgerungen allerdings generell auf die Ermittlung einer sozialen Diskontrate ausdehnen.

250 Vgl. Elster (1985), S. 237.

Dies bedeutet insgesamt das Scheitern politischer und marktlicher Evaluierungen von sozialen Diskontraten zur Integration *aller* intertemporalen Aspekte. Die Ermittlung einer sozialen Diskontrate bleibt ein diffuses Wertproblem. Der Ansatz einer Diskontrate von 0 im Sinne des Umweltschutzes, das heißt der Gleichgewichtung von Kosten und Nutzen unterschiedlicher Zeitpunkte, erscheint schon aufgrund der oben beschriebenen ambivalenten Wirkung als nicht richtig. Aber analog zum Wertproblem der irreversiblen Optionen hat man auch hier die Möglichkeit, Standardrestriktionen zu setzen, die unabhängig von anderen Evaluierungen als Nebenbedingungen einzuhalten sind.[251] In unserem Fall bedeutet dies, immer zu erfüllende Standards zu setzen, die zukünftigen Generationen eine im Rahmen einer kollektiven Entscheidung als fair erachtete Chance dessen geben, was gemeinhin unter "angemessenem Wohlstand für alle" verstanden wird. In diesem Rahmen können alle anderen problemadäquaten Diskontierungen vorgenommen werden.[252] Die Entscheidungsträger müssen somit eine sicherlich nicht unumstrittene Trennung zwischen in die Diskontierung einfließende Komponenten und durch eine Nebenbedingung zu gewährleistende Restriktionen ökonomischer Aktivitäten vornehmen. Diese Unterscheidung wird in Abhängigkeit vom Informationsniveau über Umweltnutzungen variieren müssen und stellt deshalb bei konkurrierenden Annahmen über die Wirkungszusammenhänge einen Faktor für deutliche Bewertungsunterschiede intertemporaler Umweltnutzungen durch einzelne Interessengruppen dar.

Zu ergänzen ist eine dem Auffinden dieser Restriktion dienliche Prozeßmaxime intertemporaler Politik, die Kirsch aufgegriffen hat, und die gerade für intertemporale Umweltprobleme entscheidend sein könnte.[253] Kirsch weist auf die Wechselseitigkeit zwischen den Zeitpräferenzen der Agenten und dem sozialen Entscheidungsprozeß hin. Nicht nur, daß die individuellen Zeitpräferenzen den kollektiven Entscheidungsprozeß beeinflussen, auch umgekehrt beeinflußt das Entscheidungsergebnis selbst die Bildung dieser Zeitpräferenzen. Die implizite oder explizite Diskontierung der mit einer Umweltpolitik verbundenen Kosten und Nutzen hat somit selbst wiederum Auswirkungen auf die Bildung individueller Zeitpräferenzen. Dies hängt ursächlich mit zwei Anpassungsmöglichkeiten der Agenten an veränderte Umweltbedingungen zusammen. Zum einen kann der Agent *alloplastisch* versuchen, seine natürliche und soziale Umgebung entsprechend seinen Wünschen anzupassen. Dies ist der Ansatz der konventionellen Analyse, die als Anpassungskalkül die Maximierung einer Zielfunktion - zumeist einer Nutzen- oder Gewinnfunktion - annimmt.

---

251 Vgl. Siebert (1980), S. 362f.

252 Unsere Ausführungen im vorangegangenen Abschnitt waren nicht so pessimistisch, als daß jegliche dafür notwendige Fairneßmotivation ausgeschlossen werden sollte.

253 Vgl. hierzu und im folgenden Kirsch (1988).

Darüber hinaus erweitert Kirsch das Anpassungsmöglichkeitsspektrum um *autoplastische* Anpassungen. Das Individuum hat danach ebenso die Möglichkeit, seine Wünsche der u.U. veränderten natürlichen und sozialen Umgebung anzupassen.[254] Auch für autoplastische Anpassungen ist wie bei alloplastischen mit abnehmenden Grenzerträgen zu rechnen, was eher eine Kombination beider Optionen als eine Randlösung wahrscheinlich macht. Auto- und Alloplastizität sind Substitute, der Grad ihrer Verwirklichung hängt invers von den Restriktionen ab, die die Umwelt respektive die individuelle Psyche auferlegen. Die Wechselwirkung zwischen individueller Diskontrate und individueller Zeitpräferenz resultiert aus der Beantwortung der Frage, inwieweit die kollektive Entscheidungsfindung diese inneren und äußeren Restriktionen beeinflußt.[255]

Für die adäquate Berücksichtigung zukünftiger Ereignisse hat die Gesellschaft zwei Optionen: zum einen eine organische, indem intertemporale Restriktionen automatisch in Form einer unbedingten Identifikation mit einem Kollektiv einhergehen, zum anderen die individuelle Vorstellungskraft eines Agenten, die Präferenzen in der Zukunft lebender Menschen internalisieren zu können.[256] Letzteres scheint in modernen Gesellschaften mittlerweile die einzig mögliche Option zu sein, da organische Bindungen zunehmend geringer werden.

Moderne, komplexe Technologien, die sehr weit sowohl räumlich als auch zeitlich abstrahlen, sowie ein sozialer Entscheidungsprozeß, der die Rückführung auf individuelle Wahlhandlungen intransparent werden läßt, lassen autoplastische Optionen für den Agenten schrumpfen, da ein schwaches Ich auf die so empfundenen geringen Einflußmöglichkeiten und Transparenzen in Entscheidungsprozessen zurückgeführt werden kann.[257] Die intertemporale Umweltproblematik gerät deshalb in ein Dilemma, weil die Bedingungen, die eigentlich eine niedrige Diskontrate implizieren, selbst die Basisbedingungen für eine Berücksichtigung von Zukunftsorientierungen in Frage stellen.[258] Zu einer solchen Situation, die so relevant für kollektive Umweltentscheidungen ist, trägt gerade die Existenz externer Effekte in einer heterogenen Gesellschaft selbst verstärkend bei. Der

---

254 Dies ist keine völlig neue Sicht der Dinge, seit Simon den handelnden Organismus als solchen ansah, der nicht das gesamte Möglichkeitsspektrum betrachtet, sondern eine Vorauswahl trifft; vgl. Simon (1955). In einer dynamischen Betrachtung wird je nach Aspirationsniveau die Auswahl möglicherweise verkleinert oder vergrößert. Die Bestimmungsgründe dieser Dynamisierung werden allerdings bei Simon nicht deutlich, vgl. dazu Samuelson, Zeckhauser (1988), S. 41.

255 Im vorangegangenen Abschnitt wurde bereits auf die Erweiterung der Neuen Politischen Ökonomie durch die Integration des Begriffes der inneren Freiheit eingegangen; vgl. Kirsch, Mackscheidt (1985).

256 Kirsch verwendet hierfür den Begriff Liebe, den wir hier vermeiden wollen, um ihn romantischeren Lektüren vorzubehalten.

257 Vgl. Kirsch (1988), S. 196.

258 Vgl. Kirsch (1988), S. 198.

Wohlstand der Nation ist vielleicht groß und damit das Niveau möglicher Internalisierungspotentiale, aber das Individuum fühlt dies aufgrund seiner von ihm so empfundenen Belanglosigkeit nicht.

Nun läßt sich der Homogenitätsgrad einer demokratischen und pluralistischen Gesellschaft kaum planen und vielleicht nur sehr wenig beeinflussen, ebenso kann man nicht globale in lokale Probleme gerade im Umweltbereich umdeuten, ohne daß entscheidende und effiziente Lösungsoptionen verloren gehen. Obwohl man, wenn Kirschs Hypothese stimmt, diesen Trend nicht umkehren können wird, kann man zur Unterstützung des ökonomisch sinnvollen Umgangs mit der Umwelt Entscheidungs- und Bewertungsprozesse transparenter machen. Zwar bleibt die Alloplastizität der Ausgangspunkt unserer Überlegungen; worauf sie hinsichtlich ihrer Empfehlungen auf autoplastische Möglichkeiten einwirkt, stellt bei Konkurrenz der Ansprüche ein Problem dar, das aufgrund der zu vagen autoplastischen Präferenzbildungshypothesen nur schwer abwägbar ist. Dies zeigt sich auch darin deutlich, daß das später zu besprechende Framing-Phänomen nicht eindeutig einer der beiden Anpassungsformen zugeschrieben werden kann.

Im folgenden Kapitel soll deshalb nicht primär dargestellt werden, wie der autoplastische oder der Präferenzbildungsmechanismus funktioniert, sondern wir beschränken uns dort auf systematische Abweichungen von alloplastischen Verhaltensregeln. Diese können auch einen Hinweis auf autoplastische Phänomene geben, wobei allerdings in dynamischer Hinsicht Erklärungsdefizite zu konstatieren sein werden.

4. Kollektive Umweltnutzungen und anomaliebeeinflußtes Verhalten

Die Arbeitsteilung zwischen Ökonomie und Psychologie war bereits Gegenstand der Analyse in Zusammenhang mit der Frage endogener Präferenzbildung. Viele Ökonomen scheinen davon überzeugt zu sein, daß die ihren Theorien zugrundeliegenden Annahmen so naheliegend und realistisch sind oder zu sein haben, daß sie für ihren Ansatz einen weites Feld ökonomischer und sozialer Beziehungen zu erklären können glauben. Den bekannten Rationalitätspostulaten des homo oeconomicus wird ein solcher Charme unterstellt, daß sie in der Lage sind, jegliche Austauschhandlung zwischen Individuen und Gruppen auf das Entscheidungskalkül bzw. die damit verbundene Zielfunktion eines dem homo oeconomicus entsprechenden Agenten zurückzuführen. Es verwundert, wie rigide von der Mehrzahl der Ökonomen an der Arbeitsteilung zwischen Ökonomie und anderen Sozialwissenschaften - nicht nur für Umweltnutzungsentscheidungen - festgehalten wird. Dies ist umso mehr erstaunlich, wenn man sich vergegenwärtigt, wie oft gerade dem Strukturwandel und den damit einhergehenden Änderungen von Arbeitsteilungen von der ökonomischen Forschungsgemeinschaft eine bedeutende Rolle für die Dynamik der Wirtschaftsentwicklung zugesprochen wird. Diese dynamischen Anforderungen scheinen demnach für die Sozialwissenschaften nicht zu gelten.

Eine solche Haltung führt in manchen Bereichen zumindest zu Verständigungsschwierigkeiten zwischen den Disziplinen, im Extremfall zur Sprachlosigkeit und damit gerade zur Nicht-Nutzung der möglichen Vorteile einer Arbeitsteilung. Arbeitsteilung ist nämlich selbstverständlich auch hier nur dann sinnvoll, wenn sie eine Koordination findet. Dies heißt für den Ökonomen auch, einen Blick über das Effizienzpostulat hinaus zu wagen, Motive und Prozesse als Entscheidungsgrößen zu akzeptieren und psychologische Phänomene zur Kenntnis zu nehmen, da sie nun einmal offensichtlich doch entscheidungsrelevanter sind, als zuvor geglaubt.[259] Die Sorgen von Nicht-Ökonomen gerade im Hinblick auf Umweltnutzungen mit deren Unkenntnis abzutun und eine Auseinandersetzung auf dieses Niveau zu reduzieren, kann kaum der richtige Weg sein.

Wir werden im folgenden versuchen, einen kleinen Teil dieser Verständigungsschwierigkeiten zu überwinden, indem wir psychologische Erkenntnisse kognitivistischer Ansätze für Umweltressourcennutzungen auswerten. Dabei werden aufgrund der zunehmenden Komplexitäten insbesondere Umweltnutzungsentscheidungen unter Risiko und Ungewißheit unser Interesse finden. Zunächst werden wir darzulegen haben, welche entscheidungstheoretischen Grundlagen uns die Ökonomie anbietet. Trotz der faszinierenden Eleganz des dort formulier-

---

259 Vgl. zu einem solchen Vorschlag Frey (1986).

ten Rationalitätspostulates erscheinen die Ergebnisse auch unter Ökonomen als nicht unumstritten. Dies gilt umso mehr, als daß für das ökonomische Entscheidungsmodell als Erklärung realen Verhaltens günstige Annahmen aufgegeben werden müssen.

Ein Blick in die psychologische Forschung offenbart, daß verschiedene Effekte, die von der Ökonomie als irrelevant erachtet werden, für die Perzeption von Umweltnutzungsrisiken, für die Bewertung von Umweltnutzungsoptionen und deshalb für die Umweltpolitik insgesamt Bedeutung erlangen können. Wo Erklärungsmöglichkeiten und -grenzen liegen, wird dabei anhand der Prospect Theory darzulegen sein, um Schlußfolgerungen für die Art und Weise, in der umweltpolitische Entscheidungen zustande kommen, ziehen zu können.

Bis zu diesem Punkt gehen wir davon aus, daß risikobehaftete Umweltnutzungen u.a. mit objektiven und allgemein akzeptierten Eintrittswahrscheinlichkeiten beschreibbar sind. Das Ellsberg-Paradoxon weist uns darauf hin, daß dies in Abhängigkeit vom Grad der Ungewißheit nicht richtig zu sein scheint. Wir werden deshalb zwischen Entscheidungen unter Risiko und unter Ungewißheit unterscheiden: die vorab besprochenen Entscheidungen unter Risiko sollen Entscheidungen sein, bei denen von allen Agenten akzeptierte, sozusagen objektive Eintritts- und Wirkungswahrscheinlichkeiten existieren. Entscheidungen unter Ungewißheit zeichnen sich dadurch aus, daß diese Wahrscheinlichkeiten allenfalls als subjektive geschätzt werden können. Deshalb muß in Abschnitt 4.3 auf die Implikationen von Entscheidungsverhalten unter Ungewißheit im Hinblick auf Umweltnutzungen eingegangen werden, wobei Informationsasymmetrien und daraus resultierende Strategien der Agenten eine entscheidende Rolle spielen.

4.1 Kollektive Umweltnutzungen und ökonomische Entscheidungsanalyse

Die ökonomische Theorie betrachtet das Allokationsproblem als ein Problem eines rational handelnden Agenten, der einen von ihm ausformulierten Nutzen maximieren will, sich dabei aber mit verschiedenen Zielkonflikten und Ressourcenbeschränkungen konfrontiert sieht. Da interventionsbedürftige Umweltgüter Kollektivgüter sind, bedeutet die Allokation der Ressource Umwelt hier eine gleiche Allokation für alle diesem Kollektiv zugehörigen Mitglieder, wobei der dadurch gestiftete Nutzen von Agent zu Agent durchaus als unterschiedlich empfunden werden kann.

Bis dato haben wir implizit Umweltnutzungsentscheidungen unter Risiko oder Ungewißheit entsprechend einfachster Annahmen besprochen, denn spätestens seit den grundlegenden Arbeiten zurückgehend auf von Neumann und Morgenstern ist den Ökonomen ein Instrumentarium an die Hand gegeben worden, welches es ermöglicht, auch risikobehaftete Entscheidungen unter Rationalitätsaspekten zu beurteilen.[260] Unsichere Entscheidungen prägen in der Mehrzahl unser Leben, denn allein die Mehrergiebigkeit längerer Produktionsumwege bedingt unsichere Ertragsströme, da in einer Welt zunehmender Arbeitsteilung die Effizienz der Spezialisierungsvorteile begleitet wird von einem zunehmenden Maß an Koordinationsunsicherheit.[261] Diese Art der Unsicherheit als Gegenstück zu Effizienzsteigerungen wird aufgrund der zunehmenden Öffentlichkeit und des zunehmenden Umweltbewußtseins bei gleichzeitig größeren Dimensionen der Umweltnutzung durch umweltbedingte und soziale Bewertungsunsicherheit ergänzt. Unsicherheiten per se sind allerdings aus einer gesamtwirtschaftlichen Perspektive ambivalent zu beurteilen, da sie auch geeignet sein können, kooperative, wettbewerbshemmende Marktabsprachen zu verhindern.

Wenn wir uns in einer Arbeit mit kollektiven Umweltnutzungsoptionen beschäftigen, erscheint eine Integration des folgenden Aspektes unerläßlich: Umweltprobleme zeichnen sich heute gerade dadurch aus, daß ihre Wirkungen und Ursachen nicht mit Sicherheit bestimmbar sind.[262] Dabei sind Unsicherheiten für unser Problem als exogene, technologische Ereignisunsicherheiten zu verstehen, und nicht als endogene, einem Markt inhärente Variable des ökonomischen Systems.[263] Für Umweltunsicherheiten gilt prinzipiell, daß sie individuell kaum kontrollierbar sind, daß der Grad, in dem sich ein Agent ihr aussetzt, allerdings in Abhängigkeit von der spezifischen Ausgestaltung variieren kann. Holzheu nennt hierzu die Optionen der Wahl sicherer Alternativen, der Risikostreuung und die der adäquaten Organisation von Informationsaktivitäten.[264] Die erste Option kann für wirklich stattfindende Umweltnutzungen beinahe vollständig ausgeschlossen werden, und die zweite Option wurde in Abschnitt 2.5 auf die Durchmischung reduziert; die dritte Option wird explizit in 4.3.2 besprochen.

Für den Sozialwissenschaftler ist es bei der Betrachtung solcher Unsicherheiten zunächst nachrangig, ob die Unsicherheit ein inhärentes Charakteristikum der Welt ist oder zumindest ein Produkt unserer begrenzten Erkenntnismöglichkeiten.[265] Wir beschränken uns hier auf Entscheidungen, von denen angenommen

260 Vgl. von Neumann, Morgenstern (1947).

261 Vgl. hierzu und im folgenden Holzheu (1987).

262 Man denke beispielsweise an die Ursachen des Waldsterbens oder die Wirkungen des Betriebs von Kernkraftwerken oder Müllverbrennungsanlagen.

263 Vgl. Hirshleifer, Riley (1979), S. 1376f.

264 Vgl. Holzheu (1987), S. 21-23.

265 Im Hinblick auf eine durch diese Überlegungen nicht unbeeinflußte Informationspolitik sowie die Allokation von Forschungsmitteln ist diese Frage natürlich entscheidend, und es kann für unseren Bereich durchaus von der letzten Hypothese ausgegangen werden; vgl. dazu Arrow (1951a), Edmonds, Reilly (1985), S. 288 und Simon (1976), S. 142. Sinn (1980), S. 17, Fußnote 12, unterstützt dies, indem er Einstein zitiert, der sich nicht

wird, daß man sie in Entscheidungen unter Risiko aufgrund formulierbarer Wahrscheinlichkeiten transformieren kann.[266] Entscheidungen unter Unsicherheit verlangten aufgrund dieser Transformationsmöglichkeit von der ökonomischen Theorie nur eine relativ moderate Erweiterung der Rationalitätspostulate von der statischen, sicheren in die dynamische, unsichere Welt:[267] zum einen müssen Entscheidungen über die Zeit konsistent sein, d.h. müssen entsprechenden, in sich konsistenten Zeitpräferenzen genügen, zum anderen müssen neue Informationen systematisch entsprechend den Regeln der bedingten Wahrscheinlichkeit nach Bayes genutzt werden, d.h. eine Revision von Entscheidungen durch Lernprozesse muß dem Bayes-Kriterium genügen. Desweiteren muß das Entscheidungsverhalten abbildbar sein durch eine von Neumann-Morgensternsche Funktion, die den erwarteten Nutzen als Produkt aus Eintrittswahrscheinlichkeit und Nutzen des Ereignisses repräsentiert.[268] Dabei ist zunächst weniger entscheidend, daß die Gewichtungen objektive Wahrscheinlichkeiten repräsentieren, sondern wichtig ist, daß die trade-offs zwischen unterschiedlichen Wahrscheinlichkeiten und unterschiedlichen Nutzenniveaus bei allen Entscheidungen konsistent bleiben. Die Entscheidungen eines Agenten sind nur dann konsistent, wenn sie sich darstellen, als ob eine Funktion des erwarteten Nutzens maximiert würde.[269]

Jedes *individuelle* Entscheidungsverhalten muß somit entsprechend der Regel

$$(4.1) \qquad \max \sum_{i=1}^{m} p_i \, u(y_i)$$

mit y_i als dem Geldwert des Umweltnutzungsereignisses i für die Auswahl der vom einzelnen Agenten präferierten Umweltnutzungsoption abbildbar sein, d.h. es wird die Umweltnutzungsstruktur präferiert, die den so definierten höchsten erwarteten Nutzen stiftet. Sollten Entscheidungen zu beobachten sein, die mit dieser Regel nicht kompatibel sind, sind diese als irrational zu betrachten. Die Funktionsanforderung, daß die Präferenzfunktion im Hinblick auf unsichere Op-

---

vorstellen konnte, daß Gott würfele, und ausführt, daß das Phänomen der Wahrscheinlichkeit nicht mit wahrer Indeterminiertheit erklärt werden muß.

266 Man kann entsprechend dem Bekanntheitsgrad der Wahrscheinlichkeiten bzw. der Wahrscheinlichkeitshierarchien unterschiedliche Entscheidungstypen unterscheiden. Vgl. Sinn (1980), S. 22.

267 Vgl. hierzu Arrow (1982).

268 Die Erwartungsnutzenregel fand bereits in Abschnitt 2.5 Anwendung.

269 Vgl. Arrow (1951a), S. 425. Diese Methode erhebt keinesfalls den Anspruch, eine kardinale Nutzenfunktion für Entscheidungen ohne Risiko zu evaluieren oder anzubieten; vgl. Hirshleifer, Riley (1979), S. 1380. Allerdings wird die Existenz einer solchen Funktion implizit unterstellt, da sonst ein Sicherheitsäquivalent nicht konsistent abgeleitet werden kann; vgl. Shoemaker (1988), S. 533.

tionen linear in den Wahrscheinlichkeiten sein muß,[270] impliziert natürlich nicht eine bestimmte Risikoaversion oder -freudigkeit für den gesamten Definitionsbereich von y_i. Sowohl Risikoaversion als auch Risikofreudigkeit sind mit diesem Kriterium vereinbar und allein von der Konkavität bzw. Konvexität der Nutzenfunktion an der entsprechenden Stelle abhängig.[271]

Die so definierte Entscheidungsregel erfüllt die notwendigen Rationalitätsannahmen unter Unsicherheit,[272] weil man ebenso wie in der Kosten-Nutzen-Analyse durch die statischen Rationalitätspostulate in der Kosten-Risiko-Analyse eine rationale Abschätzung der Wahrscheinlichkeiten der verschiedenen möglichen Ereignisse benötigt.[273] Die konsistente Abschätzung von Schadens- und Wirkungswahrscheinlichkeiten ist somit für eine rationale Umweltpolitik von großer Bedeutung.

Um Schadenswahrscheinlichkeiten konkret zu verstehen, unterscheiden wir mit Arrow drei Klassen von Unsicherheitssituationen.[274] Zum einen handelt es sich um Situationen wie Glücksspiele und Versicherungen, die schon per Definition sich mit Unsicherheiten befassen. Zum anderen sind bestimmte Phänomene deshalb mit Unsicherheit behaftet, weil andere Erklärungen nicht zur Verfügung stehen. Hinzu kommen Klassen von Unsicherheitssituationen, bei denen der Unsicherheitseinfluß wesentlich unbestimmter und umstrittener ist. Unsicherheiten im Hinblick auf Umweltressourcennutzungen fallen demnach unter die zweite Kategorie, allerdings sind die Grenzen zwischen diesen drei Kategorien relativ unbestimmt, da je nach Erklärungsstand Bestimmungsgründe komplexer Wirkungen mehr oder weniger stochastisch geprägt vorliegen.

In der konventionellen ökonomischen Theorie gibt es verschiedene Ansätze, die die Unsicherheit mit Mitteln der Wahrscheinlichkeitstheorie unterschiedlich beschreiben. Ihnen ist der Ausgangspunkt gemeinsam, daß jede unsichere Entscheidungssituation zumindest mit subjektiven Wahrscheinlichkeiten beschreibbar ist, wobei diese die Axiome der Wahrscheinlichkeitstheorie erfüllen.[275] Ein erster Ansatz betrachtet Wahrscheinlichkeiten als ein individuelles Maß des Vertrauens, so daß die Wahrscheinlichkeitsverteilung als allein subjektiv gegeben ist. Die zweite Gruppe der Baysianer versucht, alle Wahrscheinlichkeitsabschätzungen

---

270 Dies hängt mit dem Unabhängigkeitsaxiom zusammen; vgl. Machina (1982), S. 425.

271 Vgl. Friedman, Savage (1948) für eine Nutzenfunktion, die bei geringen Geldwerten Konvexität und damit Risikofreudigkeit und bei hohen Geldwerten Konkavität und damit Risikoaversion bedingt. Vgl. für eine Erweiterung durch wahrnehmungstheoretische Gesetze Sinn (1985).

272 Vgl. Arrow (1987).

273 Vgl. Arrow (1988).

274 Vgl. hierzu und im folgenden Arrow (1951a).

aus einer begrenzten Zahl von a priori bekannten Wahrscheinlichkeiten nach dem Bayes-Satz bedingter Wahrscheinlichkeiten abzuleiten. Die letzte Gruppe bezieht das Maß des Vertrauens und die Häufigkeitstheorien aufeinander unter Zuhilfenahme des Gesetzes der großen Zahl. Demnach konvergieren die subjektiven Wahrscheinlichkeiten zumindest langfristig zu den objektiven Wahrscheinlichkeiten.[276]

Allerdings existiert *die* objektive Wahrscheinlichkeit für die oben beschriebene zweite Kategorie von Unsicherheitssituationen schlechthin nicht, da die Wechselwirkungen zwischen subjektiven und objektiven Wahrscheinlichkeiten gegenseitig sind:[277] Zusätzliche Bemühungen zum Aufdecken weiterer vorher nur mit Unsicherheitsrelationen zu beschreibender Zusammenhänge werden nämlich von den Agenten oder von Gruppen von Agenten getragen, die subjektive Wahrscheinlichkeiten formulieren.[278] Objektive Wahrscheinlichkeitseinschätzungen über Ursachen und Wirkungen von Umweltressourcennutzungen können also nicht "vom Himmel fallen", sondern gehen auf revidierte und von anderen akzeptierte subjektive Wahrscheinlichkeitseinschätzungen bestimmter Agenten zurück, die Informationsanstrengungen erfolgreich unternehmen. Für eine wirklich problemadäquate Revision der Wahrscheinlichkeiten ist somit die Art der Informationskoordination zwischen den einzelnen Akteuren von entscheidender Bedeutung.[279]

Für die letzte Gruppe gestaltet sich die Anpassung aller subjektiven an objektive Wahrscheinlichkeiten dergestalt, daß aufgrund ständiger Wiederholungen der Entscheidungssituation die relativen Häufigkeiten und daraus die abzuleitende Wahrscheinlichkeit transparent und von den Agenten gelernt werden können. Die subjektiven Wahrscheinlichkeiten koinzidieren mit den objektiven, da analog dem Preismechanismus als Informationsinstrumentarium über Knappheiten die objektiven Wahrscheinlichkeiten - beispielsweise aus Prämien und Schadenskosten auf Versicherungsmärkten - deduziert werden können.

Schwieriger wird die Beurteilung von Wahrscheinlichkeiten, wenn ex ante keinerlei Erfahrungen mit relativen Häufigkeiten gesammelt werden konnten (bzw. wie beispielsweise bei Unfällen in kernenergetischen Anlagen auch nicht gemacht werden sollten). Hält man an der Bildung von Wahrscheinlichkeiten und

---

275 Zur vertiefenden Diskussion vgl. Arrow (1951a), S. 410-420 und die dort angegebene Literatur.

276 Vgl. dazu auch Muth (1961), wodurch sich die Beziehung zwischen dieser Konvergenzthese und der Theorie rationaler Erwartungen offenbart.

277 Vgl. Sinn (1980), S. 21.

278 Vgl. Simon (1976), S. 143.

am Prinzip des erwarteten Nutzens fest, so müssen ex ante nicht durch Häufigkeitsverteilungen beobachtbare Wahrscheinlichkeiten analytisch deduziert werden. Dies ist eine in Zusammenhang mit kollektiven Umweltnutzungen immer häufiger zu stellende Aufgabe, da eine Schadenswahrscheinlichkeitsabschätzung nach Erfahrungswerten nur möglich ist, wenn wir uns in einer Phase des *ressourcengestützten Wachstums* befinden, in der die Belastung der Umwelt auf Abfällen und Emissionen beruht, die direkt auf bestimmte Ressourcenverbräuche zurückzuführen sind.[280] Dieses Entwicklungsmuster hat aber für die meisten Industrieländer einschließlich der Bundesrepublik Deutschland eine abnehmende Bedeutung, weil sich die Wirtschaftsentwicklung heute zunehmend auf *technologiegestütztes Wachstum* gründet, dessen Risikoquellen von potentiellen Großunfällen dominiert werden.

Wahrscheinlichkeitseinschätzungen werden dann unter Zuhilfenahme von technologischen und naturwissenschaftlichen Gedankenexperimenten vorgenommen: dort, wo es möglich ist, werden per Analogieschluß oder aufgrund experimenteller Erfahrungen Teilwahrscheinlichkeiten formuliert, die in die Berechnung der Gesamtwahrscheinlichkeit eines Wirkungs- oder Schadensereignisses einfließen. Wo jegliche Erfahrung zur Stützung bestimmter Ereigniswahrscheinlichkeiten fehlt, findet das Laplacesche Prinzip des unzureichenden Grundes Anwendung. Zwei alternativen Ereignissen muß demnach "... die gleiche Wahrscheinlichkeit zugeordnet werden, wenn man keine Anhaltspunkte dafür hat, das Auftreten einer Zustandsklasse für glaubwürdiger als das andere zu halten."[281]

Somit schließt sich in diesem optimistischen Bild der Kreis: Ex ante sind Schadenswahrscheinlichkeiten gemäß der Regel von Bayes deduzierbar, indem Teilwahrscheinlichkeiten gemäß dem Laplaceschen Prinzip für sich ausschließende Teilereignisse als gleich angenommen werden, welche wiederum in ein formuliertes Modell einfließen, in dem die Regeln der Wahrscheinlichkeitsrechnung angewendet werden. Im Zeitablauf tendiert das Ergebnis aufgrund des Wettbewerbs in der Abschätzung der Wahrscheinlichkeiten und der Erfahrungsbildung durch die Agenten wiederum hin zu den objektiven Wahrscheinlichkeiten.[282] Im langfristigen Gleichgewicht unterscheidet sich deshalb die Entscheidung unter Unsicherheit nicht essentiell von der Entscheidungssituation unter Sicherheit, weil sich die objektiven Wahrscheinlichkeiten bei allen Agenten als Gewich-

---

279 Informationen können dann im Bayesianischen Sinne als eine Beobachtung interpretiert werden, die effektiv die Wahrscheinlichkeitsabschätzung bedingter Ereignisse verändert; vgl. Arrow (1984), S. 199.

280 Vgl. Binswanger (1990).

281 S. Sinn (1980), S. 32. Dies bedingt beispielsweise unsere ex ante richtige Einschätzung der Eintrittswahrscheinlichkeit von 1/6 einer Würfelzahl, die durch Häufigkeitsbeobachtungen verifiziert werden kann.

282 Vgl. Arrow (1951a), S. 435.

tungsfaktor ebenso wie die Preise als Knappheitsindikatoren durchsetzen. Die bei sicheren Verhältnissen vorhandene Kenntnis der Ereignisse verlagert sich bei unsicheren Verhältnissen auf die Kenntnis der Wahrscheinlichkeiten,[283] und wir könnten im Rahmen der konventionellen umweltökonomischen Analyse fortfahren.

Der Optimismus dieses ökonomischen Ansatzes für eine Koinzidenz von subjektiven und objektiven Wahrscheinlichkeiten liegt allerdings ursächlich in den Rationalitätspostulaten begründet. Es ist dabei nicht entscheidend, daß alle Agenten ex ante die richtigen Wahrscheinlichkeitseinschätzungen haben, sondern daß in langer Frist sich diejenigen Einschätzungen auf den Märkten durchsetzen und dort dafür belohnt werden, die mit den objektiven Wahrscheinlichkeiten koinzidieren. Ökonomen vertrauen darauf, daß aufgrund der Konkurrenz und der damit verbundenen Auslese rationale Individuen und Organisationen durch ihre Überlebensfähigkeit begünstigt werden.[284] Der Wettbewerb der Agenten bedingt, daß langfristig derjenige mit den richtigen Erwartungen auf dem Markt ökonomisch überlebt; alle anderen Agenten haben nur die Möglichkeit, ihre Entscheidungen an den Überlegenen auszurichten bzw. diese zu imitieren.[285] Ob dies allerdings immer gelingen kann, ist zweifelhaft. Vielmehr kommt es entscheidend auf die Natur des Problems an.

Mit der Annahme hinreichend effizienter Arbitragebedingungen ist nämlich zum einen eine äußerst restriktive Form einer Evolutionstheorie verbunden. So wenden Klopstech und Selten ein, daß realiter zu beobachtende evolutionäre kleine Schritte allenfalls lokale Optima erreichen können, bevor sich die Umwelt- und Informationsbedingungen erneut ändern.[286] Außerdem habe ein handelnder Organismus nur ein beschränktes Verhaltensrepertoire zur Verfügung, so daß das Maximierungsverhalten als einzige Mutante natürlicher Selektion nicht wahrscheinlich sei. Dies kann für die Wahrscheinlichkeitsabschätzung von Umweltnutzungsereignissen daran verdeutlicht werden, daß in Frage stehende Ereignisse als Koinzidenz von Teilereignissen, die wiederum aus Teilereignissen bestehen, etc., darstellen. Ein isolierter Agent muß dann ein Problem des infiniten Regresses lösen. Er könnte nur dann einen *optimalen* Abbruch in Form der Annahme eines unzureichenden Grundes in seinem Kalkül vollziehen, wenn er genau

---

283 Vgl. Edmonds, Reilly (1985).

284 Vgl. Tversky, Kahneman (1987), S. 67f.

285 Dies ist der Vorgang, den die Chicago School als survival of the fittest charakterisiert. Vgl. beispielsweise Alchian (1950). Strategische Komplementaritäten sowie kleine Abweichungen vom Rationalverhalten können diesen Vorgang allerdings in Frage stellen; vgl. Haltiwanger, Waldmann (1989) bzw. Akerlof, Yellen (1985). Für Umweltnutzungen spielen diese Effekte aber keine Rolle.

wüßte, daß ihm weitergehende marginale Informationsbemühungen keinen weiteren marginalen Netto-Nutzen einbringen. Er kann dies jedoch *ex definitione* nicht wissen, so daß der Abbruch aus dieser Sicht immer ein willkürlicher ist.

Die Kritik von Klopstech und Selten fußt auf der von Simon ausgehenden Diskussion über tatsächlich von den Agenten erfüllte Rationalitätsanforderungen auch in einer sicheren Welt, wonach sich die Wirtschaftssubjekte nicht an einer optimalen, sondern an einer überlebensfähigen Lösung orientieren.[287] Der handelnde Organismus betrachtet nicht das gesamte Möglichkeitsspektrum, sondern trifft eine Vorauswahl, die abhängig von seinem im Zeitablauf variablen Anspruchsniveau ist. Dieses Anspruchsniveau kennzeichnet ein Mindestniveau, das der Agent zu erreichen sucht. In der Theorie der Umweltpolitik führten ähnliche Überlegungen zur Formulierung des Standard-Preis-Ansatzes durch Baumol und Oates, allerdings gibt hier der Standard nicht einen Mindeststandard, sondern ein Zielniveau an.[288]

Insbesondere die Dynamik der Umweltbedingungen scheint somit eine Koinzidenz der Einschätzungen gefährden zu können. Immerhin gibt Kahneman einen Hinweis darauf, daß im Falle überschaubarer und einfacher Entscheidungssituationen mit Arbitragemöglichkeiten schnell ein rationales Gleichgewicht ohne vollkommene Rationalität der einzelnen Agenten möglich ist.[289]

Dies ist im Zusammenhang mit Entscheidungen über Umweltnutzungen jedoch nicht entscheidend. Selbst wenn wir dem survival of the fittest aufgrund der Arbitrage den langfristig prägenden Charakter der Entscheidungen zubilligen könnten, rückt für unsere Analyse der Nutzung von Umweltressourcen die Tatsache in den Mittelpunkt, daß es sich bei der Umwelt nicht um ein marktgängiges, sondern um ein Kollektivgut handelt. Wenn ein Umweltstandard festgelegt und

---

286 Vgl. Klopstech, Selten (1985). Auch Arrow (1951a), S. 435, weist darauf hin, daß eine Konvergenz hin zu optimalem Verhalten unmöglich sei, wenn sich die grundlegenden Bedingungen ständig nach einem unbekannten Entwicklungsmuster verändern.

287 Vgl. Simon (1955).

288 Vgl. Baumol, Oates (1971) sowie die Ausführungen in Abschnitt 2.4.1. Später hat Simon zwischen dem Anspruch der Ökonomie an substantive Rationalität und prozeduraler Rationalität unterschieden, wobei letztere dann erfüllt sei, wenn das Ergebnis ein Ergebnis angemessener Überlegungen sei. Substantive Rationalität sei nur dort in Form der Maximierung des subjektiven erwarteten Nutzens zu erwarten, wo einfache und transparente Spielsituationen vorliegen, was hauptsächlich auf die begrenzten Verarbeitungsmöglichkeiten des Individuums zurückzuführen sei. Zu der These, daß subjektive und objektive Wahrscheinlichkeiten koinzidieren, führt Simon aus, daß dies nur dann gegeben sei, wenn alle Möglichkeiten vorab wirklich bekannt sind. Vgl. hierzu Simon (1976). Die Unterscheidung von Rationalitätsbegriffen hat an sich keinen hohen analytischen Wert, weil es allein auf die mit den Annahmen verbundenen realen Implikationen ankommt. Deshalb unterbleibt hier eine nähere Diskussion; vgl. zu diesem Standpunkt Sen (1977), S. 343.

289 Vgl. Kahneman (1988), S. 11-13.

durchgesetzt wird, gilt er für alle Agenten des Kollektivs mit allen seinen weiterhin bestehenden Wirkungsunsicherheiten gleichermaßen. Unsicherheiten der ersten Art, bei denen relative Wahrscheinlichkeiten aufgrund der Diagnose von Häufigkeitsverteilungen prinzipiell deduzierbar sind, nehmen zum einen in ihrer potentiellen Relevanz an *allen* Umweltproblemen ab. Zudem ist es fraglich, ob man sich Beobachtungszeiträume für valide Häufigkeitsabschätzungen aufgrund der intertemporalen Akkumulations- und Kuppelproblematik leisten kann bzw. ob die Ergebnisse nicht nur unter unrealistischen Annahmen verwertbar sind. Die Globalität der Wirkungen, Ursachen und Rückkoppelungen machen eine häufigkeitsorientierte Wahrscheinlichkeitsabschätzung zu einer unwahrscheinlichen Lösungsmöglichkeit. Auf der anderen Seite sind heute Unsicherheiten über Katastrophen wie Klimaänderungen, Genunfälle, Kernkraftwerkunfälle, etc. zunehmend relevant, die in ihren Wahrscheinlichkeiten wie oben beschrieben aus technologisch-naturwissenschaftlichen Gedankenexperimenten und aus der Anwendung des Prinzips des unzureichenden Grundes deduziert werden müssen.

Wenn wir nicht von der unrealistischen Annahme ex ante zufällig identischer Wahrscheinlichkeitseinschätzungen ausgehen,[290] gibt es keinerlei Indiz für eine langfristige Koinzidenz subjektiver zu einer objektiven Risikowahrscheinlichkeit. Selbst unter der optimistischen Annahme, der Wettbewerb zwischen den Agenten auf Märkten bedinge eine Offenlegung der objektiven Wahrscheinlichkeiten, muß für die Umwelt als Kollektivgut konstatiert werden, daß es diesen Markt hier *ex definitione* nicht gibt. Wenn Tversky und Kahneman ausführen, daß "economic agents are often protected from their own irrational predilections by the forces of competition and by the actions of arbitrageurs, but there are situations in which this mechanism fails"[291], so ist mit kollektiven Umweltnutzungsentscheidungen gerade eine echte Teilmenge der Menge solcher Situationen ohne Ausgleichsmechanismen beschrieben. Wer glaubt, die objektive Wahrscheinlichkeit ermittelt zu haben, kann andere höchstens im politischen Prozeß zu überzeugen versuchen. Er kann allerdings keinen Gewinn daraus erzielen, daß er als Arbitrageur von ihm als falsch eingeschätzte Wahrscheinlichkeitsabschätzungen anderer durch Gegengeschäfte (beispielsweise entsprechende Versicherungskontrakte) zu seinem Vorteil ausnutzt. Bei Kollektivgütern gibt es den die kollektive Rationalität von Risikomärkten bewahrenden Arbitrageur nicht, Risikoeinschätzungen werden dort - wenn überhaupt - über nicht-marktliche Institutionen koordiniert. Die notwendige Bedingung für eine kollektive Rationalität, nämlich die Möglichkeit des Gewinns durch überlegene Arbitrage und die Anpassungsnotwendigkeiten anderer Akteure durch sonst eingreifende Selektionsmechanismen, sind hier explizit und unabänderlich nicht gegeben. Eine einfache Übertragung

290 Die Unsinnigkeit einer solchen Annahme zeigt sich bereits darin, wie unterschiedlich von den einzelnen Individuen technologische Risiken abgeschätzt und in die politische Diskussion eingeführt werden.

marktbedingter Koordinationen von Wahrscheinlichkeitseinschätzungen würde deshalb den Kollektivgutcharakter und den Charakter sozialer Risiken verkennen.

Unterstützung findet diese Kritik durch Lopes, der die Aussagefähigkeit des Erwartungsnutzenkriteriums insgesamt gerade im Hinblick auf einmalige Ereignisse in Frage stellt, da die Entscheidungsträger dann eher ihre Chancen maximieren würden, um bestimmte Ziele zu erreichen; auf der anderen Seite sei das Erwartungsnutzenkriterium bei sich wiederholenden Versuchen sinnlos, weil bereits durch weitere Versuche selbst wenig Risikoaversion zu erklären bleibt.[292] Allenfalls seien asymptotisch valide Ergebnisse zu erwarten. Diese asymptotischen Ergebnisse könnten aber nicht in der Abschätzung von quasi-singulären Ereignissen erwartet werden.

Diese Kritik gibt uns den Hinweis, daß neben der nicht-notwendigen Koinzidenz der Wahrscheinlichkeiten auch der gesamte Erwartungsnutzenansatz umstritten und nicht mehr von einer breiten Zustimmung wie früher geprägt ist:[293] Das Allais-Paradoxon offenbarte, daß Individuen eine marginale Erhöhung der Gewinnwahrscheinlichkeit bevorzugen, wenn sie ihnen dann einen sicheren Gewinn bringt, eine entsprechende Erhöhung aber sonst ablehnen.[294] Allais selbst formulierte in Reaktion auf den von ihm festgestellten Widerspruch mit den von Neumann-Morgenstern-Axiomen eine eigene Theorie, in der er die Risikoeinschätzung nicht nur von der kardinalen Nutzenfunktion und ihrer Krümmung, sondern auch von der Bewertung der Wahrscheinlichkeit repräsentiert durch das Risiko selbst abhängig macht.[295]

---

291 S. Tversky, Kahneman (1987), S. 91.

292 Vgl. Lopes (1988).

293 Vgl. Machina (1987), S. 121.

294 Vgl. Allais (1979), der zwei Alternativentscheidungen (A vs. B und C vs. D) mit den entsprechenden Eintrittswahrscheinlichkeiten vorstellte in der Form

A:	$p = 1$ für 1 Mio. DM
B:	$p_1 = 0{,}1$ für 5 Mio. DM
	$p_2 = 0{,}89$ für 1 Mio. DM
	$p_3 = 0{,}01$ für 0 und
C:	$p_1 = 0{,}11$ für 1 Mio. DM
	$p_2 = 0{,}89$ für 0
D:	$p_1 = 0{,}10$ für 5 Mio. DM
	$p_2 = 0{,}9$ für 0,

wobei die Individuen typischerweise A gegenüber B und zugleich D gegenüber C vorzogen. Wir werden im folgenden Abschnitt das Allais-Paradoxon als ein besonderes Phänomen in von der kognitivistischen Theorie formulierte Anomalien integrieren.

295 Vgl. Allais (1988). Allais hält es im Gegensatz zu von Neumann und Morgenstern für nicht möglich, daß eine Nutzenfunktion gleichzeitig einen handlungsbestimmenden Nutzenindex und die Risikopräferenz repräsentieren kann.

Die Reaktionen auf die Ergebnisse Allais' waren zwiespältig. Auf der einen Seite stehen Ökonomen, die ein so offenbartes Verhalten entweder als einfach fehlerhaft oder als unrealistisch disqualifizieren.[296] Auf der anderen Seite sind verschiedene alternative Interpretationen und Ansätze vorgestellt worden.[297] Ausführlicher werden wir uns in Abschnitt 4.2.2 mit der Prospect Theory von Kahneman und Tversky beschäftigen, weil sie eine explizite Integration nicht nur der Allais-Beobachtungen, sondern auch anderer Phänomene beansprucht. Daneben machte Machina das Unabhängigkeitsaxiom für das Allais-Paradoxon verantwortlich und führte als schwächere Annahme lokale Nutzenfunktionen ein, die garantieren, daß für viele Anwendungen in guter Approximation vom erwarteten Nutzen ausgegangen werden kann, daß aber durch vom Risikograd abhängige unterschiedliche lokale Nutzenfunktionen auch das Allais-Paradoxon und andere Phänomene erklärt werden können.[298] Vielfältig sind die Beiträge, die neben der Wahrscheinlichkeit oder in Ersatz derselben und der Nutzenkategorie weitere Determinanten einführen: man unterscheidet neben dem Erwartungsnutzenkriterium zweiparametrisch substitutionale Kriterien, bei denen zwei Kennziffern für Risiko und Ertrag gebildet werden, die dann auf Basis einer substitutionalen Präferenzfunktion entsprechend eine Bewertungsgrundlage darstellen, und lexikographische Kriterien, bei denen Präferenzfunktionen über die Wahrscheinlichkeiten eines Überschreitens bestimmter Werte als Bewertungsgrundlage dienen.[299] Munera wiederum öffnete den substitutionalen Ansatz für drei (oder mehr) Parameter, wobei jeweils die ersten bis dritten Momente der Verteilung als erklärende Variablen in einer linearisierten Form dienen.[300] Das Erwartungsnutzenkriterium ist demnach ein Spezialfall seines Modells linearisierter Momente, welches alle Parameter der zweiten und folgenden Momente gleich Null setzt.

Die Vielfalt der Erklärungsansätze weist darauf hin, daß das Herausarbeiten der relevanten Bestimmungsgründe für das Entscheidungsverhalten unter Risiko eine weiterhin ungelöste Aufgabenstellung ist. Das optimistische Modell, welches von der Maximierung der erwarteten Nutzen *und* der langfristigen Koinzidenz der Wahrscheinlichkeitseinschätzungen ausgeht, diente uns als Referenzfall, der Entscheidungen unter Risiko nicht wesentlich anders als sichere Entscheidungen abbildet. Die Konvergenz würde garantieren, daß bei Kollektivgutentscheidungen allein strategische Verhaltensweisen eine Abschätzungsproblematik bedingen.

---

296 Vgl. Brachinger (1988), S. 589.

297 Für einen aktuellen Überblick vgl. Machina (1987) und Munier (1988). Vgl. als Originalquellen die Beiträge in Allais, Hagen (1979) und Hagen, Weinstop (1984).

298 Vgl. Machina (1982).

299 Vgl. Sinn (1980), S. 50 und S. 51 für einen tabellarischen Überblick über alle Ansätze.

300 Vgl. Munera (1988).

Für Umweltnutzungen und die damit einhergehenden sozialen Risiken gibt es mehrere stichhaltige Anhaltspunkte, die dieses optimistische Modell als nicht problemadäquat erscheinen lassen:

- Für alle Umweltnutzungen ist eine solche Dynamik in der Veränderung der Umgebungsbedingungen gegeben, die eine langfristige Konvergenz der Eintrittswahrscheinlichkeiten unwahrscheinlich macht.
- Die Quasi-Singularität von Ereignissen mit hohen Schäden und geringen Eintrittswahrscheinlichkeiten bedeutet vor allem für Risiken technologiegestützten Wachstums die Unmöglichkeit von Häufigkeitsanalysen.
- Dies wird dadurch unterstützt, daß Arbitragemöglichkeiten bei kollektiven Umweltnutzungsrisiken ex definitione nicht gegeben sind, somit Informationsüberlegenheiten sich nicht durchsetzen können.

Da uns die Dynamik des Problems, die u.U. gegebene Quasi-Singularität sowie die nicht-existente Arbitrage aufgrund des Kollektivgutcharakters der Umwelt jeder Zuflucht zu langfristigen Konvergenznirvanas beraubt haben, müssen wir zu ergründen versuchen, inwieweit Individuen ihre Entscheidungen ohne den Lehrer und Erzieher Markt treffen. Da wir ein ökonomisches Referenzmodell haben, dessen Eigenschaften gut bekannt sind, fragen wir nach systematischen Abweichungen von im ökonomischen Sinne rationalem Verhalten. Hinweise dafür gibt uns die Psychologie, die die Risikosituationen auf ihren Kontext bezieht und diese systematischen Abweichungen als *Anomalien* bezeichnet.

4.2 Kollektive Umweltnutzungen und psychologische Entscheidungsanalyse

Die Psychologie ist von dem ökonomischen Bild des Menschen nicht so weit entfernt, wie gemeinhin angenommen wird.[301] Ähnlich wie in der ökonomischen Theorie wird angenommen, daß die Agenten *systematisch* auf positive und negative incentives reagieren. Psychologische Theorien[302] gehen allerdings davon aus, daß es nicht eine objektive physische und soziale Umgebung ist, auf die die Individuen direkt reagieren, sondern daß die Perzeption derselben entscheidend sei. Die Psychologie wählt zudem eine induktive Vorgehensweise, da sie nicht von bestimmten, als plausibel erachteten Rationalitätspostulaten ausgeht, sondern

301 Vgl. Stroebe, Frey (1980).

302 Man kann für die ökonomisch orientierte Psychologie nicht von einer psychologischen Theorie sprechen, weil es in dieser Wissenschaft grundsätzlich verschiedene Theorieschulen gibt, deren Basisannahmen bereits weitgehend inkompatibel sind. Für einen höheren Stellenwert psychologischer Aspekte spekuliert Earl im Hinblick auf eine stärkere

systematische Verhaltensweisen aus Experimenten und Laboruntersuchungen ableitet. Im Gegensatz zur deduktionsorientierten Ökonomie erkundet die Psychologie ihre Verhaltensannahmen direkter, wohingegen Ökonomen sich auf die Validität ihrer Ergebnisse in empirischen Tests der auf diesen Annahmen beruhenden Theorie verlassen müssen.[303]

Ökonomen halten vielfach Laborexperimente für nicht sinnvoll, da die Agenten aufgrund des fiktiven Rahmens im Experiment Ressourcenentscheidungen unabhängig von irgendwelchen Auswirkungen auf das eigene Budget treffen.[304] Diese Kritik kann für die zu besprechenden Anomalien nicht zutreffen, da die zugrunde liegenden Experimente im Vergleich mit komplexen, realen Entscheidungen eher anomalievermeidungsgünstiger sind, d.h. daß die Experimentsituationen gegenüber konkreten Realentscheidungen unverzerrte Entscheidungen einfacher machen.[305] Außerdem können Experimente auch mit wirklich relevanten und stattfindenden - zumindest positiven - Ressourcen- und/oder Geldtransfers verbunden werden.[306] Für Umweltressourcennutzungen sind wir allerdings wirklich auf die Hypothese einer analogen Übertragbarkeit der psychologischen Ergebnisse angewiesen, da explizit auf dieses Problem zugeschnittene Experimente in nicht rein fiktiver Art schwer vorstellbar sind.

Es ist nicht allein die Perzeption von Risiko und Ungewißheit, die "Inkompatibilitäten" an der Schnittstelle zwischen Psychologie und Ökonomie bedingt. Stroebe und Frey weisen darauf hin, daß in der Psychologie häufig Zielabwägungen und Nebenbedingungen nicht streng getrennt werden.[307] Dies liegt darin begründet, daß sehr oft die Umweltbedingungen für bestimmte beobachtbare Handlungen verantwortlich gemacht werden. In der extremsten theoretischen Form der Umweltdeterminiertheit, dem Behaviorismus, sind in dieser Interpretation von Zielabwägungen und Nebenbedingungen letztere so zahlreich

---

Integration, daß "... psychological economics may also need a modern-day Alfred Marshall." S. Earl, (1990), S. 751.

303 Vgl. dazu auch Earl (1990), S. 751.

304 Vgl. beispielsweise Heijdra (1988), der eine Ökonomie der Experimente vor der experimentellen Ökonomie eingefordert.

305 Vgl. dazu auch Samuelson, Zeckhauser (1988). Wir werden auf die Experimente nicht im einzelnen eingehen; vgl. für einen Überblick Kahneman, Tversky (1979), S. 263-273.

306 Vgl. für eine Substitution deterministischer durch stochastische Experimentbelohnungen und die daraus folgende größere Validität der Ergebnisse für reale Entscheidungen Bolle (1990) und für die Resistenz von Anomalien Frey, Eichenberger (1989b), S. 88.

307 Vgl. Stroebe, Frey (1980), S. 134.

bzw. so rigide, daß nur eine Handlungsoption im Bereich möglicher Handlungen übrig bleibt; sie determinieren die Handlung vollständig.[308]

Wären Agenten vollständig durch die Umweltbedingungen, für unser Problem durch die Umweltnutzungsbedingungen in ihrem Entscheidungsverhalten determiniert, verböte sich eine Diskussion über incentive-Kompatibilitäten und Pareto-Verbesserungen von selbst, weil die einzige Handlungsoption natürlich gleichzeitig sowohl die incentive-kompatibelste als auch die effizienteste ist. Die Umweltnutzungsbedingungen würden die Umweltnutzung determinieren, welche wiederum die zukünftige Umweltnutzungsbedingungen bestimmt. Ökonomie und Umweltökonomie hätten sich allein mit den das Verhalten determinierenden Umweltbedingungen zu beschäftigen.[309] Die meisten Psychologen jedoch halten eine solche Verengung des Möglichkeitsraumes aufgrund der Umweltbedingungen und der Perzeption derselben für nicht gegeben, da zumindest ein Entscheidungsverhalten in unbekannten Situationen und Verhaltensweisen entgegen der einfachen Belohnungshypothesen nicht erklärt werden können.[310]

Wir haben oben zeigen können, daß es für unser Problem keinen Anlaß gibt, auf die langfristige Konvergenz der Einschätzungen zu vertrauen. Deshalb scheint eine Erweiterung und Ergänzung umweltökonomischer Erkenntnisse durch psychologische Phänomene berechtigt. Zunächst werden wir auf kontextbezogene Risikoperzeptionen eingehen und den Begriff des sozialen Restrisikos exakter auffüllen. Im Anschluß daran setzen wir unsere Überlegungen in guter Tradition interdisziplinärer Bemühungen dort fort, wo die Psychologie in ihrer Sicht der Entscheidungen einen hohen Verwandtschaftsgrad zur ökonomischen Analyse aufweist, nämlich in Form bestimmter kognitivistischer Ansätze. Wir sind der Ansicht, dort gerade bei Kollektivgutentscheidungen eine hohe potentielle Relevanz von Verhaltensweisen ausmachen zu können, die von ökonomischen Rationalitätsmustern abweichen. Die Konkretisierung in Form der Prospect Theory wird uns allerdings auch auf Grenzen hinweisen.

4.2.1 Die Perzeption risikobehafteter Umweltnutzungen

Psychologen begreifen schon den Begriff des Risikos oder der Ungewißheit aufgrund unterschiedlicher Perzeptionen anders als Ökonomen, die zumindest eine

---

308 Bei einer solchen Interpretation handelt es sich um die älteste und extremste Form des Behaviorismus, die mit den Namen J.B. Watson und B.F. Skinner verbunden ist; vgl. auch Earl (1990), S. 724-727.

309 Sogar extrem deterministische Theorien definieren aber doch einen Ausnahmebereich, der die gesellschaftliche Heilung verspricht. Dieses Vorgehen ist aufgrund seiner Ideologieorientierung ohne empirischen Gehalt vor allem von Popper als Historizismus kritisiert worden; vgl. Popper (1980).

310 Vgl. Earl (1990), S. 726f.

Reduktion aller Risikosituationen auf subjektive Wahrscheinlichkeiten und entsprechende Nutzenkomponenten als ausreichend erachten. Abgesehen davon, daß der Informationsverarbeitungsprozeß als typische Domäne der Psychologie intra- und interpersonell wesentlich mehr problematisiert wird,[311] werden Unsicherheit und Risiko in der psychologischen Literatur auch anders interpretiert.[312] Die Psychologie identifiziert Ungewißheit als einen Terminus für einen Prozeß der Erfahrungsbildung bei einem Agenten, der das Ausmaß beschreibt, in dem dieser Agent oder mehrere Agenten nicht fähig sind, präzise Angaben zu machen.[313]

Ereignisse müssen zunächst einmal für eine Abschätzung überhaupt mental verfügbar sein, was allein schon eine relative Überschätzung solcher Ereignisse bedingt, die einen dramatischen Charakter haben und deshalb durch die Medien eine weite Verbreitung finden. Nur eine effiziente Informationsverarbeitung als notwendige Bedingung aller möglicherweise relevanten Umweltrisiken würde deshalb eine adäquate Abschätzung im ökonomischen Sinne gewährleisten können. Agenten neigen aber auch dazu, die von ihnen bestimmten Ereignissen zuerkannte Repräsentativität im Verhältnis zur Gesamtheit möglicher Ereignisse zu überschätzen. Außerdem ist zu beobachten, daß sie ihre Urteilsfindung zunächst an bestimmten Anfangswerten ausrichten, die eigentlich notwendigen, erkenntnismöglichen Modifikationen aber nur unzureichend vornehmen.

Agenten erfahren Risiken bzw. Ungewißheiten auch nicht als vom Kontext unabhängig. Ein solches Phänomen bezeichnet man allgemein als Framing von Entscheidungen, d.h. der ergebnisirrelevante Rahmen variiert die Wahl der Handlungsoption.[314] So unterscheidet Renn fünf verschiedene Risikodimensionen, die systematisch unterschiedliche Abschätzungen bedingen.[315] Wird das Risiko allgemein als "Damoklesschwert" verstanden, spielt weniger die Wahrscheinlichkeit als das erwartete maximale Schadensausmaß eine entscheidende Rolle. Werden bestimmte Risiken als ein Schicksalsschlag aufgefaßt, ist ein status-quo-Effekt zu beobachten, da mit solchen Risiken verbundene Ereignisse als unabwendbar akzeptiert werden. Dies führt beispielsweise dazu, daß selbst stark subventionierte Katastrophenversicherungen kaum nachgefragt werden, obwohl ihre Risikoprämien gegenüber dem Erwartungswert des Schadens verschwindend gering sind. Dieses potentielle Ereignis wird anscheinend *auch in seinen Folgen* als unabänderlich und damit ex ante auch nicht entscheidungsrelevant erachtet, so daß Katastrophenschutz in Form von Vorsorge und Hilfe spezifische psychologische

---

311 Vgl. dazu als Überblick van Raaij (1988).

312 "Reduction of uncertainty is not the same as reducing risk. Better knowledge of probabilities reduces the 'uncertainty intervals' around risk, although not risk itself." S. van Raaij (1988), S. 77.

313 Vgl. Hoyos (1987), S. 50.

314 Vgl. zum Phänomen des Framing Tversky, Kahneman (1987).

Phänomene der Unterschiede zwischen ex-ante-Perzeption und der Perzeption im konkreten Katastrophenfall berücksichtigen muß.[316] Eine solche Beurteilung der Unabänderlichkeit ist nicht auf Naturereignisse beschränkt, sondern gilt auch für bestimmte man-made hazards, die mit dem Blutzollargument - beispielsweise im Straßenverkehr - verteidigt werden.[317]

Viele Risiken, die gerade mit Freizeitaktivitäten verbunden sind, werden auch als Herausforderungen der eigenen Kräfte empfunden. Daneben werden Risiken als Glücksspiel aufgefaßt, eine Einschätzung, die dem konventionellen ökonomischen Ansatz sehr nahe kommt. Wenn bestimmte Risiken mit Frühindikatoren für drohende Gefahren assoziiert werden, kommt es zu einer geteilten Einschätzung: Risikoanalytiker entwickeln stochastische Theorien als Handlungsgrundlagen, wohingegen die sog. Laien häufig eine schuldhafte Verstrickung gesellschaftlicher Akteure vermuten. Die Risikoperzeption ist also in diesem Fall - je nach Standpunkt und Interessenlage - von deutlichen Unterschieden in der grundsätzlichen Einschätzung des Risikogrades geprägt.[318] Gerade bei mit technologischem Wachstum einhergehenden Risiken - beispielsweise bei gentechnischen Versuchen - ist eine solche geteilte Einschätzung beobachtbar, wenn Anwender auf die geringen Folgerisiken verweisen, wohingegen die Betroffenen auf mit der Nutzung der Gentechnologie angeblich verbundenen weitergehenden Interessen und auf Informationsmanipulationen der Industrie verweisen. Der Tatbestand, daß Risiken kontextbezogen von den Agenten beurteilt werden, bedeutet auch eine kontextbezogene Ausgestaltung möglicher kollektiver Vertragsformen, so daß sich das Zustandekommen und die Art der Ausgestaltung kollektiver Abmachungen dann nicht allein nach den spezifischen Verhandlungsgewinnen und Transaktionskosten richtet, sondern auch nach der Art der Perzeption einzelner Risiken durch die beteiligten Agenten.

Risikosituationen haben verschiedene Dimensionen, an denen sich die Risikoakzeptanz ausrichtet. Risikoakzeptanz steht in Zusammenhang mit umweltpolitischen Entscheidungen für das Ausmaß, in dem Agenten bereit sind, bestimmte mit Umweltressourcennutzungen verbundene Risiken in der Gemeinschaft mitzutragen. Die Risikoakzeptanz korreliert *allgemein* positiv mit dem Grad der Freiwilligkeit, der mit dem Risiko verbundenen persönlichen Kontrolle, der Möglichkeit der eigenen Erwartungsbildung, der persönlichen Erfahrung und des Erkennens von Nutzen; mit einer möglicherweise gegebenen katastrophalen Sel-

---

315 Vgl. hierzu und im folgenden Renn (1990), S. 559-562.

316 Vgl. Geipel (1987), S. 70-76.

317 Dies liegt hauptsächlich am hohen Grad der Freiwilligkeit, mit dem man sich dem Straßenverkehr aussetzt; vgl. dazu die folgende Diskussion der Determinanten der Risikoakzeptanz, die für den Straßenverkehr günstig ausfällt.

318 Dies hat auch für die Umweltpolitik erhebliche Konsequenzen, die wir in Abschnitt 4.3 besprechen werden.

tenheit eines Ereignisses und dem Grad der Externalität steht sie in einem inversen Verhältnis.[319] Entscheidend ist insbesondere der Grad der Freiwilligkeit, mit dem man sich einem Risiko aussetzt.[320] Für die mit Umweltressourcennutzungen verbundenen Risiken ist demnach mit einer deutlich geringeren Risikoakzeptanz zu rechnen, da Entscheidungen über Kollektivgüter sich gerade dadurch auszeichnen, daß man sich ihnen nicht entziehen kann. Auch die notwendigerweise vorhandenen Risikoexternalitäten, die aufgrund der zunehmenden Komplexität und Dynamik von Umweltnutzungsprozessen faktisch nicht vorhandene persönliche Kontrolle und die Unmöglichkeit des Erkennens von Nutzen, da auch die sozio-ökonomischen Beziehungen an Komplexität ständig gewinnen, verringern die Risikoakzeptanz. Die Unmöglichkeit eigener Erwartungsbildung (die wir als Entscheidungen unter Ungewißheit später aufgreifen) trägt ein übriges bei.

Die verminderten privaten Risikostreuungsmöglichkeiten bewirken, daß kollektive Umweltnutzungen dominant geprägt von der spezifischen institutionellen Regelung einen strikten Risikozuweisungscharakter an die entsprechenden Agenten haben: diese Regelungen entscheiden, wer die Risiken trägt, sie beeinflussen die Bereitschaft zur Risikoübernahme und Anreize zur Risikovermeidung bei dezentralen Entscheidungsträgern, und sie fixieren die Risikotransformationen.[321] Da die mit einer Umweltressourcennutzung einhergehenden Vorteile in vielen Fällen privatisierbar sind, verkörpert in diesen Fällen das Ertragsrisiko der Umweltnutzung für den Agenten ein privates Risiko, welches prinzipiell im weiteren Sinne versicherbar ist.[322] Allerdings hat der Staat weitergehende Privatisierungsmöglichkeiten in Form von Risikotransformationsfixierungen, die das Risiko für die Gemeinschaft auf ein Restrisiko reduzieren, indem er einen Teil der Risiken, der mit einer Umweltressourcennutzung einhergeht, durch entsprechende Haftungsbestimmungen privatisiert.[323] Eine solche Haftungsbestimmungsregel als Intervention ist analog den Coasianischen Erwägungen dann zwingend, wenn der Staat die transaktionskosteneffizienteste Haftung im Vergleich zu individuellen Riskoausgleichen gewährleisten kann. Dies kann soweit gehen, daß alle Haftungsrisiken auf den Nutzer der Ressource übergehen, wenn

---

319 Vgl. Hoyos (1987), S. 59f.

320 Vgl. auch Renn (1990), S. 564, der auf sozio-kulturelle Variationen einzelner Determinanten hinweist.

321 Vgl. Siebert (1987b), S. 174.

322 Karl (1987), S. 220f., weist darauf hin, daß in der Realität private und öffentliche Risiken vermischt werden, da aus Umweltressourcennutzungen resultierende Gefährdungen auch evtl. einen Vermögensverlust für den Verursacher - gerade bei Unfallgefährdungen - bedeuten. Dieser potentielle Verlust ist für eine adäquate Gefährdungsabwägung beim Verursacher ohne kollektive Rahmensetzung nicht hinreichend, wie bereits in den Standardüberlegungen des Abschnitts 2.5 angedeutet wurde.

323 Vgl. zu dem Gesamtkomplex der Haftungsrisiken Adams (1985).

für alle individuellen Haftungsaustauschkontrakte eine Unterlegenheit konstatiert werden kann.

Eine so verstandene Haftung kann aber nur dann effektiv greifen, wenn die potentiellen Schäden nicht prohibitiv hoch sind, sie darüber hinaus kalkulierbar sind, und wenn es sich nicht um kaum zurechenbare Allmählichkeitsschäden handelt.[324] "Nur bei einer perfekten Vorsorge im Sinne einer präventiven Umweltpolitik gelingt es dem Staat, alle Umweltrisiken auf die Verursacher abzuwälzen."[325] Eine wirklich vollständige Überwälzung koinzidiert dann oftmals mit dem Verbot der Umweltnutzung, da viele Nutzungen Gefahr liefen, mit einer Unterdeckung des möglichen Schadens verbunden zu sein. Der so häufig verwendete Begriff des Restrisikos ist deshalb eine ungenaue Bezeichnung, die nur dann Schärfe bekommt, wenn das kollektive Risiko wirklich mit einer Nichtdekkung des Schadens *durch den einzelnen Agenten* verbunden ist.[326] In diesem Sinne wollen wir im folgenden soziale Risiken verstehen.

Von den prinzipiell möglichen Optionen der Risikostreuung und Risikoverminderung für das kollektiv zu tragende Restrisiko steht dann nur die zuletzt genannte Option als Gestaltungsvariable zur Verfügung.[327] Dabei definiert der Staat das kollektiv zu tragende Restrisiko zumindest implizit über die von ihm angestrebten Standards, die entweder direkt bei Umweltnutzungen, bei Umweltnutzungsschattenpreisen oder bei Umweltnutzungsprozessen ansetzen. Erfüllen die Agenten wirklich die gesetzten Standards und definiert der Staat darüber hinaus keinerlei Haftungsverantwortlichkeiten, beschreibt das trotz des Standards gegebene verbleibende Risiko das Restrisiko. Interpretieren wir die kurzfristigen hot spots als Risiken, so bedeutet eine bestimmte Zielerreichung weiterhin ein Restrisiko in Form drohender akuter Akkumulationswirkungen, welches nicht direkt den die Umwelt nutzenden Agenten zugerechnet werden kann.

Für öffentliche Risiken gelten die Bemerkungen über Konvergenzen analog. Risikoevaluierungen der Agenten finden hier auch keine Koordination über Märkte. Werden also prinzipiell identische Risiken, d.h. Risikoprospekte mit einer identischen Verteilung der Ereignismöglichkeiten, unterschiedlich je nach Kontext beurteilt, ist die notwendige Bedingung für eine langfristig identisch zu erachtende Risikoevaluierung durch Arbitrage oder Marktkoordination nicht gegeben. Auch

---

324 Vgl. Karl (1987). Utzig (1988) erläutert dies am Beispiel der Haftung für gentechnologische Unfälle in einer Kritik an den entsprechenden Vorschlägen der Enquete-Kommission Technologiefolgenabschätzung des Deutschen Bundestages, die eine Haftungsobergrenze vorschlägt.

325 S. Siebert (1987b), S. 179. Vgl. zur präventiven Umweltpolitik die Beiträge in Simonis (1988).

326 Diese Nichtdeckung dient häufig gerade als Begründung, da "dieses Restrisiko eben von der Gesellschaft übernommen werden müsse".

Experten unterschätzen in bestimmten Situationen Risiken systematisch, denn Unsicherheitsschätzungen werden von Experten nicht isoliert und in Unkenntnis anderer Schätzungen vorgenommen, sondern in Kenntnisnahme und (u.U. unbewußt) in Bezug aufeinander. Eine zu starke Abweichung von der "main-stream"-Schätzung wird dann, auch wenn sie durchaus zu einer richtigen Varianzdarstellung *insgesamt* beitrüge, von den Experten in ihren die Varianz ausmachenden Einzelschätzungen reduziert,[328] wodurch die Varianz der Expertenschätzungen systematisch zu gering ausfällt. Ein "expertenelitärer" Ausweg in Form einer Reduktion der Entscheidungsfindung unter Ungewißheit auf Expertenzirkel scheidet schon aus diesem Grunde aus, so daß wir für umweltpolitische Fragestellungen keinen objektiven Referenzfall herausarbeiten können.[329]

Systematische Informationsdifferenzen zwischen politischen Akteuren und den betroffenen Agenten sowie die Bemühungen der Bürokraten, ihre Einflußbereiche auszuweiten, erweitern das Möglichkeitsspektrum der Konflikte über kollektive Risikoabschätzungen. Insbesondere im Hinblick auf die Glaubwürdigkeit der Risikodarlegung erscheint eine modifizierte Diskussion vonnöten. Aber auch ex ante gegebene oder leicht deduzierbare Wahrscheinlichkeiten verhindern Anomalien nicht. Wir gehen zunächst von solchen allgemein akzeptierten Wahrscheinlichkeiten aus und fragen nach den Implikationen von Anomalien für umweltpolitische Entscheidungsfindungsprozesse.

4.2.2 Bewertungsanomalien und Umweltnutzungen

Die bis dato nur implizit erwähnten Anomalien stellen systematische Abweichungen von den aufgrund des ökonomischen Kalküls zu erwartenden Verhaltensmustern dar. Frey und Eichenberger definieren Anomalien als Unterschied zwischen Basispräferenzen, die immer noch als konstant betrachtet werden können, und effektiven Präferenzen, die gemäß der Funktionsweise von Anomalien variieren.[330] Da die Autoren selbst argumentieren, daß es in der Aggregation kein Indiz dafür gibt, daß Anomalien immer und vollständig eliminiert werden, hat diese Unterscheidung allenfalls definitorischen Wert, wenn nicht sogar möglichen Meritorisierungen wieder eine Tür geöffnet wird. Frey und Eichenberger selbst stützen auf diese Überlegung ihr Argument, daß trotz der Existenz von Ir-

---

327 Vgl. Siebert (1987b).

328 Vgl. dazu in einer Anwendung für die Szenariotechnik Nordhaus, Yohe (1983) bzw. allgemein Arrow (1982).

329 Vgl. zu der Unmöglichkeit einer objektiven Darstellung basierend auf einer objektiven Kodierung Shoemaker (1982), S. 556.

330 Vgl. Frey, Eichenberger (1989a), S. 424.

rationalitäten der konventionelle Ansatz nicht aufgegeben werden muß.[331] Dazu bedarf es aber nicht der Fiktion der Basispräferenzen, sondern allein einer Untersuchung über die Existenz dafür notwendiger Arbitragemöglichkeiten, weshalb wir auf eine konkrete präferenzorientierte Referenz verzichten und zunächst enumerativ verschiedene, u.U. interdependente Anomalieeffekte diskutieren.[332]

Das bereits angesprochene *Framing* ist nicht nur für die Risikoperzeption zu beobachten, so daß allgemein die Art und Weise, in der ein Problem formuliert wird und entsprechende Informationen dargeboten werden, die Entscheidungsfindung systematisch beeinflußt. In dieser Hinsicht könnte der Rahmen einer Entscheidungssituation, wenn er faktisch entscheidungsrelevant ist, in der Lage sein, einen zumindestens partiellen Erklärungsbeitrag zur Reduktion der Ambivalenz spieltheoretischer Ansätze beizutragen. Framing steht auch in einer engen Beziehung zur Orientierung an Referenzpunkten, da zwar der status quo u.U. der natürliche Referenzpunkt ist, unterschiedliche Rahmensetzungen aber geeignet sind, diesen zu variieren.[333] Diese Effekte zerstören die Illusion, daß ein und derselbe Ansatz sowohl für normative als auch für deskriptive Fragestellungen geeignet sei. Die Framing-Anomalien zeigen auch im Zeitablauf eine erstaunliche Stabilität bzw. keine erkennbaren Revisionsbemühungen durch die Agenten, so daß davon ausgegangen werden kann, daß es sich eher um eine Art visueller Illusionen als um Berechnungsfehler handelt.[334] So ist ein Bargaining-Prozeß über die Allokation von Nutzeneinbußen je nach Darlegung mit unterschiedlichem Erfolg beschieden, was für die Umweltpolitik klare Konsequenzen hat, weil je nach Darstellungsweise die Attraktivität identischer Umweltnutzungen anders von den Agenten bewertet wird.[335]

Das Phänomen des Framing umfaßt auch die Beobachtung, daß sich die Individuen keineswegs allein am Ergebnis, sondern auch an den damit verbundenen Prozessen und Motiven orientieren. Gerade im Umweltschutz wird argumentiert, daß eine sich an flexiblen Instrumenten orientierende Umweltschutzpolitik den intrinsischen Nutzen konsequent untergrabe.[336] Viele Agenten gehen sogar so weit, davon auszugehen, daß der Verlust an intrinsischer Motivation den Effizienzgewinn überkompensiert.[337] Diese Einschätzung geht natürlich an der Realität vorbei, weil sie gerade im gesamtwirtschaftlichen Rahmen unbewiesen

331 Vgl. Frey, Eichenberger (1989a), S. 426.

332 Vgl. Frey, Eichenberger (1989a), S. 424. Vgl. auch Earl (1990), S. 723.

333 Vgl. dazu auch die unten folgenden Ausführungen der Darlegung bestimmter Risikosituationen in risikolose und risikobehaftete Komponenten, die durch die starke Präferenz nach Pseudosicherheit motiviert ist.

334 Vgl. Tversky, Kahneman (1987), S. 76.

335 Vgl. Tversky, Kahneman (1987), S. 77.

336 Vgl. Frey (1986).

und schwer nachvollziehbar ist, und weil eine (unterschwellig von diesen Agenten wohl präferierte) Orientierung an moralischen Werten nicht für alle Lebensbereiche und gerade nicht für die Umweltnutzung möglich ist.[338] Trotzdem favorisiert diese Orientierung die jetzige command-and-control-Ausgestaltung in der Umweltpolitik.

Auf *Verfügbarkeitsverzerrungen* wurde ebenso wie auf *Repräsentationsverzerrungen* bereits in Zusammenhang mit der Risikoperzeption eingegangen. Zum einen werden dramatische, spektakuläre oder im eigenen Erfahrungsbereich liegende Ereignisse systematisch überbewertet, zum anderen überschätzen die Agenten die Wahrscheinlichkeiten von ihnen als repräsentativ erachteter Ereignisse und ziehen die implizit gewählte Stichprobengröße nicht in Betracht. Ebenso war bereits auf den *Sicherheitseffekt* hingewiesen worden, welcher zur Folge hat, daß marginale Verbesserungen der Eintrittswahrscheinlichkeiten dann eine anomal starke Präferenz finden, wenn sie ein Ereignis sicher machen.

Ein damit verwandter Effekt bedingt, daß auch eine suggerierte Pseudosicherheit eine anomal starke Präferenz findet.[339] Optionen, die sich durch eine gewisse ihnen zuerkannte Sicherheit auszeichnen, werden risikoidentischen Optionen, denen dieses Attribut nicht zugesprochen wird, vorgezogen. So werden beispielsweise Verluste für Agenten attraktiver, wenn sie den Charakter von Versicherungsleistungen und nicht den Charakter eines Glücksspieles haben. Für umweltpolitische Risiken bedeutet diese gesteigerte Attraktivität der Optionen durch die Pseudosicherheitskomponente, daß Umweltnutzungen eine höhere Akzeptanz erfahren, wenn *mit allen möglichen Ereignissen* verbundene sichere Nutzeneinbußen als Versicherungsprämie bzw. als notwendig zu erachtender Beitrag der Agenten dargestellt werden. Verlustaversionen greifen dann aufgrund der Verschiebung eines Referenzpunktes durch Nicht-Berücksichtigung sicherer Verluste nicht derart, und diese Nutzungsoption wird durchsetzungsfähiger.[340]

Der *Referenzpunkteffekt* bedingt, daß die verschiedenen Alternativen nicht in Hinblick auf ihren totalen Nutzenbeitrag bewertet werden, sondern in ihrem Verhältnis zu einem Referenzpunkt. Im Rahmen der intertemporalen Aspekte kollektiver Umweltentscheidungen wurde bereits auf die Anomalien in Form des

---

337 Vgl. Frey (1986), S. 554, und Elster (1985).

338 Vgl. dazu die Ausführungen in Abschnitt 3.1.

339 Vgl. Slovic, Fishhoff, Lichtenstein (1988).

340 Dies kann an einem einfachen Beispiel erläutert werden: Steht nur eine Umweltnutzungsoption mit einem 50:50-Risiko von Nutzeneinbußen von 20 bzw. 40 zur Debatte, so wird diese Option dadurch attraktiver, daß der sichere Verlust von 20 als notwendiger Beitrag dargestellt wird mit einem 50:50-Residualrisiko der Nutzeneinbußen von 0 bzw. 20.

Vorziehens negativer und Verzögern positiver Erfahrungen eingegangen.[341] Individuen wählen dann anscheinend einen Referenzpunkt, der die Erfahrung bereits implizit berücksichtigt.

Häufig kann der Referenzpunkt als der status quo identifiziert werden.[342] Zwar gibt es bei Entscheidungen unter extremer Ungewißheit gute Gründe, am status quo festzuhalten, allerdings kann diese Begründung nicht für alle status-quo-präferierten Entscheidungssituationen und Experimente als Begründung dienen. Eine Ursache für den status quo als Referenzpunkt liegt in einer ausgeprägten *Verlustaversion* der Wirtschaftssubjekte, die jede Verschlechterung als einen höheren Nutzenentgang empfinden, der durch eine gleich große Verbesserung nicht kompensiert werden kann.[343] Nur eine unterschiedliche Bewertung in Abhängigkeit vom Vorzeichen der Veränderung macht eine Referenzpunktorientierung zu einer anomalen Orientierung und den Referenzpunkt entscheidungsrelevant.

Wir hatten oben dargelegt, daß gerade in Risikosituationen der Grad der persönlichen Kontrolle entscheidend für die Risikoakzeptanz sein kann. Der status quo suggeriert häufig eine persönliche Kontrollmöglichkeit, wohingegen neue Zustände mit einer geringeren persönlichen Kontrollintensität assoziiert werden. Für die Umweltpolitik bedeutet dies zum einen eine Verkrustung des status quo,[344] zum anderen aufgrund der die Referenzpunktwahl relevant machende Verlustaversion, daß je nach erachtetem status quo Veränderungen unterschiedlich von den Agenten bewertet werden, was eine Veränderung der Politik gerade dann erschwert, wenn es um so empfundene Verschlechterungen geht. Dies gewinnt an Brisanz, wenn der Wachstumsprozeß und das damit verbundene Wachstum an Realeinkommen ins Stocken geraten sind, da dann argumentiert wird, daß man sich zusätzliche Umweltnutzungsrestriktionen "nicht leisten könne". Dieser Effekt zeigt sich gerade bei der Bewertung von Kollektivgütern darin, daß die Individuen nahezu regelmäßig einen wesentlich höheren Kompensationsbetrag verlangen, wenn sie eine negative Externalität ertragen sollen, als sie bereit sind, für eine entsprechende Unterlassung zu zahlen.[345] Dies zeigt, daß die Bestimmung

---

341 Vgl. Loewenstein, Thaler (1989).

342 Vgl. hierzu und im folgenden Samuelson, Zeckhauser (1988). Eine Ursache kann auch im bereits erwähnten infiniten Regreß bei Entscheidungen über Entscheidungen, etc., liegen. Dieses Problem kann anscheinend wirklich nur durch die Betrachtung von Anspruchsniveauüberlegungen der Agenten gelöst werden. Vgl. hierzu auch Earl (1990), S. 721.

343 Daneben weisen die Autoren u.a. auch auf Repräsentativitätsverzerrungen als Ursache für eine verzerrte Orientierung am status quo hin, da der status quo nun einmal ex ante der repräsentativste aller denkbaren Zustände ist.

344 Diese Verkrustung wird ungewollt mitgetragen von jenen Ökonomen, die sich ausschließlich am Pareto-Prinzip orientieren; vgl. dazu Abschnitt 3.2.

345 Vgl. Samuelson, Zeckhauser (1988), S. 46. Arrow bietet eine Erklärung analog des Integrabilitätsproblems an, wonach es einer zusätzlichen Annahme bedarf, daß lokale Indif-

des status quo nicht objektiv eindeutig ist und sowohl Referenzpunktwahl als auch status-quo-Empfindungen manipulierbar sind.

Eine Verzerrung zugunsten des status quo kann ihre Ursache auch in einer zu geringen "internen Substitutionselastizität" aufgrund in dieser Hinsicht unzureichender Leistungen des Bildungssektors haben, wie sie im Zusammenhang mit Weizsäckers Bemerkungen zu einer Theorie endogener Präferenzbildung bereits angesprochen wurden.[346] Der status quo wird deshalb bevorzugt, weil die Agenten ihr Verhalten auf Basis zu geringer Substitutionsbereitschaften, als sie *aus ihrem eigenen Interesse* langfristig eigentlich adäquat wären, nur an kurzfristig gültigen Kalkülen ausrichten. Eine langfristige Orientierung liegt aufgrund der zu geringen internen Substitutionselastizität jenseits ihres Vorstellungsvermögens. Im Sinne von Kirsch ist dann die Bildung nicht in der Lage, das von den Wirtschaftssubjekten so empfundene Fehlen langfristiger Einflußmöglichkeiten zu kompensieren, welches aus der zunehmenden Komplexität sozialer und technologischer Systeme resultiert.[347]

Monetären out-of-pocket-Kosten wird aufgrund des *Oppotunitätskosteneffekts* ein höheres Gewicht als Opportunitätskosten in derselben Höhe beigemessen. Das bedeutete für Umweltnutzungen, daß Schäden umso eher akzeptiert werden, als sie sich nicht direkt monetarisieren, beispielsweise als intangible Nutzeneinbußen. Dieser Effekt hat für Umweltnutzungen und reale Externalitäten eine *vergleichsweise* untergeordnete Bedeutung, weil nicht oder recht spät zu monetarisierende Kosten bei interventionsbedürftigen Problemen nahezu die Regel sind. Er läßt auf der anderen Seite die Hypothese zu, daß stärker perzeptierte monetäre Kosten freiwillige Verhandlungslösungen eher zulassen, weil diese direkt mit möglichen Seitenzahlungen verglichen werden können.

Dadurch wird die Kernaussage des Coase-Theorems in Frage gestellt, wenn man nicht unterschiedliche "Perzeptionskosten" als einen Teilbereich von Transaktionskosten in Rechnung stellt. Dies gilt auch für den *Ausstattungseffekt*, der zur Folge hat, daß Güter, die im Besitz eines Agenten sind, von diesem höher bewertet werden als identische Güter, die er nicht besitzt.[348] Durch die Einführung von Perzeptionskosten läuft man allerdings wiederum Gefahr, die Transaktionskosten zu einer offenen Größe zu machen. Ausstattungs- und Opportunitätsko-

---

ferenzkurven entsprechende globale bedingen, welche große Veränderungen adäquat erklären können. Vgl. Arrow (1988), S. 504. Arrow selbst schätzt diese Möglichkeit der Inkonsistenz allerdings als gering ein, da es nach seiner Ansicht empirisch meist nur um kleine Veränderungen geht, bei denen dieses Problem vernachlässigt werden kann. Dies trifft für die Evaluierungen der meisten Agenten sicher zu, obgleich das Umweltproblem selbst größere Dimensionen haben kann.

346 Vgl. Abschnitt 3.1 und Weizsäcker (1971).

347 Vgl. Abschnitt 3.4 und Kirsch (1988).

steneffekt sind geeignet, die in vielen empirischen Kosten-Nutzen-Abschätzungen von Umweltgütern angenommene Koinzidenz von Zahlungs- und Akzeptanzbereitschaft aufzuheben. Dieses Phänomen - und nicht allein die Transaktionskosten oder sonstige eingeführte Nebenbedingungen - wird dafür verantwortlich gemacht, daß bestimmte Austauschhandlungen nicht vorgenommen werden. Die genauen Bestimmungsgründe, wann diese Effekte greifen und wann nicht, scheinen jedoch noch unzureichend analysiert worden zu sein.[349] Für die Umweltpolitik ergibt sich daraus die Notwendigkeit, solche Variationsmöglichkeiten in Rechnung zu stellen, so wie sie strategische Übertreibungen adäquat zu berücksichtigen hat. Sollten diese Effekte auch auf eigentlich von den Agenten selbst bei Verhandlungen zu berücksichtigenden Externalitäten auftreten, bedingte dies keine Interventionsnotwendigkeit, da meritorische Ansätze keinerlei Konzept für eine wirklich präferenzfundierte und prozeßorientierte Anomaliereduktion anbieten können. In diesem Fall wären die Agenten für ihre Anomalien und verpaßten Chancen wirklich selbst verantwortlich.

Ein für den Umweltnutzungsbereich und die Bewertung im politisch-öffentlichen Sektor bedeutende Anomalie ist die Tatsache, daß für die Agenten *versunkene Kosten* trotz ihrer Irrelevanz für Zukunftsentscheidungen nicht entscheidungsirrelevant sind. Bevor wir diesem Tatbestand einen eigenen Abschnitt zubilligen, werden wir die hier nur enumerativ dargelegten Effekte in einem von Kahneman und Tversky entworfenen Theorierahmen der Prospect Theory diskutieren, um Anomalien in ihrer integrativen Wirkung zu verdeutlichen sowie die spätere Diskussion über mögliche Koordinationsmechanismen und Implikationen vorzubereiten.

Der Ansatz der Prospect Theory ist dem Ansatz des erwarteten Nutzens in der Struktur sehr ähnlich, allerdings werden Anomalien ausdrücklich zugelassen. Deshalb kann der Erwartungsnutzenansatz als ein Spezialfall der allgemeineren Prospect Theory betrachtet werden, in dem Anomalien nicht existent sind. Im folgenden wird die Prospect Theory in drei Schritten vorgestellt: nach der Darlegung der Gesamtbewertungsfunktion V wird zunächst die Gewichtungsfunktion π, folgend die Bewertungsfunktion v diskutiert.[350] Es wird im Rahmen dieses Theorieansatzes deutlicher werden, daß die Chancen für eine *gesamtgesellschaftliche Reduktion von Anomalien* bei kollektiven Entscheidungen deutlich geringer sind als bei Entscheidungen über individuell zurechenbare Tatbestände.

Kahneman und Tversky unterscheiden in ihren Ansatz zwei Phasen: die Bearbeitungsphase, die vom Framing maßgeblich beeinflußt wird, und die Evaluie-

348 Vgl. auch Eichenberger, Frey (1990), S. 272. Dieser Effekt wurde von Ökonomen zuerst auf Kunstmärkten beobachtet. Vgl. Pommerehne, Frey (1987).

349 Vgl. Tversky (1988), S. 16.

350 Vgl. hierzu und im folgenden Kahneman, Tversky (1979).

rungsphase. Die Bearbeitungsphase umfaßt die Kodierung mit der Wahl des Referenzpunktes, der Bildung von Ereigniskombinationen oder von Ereignissegregationen und des Aussonderns dominant unterlegener Optionen.[351] Die letzte Aufgabe bezieht daraus ihre Berechtigung, daß dieser Ausschluß dominant unterlegener Prospekte dann zu erwarten sei, wenn die Problemsituationen eine gewisse Transparenz aufweisen.[352] In der Evaluierungsphase wird der Wert V bestimmt, der sich als Summe der Produkte aus Entscheidungsgewichten π als Funktion der Wahrscheinlichkeit und v als subjektivem Wert des potentiellen Ereignisses x ergibt.

Genauso wie beim Erwartungsnutzenansatz wird von der Additivitätsannahme für die Produkte aus Gewichtungsfaktoren der Ereignisse und dem den Ereignissen zugemessenen Nutzen ausgegangen.[353] Allerdings unterscheidet die Prospect Theory zwischen zwei verschiedenen Entscheidungssituationen: den streng positiven bzw. negativen Prospekten und den regulären Prospekten. Diese Unterscheidung, die aufgrund von Kodierungen sowie von Kombination und Segregation stattfindet, resultiert aus dem oben angeführten Phänomen des Framings, daß prinzipiell identische Entscheidungsprobleme dargestellt durch äußerlich modifizierte Entscheidungssituationen unterschiedlich beurteilt werden. Man versteht unter streng positiven bzw. negativen Prospekten solche, bei denen alle Ereignismöglichkeiten entweder positive oder negative Ergebnisse mit sich bringen und bei denen sich die Summe der ihnen zugedachten Gewichtungen auf Basis der Eintrittswahrscheinlichkeiten aller möglichen Ereignisse zu Eins ergänzt. Alle anderen Prospekte werden als reguläre Prospekte bezeichnet, wobei man es mit negativen und positiven Ergebnissen und/oder einer Summe der Gewichte von kleiner als Eins zu tun hat. Für die letztgenannten Prospekte evaluieren Kahnemann und Tversky die Bewertungsfunktion für zwei Ereignisse x und y als

$$V(x,p;\, y,q) \;=\; \pi(p)v(x) \;+\; \pi(q)v(y), \qquad (4.2)$$

wobei $v(0) = 0$, $\pi(0) = 0$ sowie $\pi(1) = 1$ gilt. Für die streng positiven und negativen Prospekte wird von einem Veränderungsansatz ausgegangen, der eine Bewertungsfunktion in der Form

$$V(x,p;\, y,q) \;=\; v(y) \;+\; \pi(p)\;\{v(x) - v(y)\} \qquad (4.3)$$

bedingt.

---

351 Dominante Prospekte sind solche, die im Vergleich mit dominant unterlegenen für beide Entscheidungsparameter als Kombination von Gewichtung und Nutzen unabhängig von der spezifischen Ausfüllung der Präferenzfunktion diesen überlegen sind.

352 Vgl. Tversky, Kahneman (1987), S. 86.

353 Kahneman und Tversky zeigen im Anhang, daß dieser Ansatz aus der Gültigkeitsannahme dreier Axiome (independence, cancellation und solvability) abgeleitet werden kann.

Streng negative Prospekte sind für die Nutzung einer Umweltressource die aus Sicht der potentiell Betroffenen am häufigsten anzutreffende Option, da positive Effekte von Umweltnutzungen zumeist privater Natur sind, wohingegen die negativen Restrisiken ex definitione kollektiv zu tragen sind.

Die Trennung in reguläre und streng positive bzw. negative Prospekte resultiert aus einer unterstellten Bewertungssegregation: zunächst wird eine risikolose Komponente evaluiert, die einen sicheren Gewinn bzw. Verlust darstellt, im Anschluß daran wird die risikobehaftete Komponente eingeschätzt. Dieses Vorgehen bedeutet keineswegs nur eine arithmetische Umformung, denn man kann schnell erkennen, daß (4.2) in (4.3) nur überführt werden kann unter der Bedingung, daß sich die Gewichtungen $\pi(p)$ und $\pi(q)$ zu Eins ergänzen. Für reguläre Umweltnutzungsprospekte bedeutet dies, daß diese Optionen durch die Suggestion eines sicheren Verlustes als Referenzpunkt aufgrund der Minderbewertung der Veränderung im Vergleich zu der Bewertung eines regulären Prospektes attraktiver werden.

Es ist außer den Eigenschaften, daß $\pi(0) = 0$ und $\pi(1) = 1$ gelten, naheliegend, daß die Gewichtungsfunktion π eine monoton steigende Funktion von p sein muß. Sie hat aufgrund der Anomalien aber bestimmte Eigenschaften, die zur Nicht-Linearität und einem Allais-Sprung führen.

- Für kleine Wahrscheinlichkeiten ist π eine *subadditive* Funktion, so daß aufgrund der Überschätzung bekannter, aber objektiv unwahrscheinlicher Ereignisse absolut und im Vergleich mit wahrscheinlicheren

  (4.4) $\pi(rp) > r\,\pi(p)$ für $0 < r < 1$ und

  (4.5) $\pi(p) > p$ für $0 < p < p'$

  gelten, wobei p' eine hinreichend niedrige Eintrittswahrscheinlichkeit darstellt.

- Obwohl (4.4) für kleine Wahrscheinlichkeiten gilt, weist das Allais-Paradoxon auf eine Bewertungsfunktion hin, die *Subsicherheit* repräsentiert, da

  (4.6) $\pi(p) + \pi(1 - p) < 1$ für alle $0 < p < 1$ gilt.

  Diese Subsicherheit impliziert, daß sich π in einem regressiven Verhältnis zu p entwickelt. An der Stelle p' koinzidieren $\pi(p') = p$.

- Desweiteren ist der Effekt der *Subproportionalität* zu beachten, der eine Verletzung des Substitutionsaxioms darstellt. Wenn wir annehmen, das ein Prospekt (x,p) äquivalent zu einem Prospekt (y,pq) beurteilt wird, so bedingt eine proportionale Verkleinerung beider Eintrittswahrscheinlichkeiten der Ereignisse x und y durch Multiplikation mit dem Faktor s eine Präferenz für den zweiten Prospekt: Denn eine Verschlechterung der Eintrittswahrscheinlichkeit bei kleineren Wahrscheinlichkeiten hat aufgrund der nicht mehr wirksamen Sicherheitspräferenz eine unterproportionale Abwertung zur Folge:

(4.7) $\pi(p)\, v(x) = \pi(pq)\, v(y)$
$\Rightarrow \quad \pi(ps)\, v(x) \leq \pi(pqs)\, v(y)$ für $0 \leq p,q,s \leq 1$,

was umgeformt werden kann zu

(4.8) $\pi(pq) / \pi(p) \leq \pi(pqs) / \pi(ps)$.

Für ein fixiertes Verhältnis der Eintrittswahrscheinlichkeiten ($pq/p = pqs/ps$) bedeutet dies, daß das Verhältnis der entsprechenden Gewichte umso näher bei Eins liegt, desto niedriger die Eintrittswahrscheinlichkeiten sind.

Dieser letzte Effekt könnte so interpretiert werden, daß beispielsweise eine proportionale Verkleinerung aller Risiken, wie sie beim Übergang vom ressourcen- zum technologiegestützten Wachstum möglich wäre, mutatis mutandis zu einer höheren Akzeptanz der ex ante geringeren Wahrscheinlichkeiten führt. Allerdings ist zu erwarten, daß die Wahrscheinlichkeiten der technologiegestützten Risiken so klein sind, daß die in den Gleichungen (4.4) und (4.5) beschriebenen Überschätzungen kleiner Wahrscheinlichkeiten eher dominant sind. Der absolute Effekt kann allerdings nur auf Basis einer spezifischen Gewichtungsfunktion abgeschätzt werden, wobei bei interindividuell deutlich differierenden p' unterschiedliche Einschätzungen in der prinzipiellen Abweichung von der $\pi = p$-Referenzlinie zu befürchten sind. Eine für alle Betroffenen gültige Bewertung ist hingegen für ressourcengestützte Wachstumsrisiken einfacher, da hier eher von Wahrscheinlichkeiten größer als p' ausgegangen werden kann, die sich nach Kahneman und Tversky immer einer systematischen Unterschätzung erfreuen.

Eine hypothetische Gewichtungsfunktion hätte nach Kahneman und Tversky folgendes Aussehen:

Abbildung 4.1: Die Gewichtungsfunktion nach Kahneman und Tversky

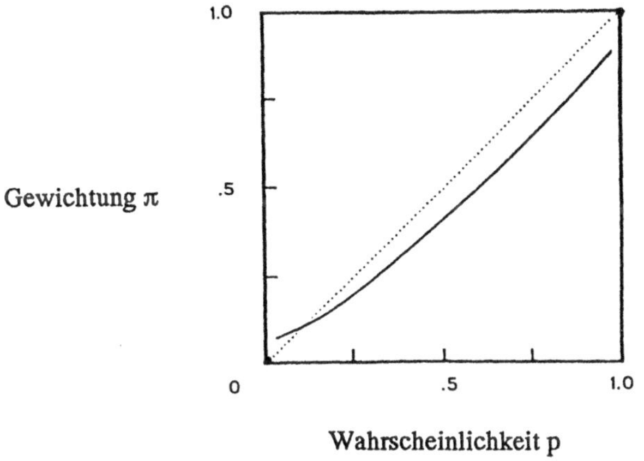

Quelle: Kahneman, Tversky (1979), S. 283

Die Funktion hat zwei Unstetigkeitsstellen, nämlich die Endpunkte bei $\pi(0)$ und $\pi(1)$, wobei letztere den Sicherheitseffekt des Allais-Paradoxons darstellt.

Inwieweit die hypothetische π-Funktion für alle möglichen Risikoereignisse im allgemeinen und für Umweltnutzungsrisiken im speziellen Gültigkeit hat, ist schwer abschätzbar. Die beschriebenen Effekte und Anomalien machen diese Funktion zumindest für eine isolierte Betrachtung plausibel. Auf Versicherungsmärkten hätten Arbitrageure zwar die Möglichkeit, diese von $\pi = p$ abweichenden Einschätzungen zu ihrem Vorteil auszunützen. Bei kollektiven Entscheidungen ist dies aus den bereits angeführten Gründen nicht möglich. Die hypothetische Form sagt allerdings nichts darüber aus, wie groß die Abweichungen bei den einzelnen Agenten sind, d.h. wie stark die Gewichtungsfunktion von der $\pi = p$-Linie abweicht (absolute Abweichung) und auch nicht darüber, wo bei einzelnen Agenten der p'-Punkt liegt, der den Wendepunkt von der Über- zur Unterschätzung der objektiven Wahrscheinlichkeiten kennzeichnet (relative Abweichung).[354]

---

354 Man könnte den Grad der absoluten Gewichtungsabweichungen festmachen an

$$\int_a^b \left| \pi(p) - p \right| dp \text{ mit } \quad a = \lim_{p \to 0^+} \pi(p) \qquad b = \lim_{p \to 1^-} \pi(p)$$

und untersuchen, inwieweit verschiedene Gruppen, die unterschiedlich von Umweltnutzungsrisiken bedroht oder unterschiedlich informiert sind, unterschiedliche Bewertungs-

Immerhin vermittelt uns diese Gewichtungsfunktion der Wahrscheinlichkeiten einen Eindruck, inwieweit Wahrscheinlichkeitsanomalien über $0 \leq p \leq 1$ existent sein können. Die Affinität zum Erwartungsnutzenansatz in ihrer Separation von Wahrscheinlichkeits- und Nutzenbewertung läßt allerdings eine Inbeziehungsetzung der Gewichtungs- und Bewertungskomponenten, beispielsweise in Form einer möglichen Beziehung zwischen Referenzpunkt und Wendepunkt, nicht zu. Denn neben den Gewichtungsanomalien besprechen Kahneman und Tversky separat die einzelnen Bewertungskomponenten, wobei die Bewertungsfunktion v ebenso anomale Eigenschaften hat.

Abbildung 4.2: Die Bewertungsfunktion nach Kahneman und Tversky

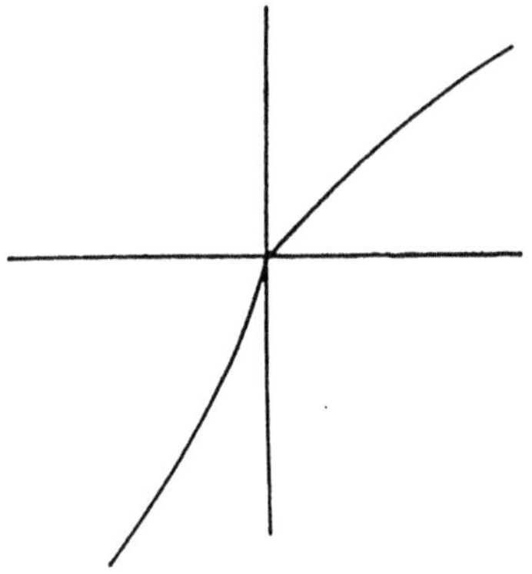

Quelle: Kahneman, Tversky (1979), S. 279

So ist es hinsichtlich der Krümmung der Bewertungsfunktion nach Kahneman und Tversky plausibel, von einer konkaven Bewertungsfunktion oberhalb des Referenzpunktes und einer konvexen unterhalb des Referenzpunktes auszugehen, weil eine positive Veränderung der Gewinne zwar unterproportional, eine positive Veränderung der Verluste jedoch aufgrund der festgestellten Verlustaversion überproportional bewertet wird. Am Referenzpunkt wechselt somit das Vorzeichen der ersten Ableitung. Allerdings handelt es sich dabei um einen stetigen, aber nicht differenzierbaren Wendepunkt, da aufgrund der Überproportionalität der Verlustaversion die beiden Abschnitte der Bewertungsfunktion nicht spiegelecht in Bezug auf die Winkelhalbierende im zweiten und vierten Quadranten sind. Die Verlustaversion bedingt, daß die Bewertungsfunktion im dritten steiler als im ersten Quadranten verläuft. Diese Eigenschaften lassen sich zusammenfassen mit P als Referenzpunkt zu

(4.9) $dv(P-x)/dx > dv(P+x)/dx > 0$ für *jedes* $x > 0$ sowie

abweichungen vorweisen. Allerdings dürfte eine Feststellung auf Basis des offenbarten Verhaltens unter Berücksichtigung auch von Nutzenkomponenten sehr schwierig sein.

(4.10) $d^2v(P-x)/dx^2 > 0; d^2v(P+x)/dx^2 < 0$ für *alle* $x > 0$.

Die vom Framing und den oben angeführten Anomalien geprägte Wahl des Referenzpunktes ist somit geeignet, die isolierte Bewertung eines Prospektes zu variieren. Die Prospect Theory trifft aber als eine individualistisch-isolierte Theorie keinerlei Aussage darüber, wie sich Referenzpunkte bzw. die dahinter stehenden Anomaliebewertungen im Zeitablauf verändern. Würde der Referenzpunkt langfristig mit dem Nullpunkt koinzidieren, stünde die Bewertung nicht mehr im Widerspruch zu der in der ökonomischen Theorie verwendeten Bewertung realer Größen: langfristig käme es zu einer völligen Reduktion der *Bewertungsanomalien*.

Für private Güter sind Märkte bzw. Arbitrageure in der Lage, Güter zwischen den Agenten umzuverteilen. So würde die aus der Bewertungsfunktion abzuleitende Zahlungsbereitschaft eines Wirtschaftssubjektes für die Bereitstellung einer ökonomischen Einheit zur *Abmilderung eines Verlustes* vermutlich wesentlich höher sein[355] als die Zahlungsbereitschaft eines Wirtschaftssubjektes, welches mit derselben ökonomischen Einheit einen *Gewinn* assoziiert. Dies bedeutet jedoch auch, daß - falls Austauschhandlungen auf der Vergleichsbasis der durch die Grenznutzen bestimmten Zahlungsbereitschaft überhaupt stattfinden - für diejenigen Wirtschaftssubjekte, die einen Verlust abmildern, eine Randlösung der Nachfrage bis zum Referenzpunkt erfolgen müßte.[356]

Was nach Erreichen dieses Referenzpunktes geschehen könnte, weist auf die Ambivalenz dieser individualistisch-isolierten Theorie hin, die aus der Konfrontation mit Koordinationsmechanismen folgt. Entweder erkennen die Agenten den Sprung in den Grenznutzen an und betrachten die nach dem Erreichen des Referenzpunktes zu treffenden Entscheidungen als Entscheidungen eigener Art und Qualität, oder es setzen kognitive Prozesse ein, die eine Überprüfung des gewählten Referenzpunktes einleiten und ggf. eine Modifikation bedingen. Dies alles bleibt hochspekulativ, da sich eine Unbestimmtheit in der Wahl des Refe-

---

355 Die Einschätzung "wesentlich höher" ergibt sich aus der Tatsache einer stärkeren Steigung der Bewertungsfunktion im dritten Quadranten.

356 Das liegt am steigenden Grenznutzen im dritten Quadranten, ist aber nicht eine direkte Folge von (4.10), da diese nicht $dv(P-x)/dx > dv(P+y)/dy > 0$ für beliebige $x,y > 0$ impliziert. Sie impliziert jedoch

$$\lim_{x \to P^+} dv(x)/dx < \lim_{x \to P^-} dv(x)/dx,$$

was bedeutet, daß der linksseitige Grenzwert des Grenznutzens größer als der rechtsseitige ist. Da wir es aufgrund von (4.10) im ersten Quadranten mit abnehmenden Grenznutzen zu tun haben, kann der Grenznutzen ab $x = P$ nur fallen; q.e.d. Es ist zu beachten, daß wir hier voraussetzen, daß diese Eigenschaften in dieser Intensität auch *zwischen den Agenten* Gültigkeit haben und nicht durch Referenzpunktwahlen vollständig gegenkompensiert werden. Dies bedeutet nicht, daß von der sehr problematischen Annahme identischer Nutzenfunktionen ausgegangen wird; vgl. dazu Arrow (1987).

renzpunktes natürlich in eine Unbestimmtheit der Veränderung desselben fortsetzt. Die in Abschnitt 3.1 angeführten Ansätze endogener Präferenzbildung können bis dato auch noch keine befriedigende Erklärung für eine dynamische Referenzpunktwahl geben.

Für kollektive Umweltnutzungen sind diese Unbestimmtheiten jedoch nicht entscheidend. Obwohl diese psychologischen Beiträge nicht den Charakter einer geschlossenen Theorie haben, die auch Koordinationsmechanismen intra- und interindividueller Art in Rechnung stellen, sondern eher auf fixierte situationsabhängige Umstände zugeschnitten sind, gilt auch für die Bewertung, daß die notwendige Bedingung einer Anomaliereduktion durch Markt- bzw. Arbitrageprozesse für kollektive Umweltnutzungen nicht erfüllt ist. Darauf fußt unsere Hypothese, daß Anomalien bei kollektiven Umweltnutzungen eine höhere Resistenz aufweisen als bei marktkoordinierten Entscheidungen. Wenn wir davon ausgehen, daß wir den Referenzpunkt mit dem als realisiert erachteten Wohlstandsniveau identifizieren können, so ergeben sich solange keine Probleme mit *Bewertungsanomalien*, wie unterschiedliche Umweltnutzungsoptionen nur die Verteilung von Wohlstandssteigerungen für *alle* Wirtschaftssubjekte variieren. Das in Abschnitt 3.2 formulierte Kriterium läßt jedoch Verschlechterungen zu, so daß Anomalien diese Abwägungen variieren können.

Die Prospect Theory ist nicht der einzige Ansatz, der Anomalien in einem Entscheidungsmodell zu integrieren versucht. Andere Ansätze sind allerdings ebenso auf modellexterne dynamische Mutmaßungen angewiesen. Es stellt sich aber für die Prospect Theory zusätzlich die Frage, ob eine Erweiterung und Modifikation des Erwartungsnutzenkonzeptes wirklich hinreichend für eine Integration von Anomalien ist.[357] Außerdem ist zu betonen, daß ein bestimmter Umweltnutzungsprospekt nicht isoliert bewertet werden darf, sondern nur in seiner Veränderung der Risiken und Nutzen anderer Prospekte des individuellen Portfolios. Eine isolierte Betrachtung erwiese sich als fehlerhaft.[358] In diesem Sinne sind p und x bzw. q und y entweder als Vektoren zu verstehen, oder die Bewertungsfunktion muß durch Bewertungsänderungen, die diese Kreuzrisiken berücksichtigen, ergänzt werden.

---

357 Frey und Eichenberger weisen darauf hin, daß durch eine solche Integration "... neuartige Phänomene allzu schnell auf bisher übliche Begriffe und Aspekte reduziert und damit trivialisiert werden." S. Frey, Eichenberger (1989b), S. 89f.

358 Die Analyse von de Meza, Dickenson (1984) zeigt, daß aus einer isolierten Sicht nach Erleiden eines Verlustes Versicherungen gemäß der Prospect Theory nicht abgeschlossen werden dürften.

4.2.3 Umweltpolitik und versunkene Kosten

Wenn der Referenzpunkt allein durch die entscheidungsrelevanten, zukunftsorientierten Nutzenmöglichkeiten bestimmt würde, bewerteten die Agenten zukünftige Umweltnutzungsoptionen ohne Rücksicht auf bereits als historisch zu kennzeichnende Entscheidungen in der Vergangenheit. Es ergäbe sich bei einer Orientierung am Pareto-Prinzip ohnehin keine prinzipielle Modifikationsnotwendigkeit konventioneller umweltökonomischer Ansätze, da die Möglichkeit von Verschlechterungen der Nutzenmöglichkeiten irgendeines Agenten, die aufgrund der festzustellenden Verlustaversion anomal beurteilt werden könnten, per se für ein kollektives umweltpolitisches Handeln nicht in Frage kommen.

In Abschnitt 3.2 hatten wir die incentive-Inkompatibilität und Verkrustungsgefahr, welche von einer Orientierung am Pareto-Prinzip ausgeht, diskutiert, und dieses durch das Weizsäcker-Prinzip ersetzt. Anomalien können allerdings dann bedingen, daß Verschlechterungen eines oder mehrerer Agenten - die gemäß dem Weizsäcker-Kriterium möglich sind, wenn die Summe der Nutzen größer als die Summe der Kosten ist und kein Wohlstandsperzentil schlechter gestellt wird - je nach Wahl des Referenzpunktes von diesen Agenten bei kollektiven Umweltentscheidungen unterschiedlich beurteilt werden. Somit wird die Summe der Nutzen in Abhängigkeit vom Referenzpunkt offenbar variiert.

Deshalb muß das Weizsäcker-Kriterium um ein gesamtwirtschaftliches Kriterium der Referenzpunktwahl ergänzt werden, will man an einer systematischen Abschätzung festhalten; dies schließt auch die Option ein, daß der Referenzpunkt aus gesamtwirtschaftlicher Sicht mit dem Nullpunkt zusammenfallen sollte. Das gilt auch für den Standard-Preis-Ansatz, weil die Exogenisierung des politisch zu bestimmenden Standards in diesem Modell nicht darüber hinwegtäuschen sollte, daß Agenten auch in Abhängigkeit vom Referenzpunkt diesen kollektiven Standard unterschiedlich beurteilen.[359]

Wählte man in der Umweltpolitik Referenzpunkte unsystematisch oder sogar erratisch, wäre unsere Analyse hier zu Ende und jegliche Kosten-Nutzen-Analyse zwecklos. Wir sind jedoch der Ansicht, daß es gerade in der Umweltpolitik neben dem status quo als natürlichem Referenzpunkt einen determinierenden Faktor für die Wahl des Referenzpunktes gibt, der u.a. geeignet ist, auch langfristig die Koinzidenz von Null- und Referenzpunkt zu verhindern, und den die ökonomische Theorie als entscheidungs-, weil zukunftsirrelevant erachtet: die versun-

---

359 Wir gehen nicht so weit, die Exogenisierung in Form der Standardsetzung als eine Kapitulation der Ökonomie vor kollektiven Entscheidungsfindungen zu interpretieren; vgl. zu diesem Standpunkt Weimann (1987), S. 331.

kenen Kosten. Trotz aller Unbestimmtheiten geben auch Kahneman und Tversky in dieser Richtung einen Hinweis, der diese Hypothese rechtfertigt.[360]

Der Begriff der versunkenen Kosten findet hauptsächlich in der Wettbewerbstheorie und -politik Verwendung. Versunkene Kosten repräsentieren "Kosten, die eine Unternehmung nur dadurch vermeiden kann, daß sie einen bestimmten Markt nicht betritt..."[361] In Märkten werden sie häufig in Form von Eintrittsbarrieren für Wohlfahrts- und Effizienzminderungen verantwortlich gemacht.[362] Versunkene Kosten sind nicht identisch mit fixen Kosten, denn sie zeichnen sich dadurch aus, daß sie auch durch einen Marktaustritt nicht vermeidbar werden.[363] Investitionen, die versunkene Kosten bedingen, sind irreversibel. Versunkenene Kosten machen den Anteil beispielsweise am Kapitalstock aus, der nur für eine bestimmte Verwendung geeignet ist, bzw. sie kennzeichnen den Unterschied in der Bewertung des Kapitalstockes bis zur nächstbesten Verwendung. Sind diese Kosten einmal angefallen, sind sie nicht mehr zu beeinflussen und sollten deshalb gemäß ökonomischen Denktraditionen, welche sich auf zukünftige Handlungsoptionen konzentrieren, auch nicht mehr entscheidungsrelevant sein. Aufgrund der allenfalls gegebenen Abhängigkeit von einer *in der Vergangenheit* erbrachten Leistung haben die im Zusammenhang mit versunkenen Investitionen anfallenden Einkommen einen Quasi-Rentencharakter und sollten deshalb für die Zukunft allokationsirrelevant sein.

Die Bestimmung des Anteils der versunkenen Kosten ist allerdings keine triviale Aufgabe. Auch sind versunkene Kosten nicht unbedingt nur Realkapitalkosten, weil auch Investitionen in das Humankapital, in den persönlichen Arbeitsplatz, in die unternehmensspezifische Reputation des Managements, etc. irreversibel sein können. Die damit einhergehende Ungewißheit bezieht sich auf die mögliche Irreversibilität aufgrund veränderter Rahmenbedingungen ausgelöst durch technischen Fortschritt oder veränderte Umweltansprüche bzw. neue Wirkungserkenntnisse. Prozeß- und Produktinnovationen können Teilen eines historischen Kapitalstocks oder des Humankapitals schnell den Charakter versunkener Kosten geben. Innovationen sind nicht antizipierbar und folgen in ihrer Entstehung und Verbreitung nicht einfachen ökonomischen Gesetzen.[364] Wenn schon die Beurteilung von versunkenen Kosten auf Wettbewerbsmärkten subjektiv unterschied-

---

360 Vgl. Kahneman, Tversky (1979), S. 286.

361 S. Windisch (1987), S. 59.

362 Vgl. Baumol, Panzar, Willig (1988), S. 279.

363 Das ist der Grund dafür, daß im Rahmen von langfristigen, sehr speziellen und deshalb notwendigerweise mit versunkenen Kosten verbundenen Transaktionen langfristige Projektverträge geschlossen werden, um eine Ausbeutung desjenigen, der diese Kosten trägt, zu verhindern.

364 Vgl. dazu Witt (1987).

liche Bewertungsstandpunkte offenbart,[365] so werden diese subjektiven Bewertungsunterschiede umso resistenter sein, als die Relevanz versunkener Kosten für zukünftige Entscheidungen selbst eine Anomalie darstellen kann.

Versunkene Kosten bedingen aber zunächst auch ohne Anomalieeinflüsse eine starke Kohärenz zwischen den Investoren, so daß diese eine leicht organisierbare Gruppe darstellen.[366] Versunkene Kosten sind ein Phänomen, das besondere Bedeutung bei der Nutzung von Umweltressourcen hat. Irreversibles Realkapital, welches in einem engen Verhältnis zu Umweltnutzungen steht, läuft durch zunehmende gesellschaftliche Ansprüche an eine verbesserte Umweltqualität sowie durch neu offenbarte Schadenswirkungsmechanismen Gefahr, keine Quasi-Renten mehr erzielen zu können. Bei dieser Art von Umweltnutzung eingesetztes spezifisches Humankapital wird ebenso entwertet. Werden die Umweltstandards angehoben, oder geraten aufgrund neuer Informationen über vormals unbekannte Wirkungsmechanismen vorher als unschädlich erachtete Produktions- oder Konsumprozesse in das Zentrum umweltpolitischer Aktivitäten, ist es vielfach nicht möglich, bestimmte Teile des Realkapitals effizient für neue, umweltextensivere Verwendungen umzurüsten. Da in einer zunehmend arbeitsteiligen, hochspezialisierten Welt Real- und Humankapital vermehrt auf spezifische Verwendungen zugeschnitten werden, erhöht sich der Anteil sowohl der versunkenen Kosten als auch der Einkommensanteil aus Quasi-Renten ständig. Im Gegensatz zu einer Absicherungsmöglichkeit auf Märkten über langfristige Verträge haben diejenigen, die für ihre privaten Ertragsziele kollektive Umweltressourcen nutzen, keinerlei vertragsmäßige Absicherungsmöglichkeiten gegen Ausbeutungen. Deshalb spricht man im Zusammenhang mit einer Änderung der Rahmenbedingungen von einem notwendigen Investorenschutz, der reklamiert, daß diese Investitionen im guten Glauben an das Fortbestehen der zum Zeitpunkt der Investitionsentscheidung geltenden Rahmenbedingungen getätigt wurden. Schon bei langfristigen Verträgen ist nicht gewährleistet, daß alle Eventualitäten geregelt sind.[367] Wir beschrieben in Abschnitt 2.4.1 die bedeutenden Zurechnungsschwierigkeiten im Hinblick auf die Nutzung von Umweltressourcen, aus denen sich ergab, daß allein aufgrund der Intransparenz und definitiven Unbestimmtheit ein langfristiger Vertrag zwischen Umweltressourcennutzern und dem Kollektiv höchstwahrscheinlich nicht zustande kommt.[368]

---

365 Vgl. Windisch (1987), S. 61.

366 Vgl. Weizsäcker (1984), S. 135, und die Ausführungen in Abschnitt 3.3.

367 Vgl. Gäfgen (1984), S. 52.

368 Hinzu kommt, daß solche langfristigen Verträge aufgrund der spezifischen kollektiven Willensbildung einen äußerst hohen Transaktionskostenaufwand beanspruchen würden. Außerdem liefen solche Verträge Gefahr, als den intrinsischen Nutzen untergrabend deklariert zu werden, und sie würden je nach Risikoperzeption eine unterschiedliche Akzeptanz finden.

Diese Gruppe ist jedoch nicht hilflos. Zum einen kann sie versuchen, das Niveau der Umweltstandards in ihrem Sinne durch Ausnutzung des Tatbestandes z.T. nur stochastisch bekannter Wirkungsmechanismen zu beeinflussen. Im Sinne von Olson haben diese Gruppen gegenüber anderen latenten Gruppen aufgrund ihrer hohen Kohäsion einen überproportionalen Einfluß bei der politischen Willensbildung, so daß solche Beeinflussungen nicht erfolglos sein dürften. Gut organisierte Gruppen sind in der Lage, selektive Informationen, die die Umweltprobleme in ihrem Sinne darlegen, in die Diskussion einzubringen.[369] Sie werden ihre Glaubwürdigkeit und Reputation zwar nicht dadurch in Frage stellen, daß sie bewußt Falschinformationen lancieren, aber ihre Informationen nach außen spiegeln aus ihrem Eigeninteresse heraus nicht die gesamte Bandbreite u.U. kontroverser Meinungen über die Wirkungen von Umweltressourcennutzungen wider.[370]

Dies ist jedoch nicht die einzige Option, die solchen Gruppen zur Verfügung steht. Ebenso ist es ihnen möglich, die für einen Umweltstandard in Frage kommende Instrumentenwahl zu beeinflussen. Vor dem Hintergrund der in Abschnitt 2.4.2 geführten Instrumentendiskussion ist es eigentlich unverständlich, daß diese Gruppen vielfach dem flexiblen Instrument der Zertifikate so reserviert gegenüberstehen, da doch bei einer Verteilung nach Grandfathering-Prinzipien sie zum einen keinen oder kaum einen Vermögensverlust erleiden müssen, und zum anderen die Effizienzgewinne aus der Ausnutzung komparativer Kostenunterschiede in der Umweltnutzung von den Umweltnutzern selbst monetarisiert werden können. Selbst eine Überwälzung der Anpassungskosten an neue Umweltstandards auf potentielle Newcomer oder auf schwächere Gruppen, die sich nicht mit versunkenen Kosten konfrontiert sehen, ist über eine Grandfathering-Verteilung möglich.

Das Beharren auf anderen Instrumenten, die die Ausnutzung komparativer Kostenvorteile nicht ausnutzen können, hat einmal seine Ursache im principal-agent-Problem zwischen Management und Kapitalgebern. Nicht zuletzt durch die Internationalisierung der Kapitalmärkte haben Kapitalgeber über die sie vertretenden Aufsichtsräte nur noch eine sehr eingeschränkte Kontrolle über die Entscheidungen des Managements. Da sie zwischen den einzelnen Entscheidungen des Managements und dem Unternehmensergebnis allenfalls eine stochastische Beziehung vermuten, orientieren sie sich im wesentlichen an der Unternehmensrendite im Vergleich zur Rendite anderer Unternehmen der Branche und der Volkswirtschaft.

---

369 Eine Informationspolitik ist natürlich nicht kostenlos, aber günstigerweise für die Gruppe der Umweltnutzer zum einen als Nebenprodukt der Nutzungsentscheidungen ihrer Mitglieder leicht gewinnbar, und zum anderen mit starken Skalenerträgen verbunden.

370 Auf diese Art der Informationspolitik wird in den nächsten Abschnitten eingegangen.

Von den Kapitalgebern ist der geringste Widerstand gegen eine Zertifikatslösung nach Grandfathering-Prinzipien zu erwarten, weil der Vermögenswert der Unternehmen am wenigsten beeinträchtigt wird. Das Management sowie die Arbeitnehmer müssen jedoch befürchten, daß ihr spezifisches Humankapital entwertet bzw. ihre Reputation zurückgeht, falls aufgrund der Zertifikatslösung ein Stillegen von Anlagen die effizienteste Lösung darstellt. Denn die durch Grandfathering geleisteten Kompensationen erreichen sie als Bezieher von weitgehend vermögenszuwachsunabhängigen Einkommen nicht.[371]

Aufgrund der erwähnten stochastischen Vorstellungen aller Kapitalgeber kann das Management nicht ausschließen, daß es im Hinblick auf die Bewertung der Vorgänge, die zu einem geringeren Output aufgrund der vormals umweltintensiven Produktion führen, zumindest partiell verantwortlich gemacht wird, da es sich für zukünftige Verwendungen nicht empfehlen kann. Nur Auflagen in Form von Übergangsregelungen und Altanlagenschutz sind geeignet, den Weiterbetrieb eigentlich ineffizienter Anlagen zu ermöglichen und diese Quasi- und Reputationsrenten zu sichern. Das Management wird in dieser Situation deshalb einen Anreiz haben, seinen diskretionären Spielraum für den Einsatz dieses Instruments zu nutzen.

Inwieweit diese Bemühungen erfogreich von anderen Agenten gegenkompensiert werden, ist eine offene Frage, die von der spezifischen Situation abhängt:

- Zunächst ist entscheidend, inwieweit mit einer Zertifikatsverteilung nach Grandfathering-Prinzipien eine Reduktion einhergeht, wodurch sich das Verhältnis der Effizienzgewinne aus der Ausnutzung der spezifischen komparativen Kostenunterschiede zu den zusätzlichen Vermeidungskosten durch die Reduktion bestimmt.
- Dieser aggregierte Kosten- oder Nutzenüberschuß wird durch das konkrete Grandfathering-Prinzip auf die einzelnen Umweltnutzer aufgeteilt. Eine Aufteilung gemäß historischer Umweltnutzungen ist in einer degressiven, progressiven oder proportionalen Art denkbar. Die uneingeschränkte Zustimmung eines Unternehmens ist nur dann zu erwarten, wenn der Vermögenswert des Unternehmens nicht geschmälert wird *und* das Management keinerlei Outputeinschränkung vornehmen muß, was neben der zugeteilten Zertifikatsmenge und dem Reduktionsziel maßgeblich von den technologischen Möglichkeiten der einzelnen Unternehmung abhängt.

---

371 Vermögenswertvariationen können auch in einkommensbezogener Verantwortung allein deshalb nicht vollständig auf das Management übertragen werden, da auch für dieses Risikoaversität zu unterstellen ist; vgl. Arrow (1985), S. 45. Deshalb werden die Vermögenswertvariationen in der Realität nahezu ausschließlich von den Kapitalgebern getragen.

Eine solche uneingeschränkte Zustimmung muß von den prinzipiell zustimmenden Unternehmen gegen die durch ein Eintreten für flexible Instrumente gefährdeten Vorteile abgewogen werden. Solche Vorteile resultieren daraus, daß diese Unternehmen als free rider von den Anstrengungen der ablehnenden Unternehmen auf das Umweltnutzungs*niveau* profitieren, da diese sich *insgesamt* besonders stark für die Interessen der Umweltnutzer einsetzen.

Eine effektive Gegenkompensation ist aufgrund dieser Bedingungen eher unwahrscheinlich, und diese Einschätzung wird durch den mit versunkenen Kosten verbundenen Anomalieeffekt verstärkt. Bei diesem Anomalieeffekt geht es nicht um den strategischen Einsatz oder die von versunkenen Kosten ausgehende Gruppenkohäsion, sondern um die Relevanz im Entscheidungsverhalten unabhängig vom principal-agent-Problem und um mit versunkenen Kosten sogar verbundenem Eskalationsverhalten. Versunkene Kosten stellen oft psychologische Bindungen dar, die bewirken, daß entgegen dem Modell rationalen Verhaltens versunkene Kosten (oder versunkene Nutzen) das Entscheidungsverhalten direkt beeinflussen:[372] Es gibt eine ausgeprägte Neigung, verlustreiche Unternehmungen weiterzuführen, die fatalerweise dadurch steigt, je mehr versunkene Kosten man bereits realisieren mußte.[373]

Diese psychologische Bindung kann so stark sein, daß versunkene Kosten regelrecht zu einer Eskalation der Handlungen in diese eingeschlagene Richtung führen,[374] wobei dieses Eskalationsverhalten eine erstaunliche zeitliche Stabilität aufzeigen kann. Entscheidend sind eine hohe empfundene Verantwortlichkeit des Entscheidungsträgers gepaart mit einem Hang zur Selbstrechtfertigung und geringe Flexibilitäten, die verknüpft mit negativen Konsequenzen eine Realisierung der Verluste verhindern können. Nebeneffekte, die dies fördern, sind zum einen Spielräume zur Eigennutzmaximierung, die typischerweise bei principal-agent-Problemen gegeben sind, zum anderen die Anomalie des gambler's fallacy: Der "Spieler" glaubt in Unkenntnis der Unabhängigkeit der Ereignisse, daß es "irgendwann einmal klappen muß" und hält an seiner Entscheidung deshalb nicht nur fest, sondern lenkt auch noch zusätzliche Ressourcen dorthin.

Auf Märkten kann davon ausgegangen werden, daß ein solches Eskalationsverhalten als langfristige Strategie keine Überlebenschance hat, weil richtige Einschätzungen zu einer deutlichen Wettbewerbsunterlegenheit desjenigen führen,

---

372 Vgl. Samuelson, Zeckhauser (1988), S. 37.

373 Arkes und Blumer ergänzen hier die Prospect Theory, die den ursächlichen Grund nicht aufzeigt, warum sichere Verluste nicht realisiert werden, wenn die vage Möglichkeit eines Gewinns in einer weit entfernten Zukunft besteht. Vgl. Arkes, Blumer (1985), S. 132, die die psychologischen Bindungen auch im Verhältnis zu anderen Theorien untersuchen; vgl. ebenda, S. 137-139.

der dieser Anomalie unterliegt. Bei kollektiven Entscheidungen ist dies nicht unbedingt gegeben, so daß irreversible und umweltökonomisch ineffiziente Investionen weiterhin getätigt werden können, wenn bestimmte Unternehmen in ihrer Organisationsstruktur Revisionen schwer zulassen, persönliche Verantwortungen stark bewerten, und über den Gruppeneinfluß entsprechende, dieses Verhalten auch zukünftig ermöglichende Auflagen durchgesetzt werden können. Dem kommt entgegen, daß Auflagen zumeist anlagenbezogen und nicht umweltbezogen sind, so daß irreversible Investitionen weiterhin durch den Bau zusätzlicher Anlagen vollzogen werden können, wenn für die Neuanlagen nicht rigidere Vorschriften greifen.[375]

Besonders prägnant ist das Eskalationsverhalten im öffentlichen Sektor, der sich nicht einmal durch angrenzende Marktkoordinationen auszeichnet.[376] So werden weiterlaufende Umweltnutzungen, die mit öffentlichen Investitionen verbunden sind, häufig damit gerechtfertigt, daß man bereits in diesem Projekt so viele Ressourcen eingesetzt hat, auch wenn - wie beispielsweise in der Bundesrepublik Deutschland beim Bau des Rhein-Main-Donau-Kanales - die jetzt noch anfallenden Kosten über den zu erwartenden Nutzen liegen. Diese Illusion wird zudem unterstützt durch das statistische Berichtswesen, das aufgrund fehlender Marktbewertungen für öffentliche Kapitalgüter Inputbewertungen vornimmt. Somit suggeriert jede öffentliche Investition die Fiktion eines Aktivtausches lediglich zwischen Finanz- und Realkapital. Dadurch kann kein öffentliche Projekt aus Sicht des Berichtswesens volkswirtschaftlich ineffizient sein, weil ex definitione Vermögenswert und Anschaffungswert koinzidieren. Kosten können zwar versinken, wie es aufgrund der Immobilität von Infrastrukturinvestitionen zumeist bei öffentlichen Investitionen der Fall ist; die Statistik suggeriert aber fälschlicherweise, daß in jedem Fall Quasi-Renten in der Zukunft anfallen. Abschreibungen auf den wirklichen Nutzengegenwartswert finden aus Gründen der Erhebungsproblematik nicht statt.[377] Das Non-Affektationsprinzip, welches die prinzipielle Trennung von Steueraufkommen und Steuerverwendung deklariert, leistet ein übriges, um Unwirtschaftlichkeiten steuerfinanzierter Projekte zu verdekken.

---

374 Vgl. hierzu und im folgenden Staw (1976) und Staw, Fox (1977), S. 432-450.

375 Dies ist eine Forcierung der in Abschnitt 2.4.2 als nachteilig eingestuften Mengenunbestimmtheit von Auflagen.

376 Hierzu nennt Dawes (1988) in Kapitel 2 einige prägnante Beispiele.

377 Dadurch kann jede Fehlinvestition getarnt werden und sogar Eskalationen zur Folge haben, da der Inputwert niemals durch den realen Nutzenwert abgelöst wird: eine Straße, die x Mio. DM gekostet hat, aber von nur wenigen Bürgern benutzt wird, bleibt weiter damit zu Buche stehen, und bekommt, weil sie bereits existiert, u.U. noch einen breiteren Seitenstreifen.

Wenn also im politischen Raum Entscheidungen von versunkenen Kosten deutlich beeinflußt werden, so werden sich lobbyistische Bemühungen, die nicht allein Distributionsaspekte, sondern vor allem versunkene Kosten und irreversible Investitionen als Argumente anführen, gut Gehör verschaffen können. Da versunkene Kosten mit Fairneß- und Gerechtigkeitsüberlegungen gekoppelt werden können, haben sie einen potentiell guten Argumentationserfolg. Die Abwehrstrategie eines jeden wird deshalb zunächst darin bestehen, jedem vergangenen Ressourceneinsatz den Charakter versunkener Kosten zu geben.

Daneben haben auch Politiker und Bürokraten aufgrund der Informationsasymmetrien im Verhältnis zu den Wählern die Möglichkeit, Anomalien der Individuen auszunutzen, um ihnen nützende Entscheidungen durchzusetzen. So wie der Arbitrageur Anomalien auszunutzen sucht, tun dies der Politiker und der Bürokrat auch, hier allerdings ohne die Existenz einer "unsichtbaren Hand", die eine Reduktion der Anomalien oder zumindest eine Offenlegung der Anomaliekosten bedingt. Bürokraten nutzen Anomalien, um über bereits bürokratisch eingesetzte Ressourcen eine weitere bürokratische Orientierung zu rechtfertigen, Politiker, indem sie Umweltnutzungsoptionen gerade mit dem Argument durchsetzen, daß bereits in diese Richtung so viele Ressourcen unwiederbringlich eingesetzt worden sind, als daß man sich jetzt anders entscheiden könne. Somit braucht nur geschickt ein gewisser zunächst nahezu unmerklicher, als unverbindlich erachteter Ressourceneinsatz in die gewünschte Richtung erfolgen, um dann hinterher als Argument für eine bestimmte Option herzuzuhalten. Im Gegensatz zu den Marktarbitrageuren laufen dabei Bürokraten in keinem Fall und Politiker zunächst nur wenig und selten wegen der unvollkommenen und unvollständigen Konkurrenz untereinander Gefahr, sich ihre eigene Arbitragebasis zu entziehen. Versunkene Kosten jeder Art sind deshalb gut geeignet, in der Umweltpolitik sowohl im Hinblick auf das Nutzungsniveau als auch im Hinblick auf die Interventionsart eine dominante Rolle zu spielen.

4.2.4 Implikationen für die umweltpolitische Entscheidungsfindung

Die hier dargelegten Anomalien sind solche Beobachtungen, welche bei einem einzelnen Agenten typischerweise dann zu diagnostizieren sind, wenn isoliert eine bestimmte anomalieanfällige Aufgabe gelöst werden soll. In der ökonomischen Theorie wird diese Unterscheidung in isoliertes und koordiniertes Verhalten nicht selten dadurch aufgelöst, daß die bekannten Rationalitätspostulate bereits für das isolierte Wirtschaftssubjekt Gültigkeit haben sollen. Eine Koordination kann dann nur geringen Lernerfolg bringen und dient allein der Abstimmung der bereits streng rational ausformulierten Präferenzen und deren Konkurrenz um knappe Ressourcen. Die beobachteten Anomalien stützten diese Vorgehensweise nicht, so daß dieses Isolationsprinzip durch das Arbitrageprinzip zu ersetzen war, welches ohnehin eine realistischere Beschreibung ökonomischer Aktivitäten in einem dynamischen Wettbewerb darstellt. Das Arbitrageprinzip steht in einem engen Verhältnis zum Prozeß der "schöpferischen Zerstörung", mit dem Produkt- und Prozeßinnovationen durchgesetzt werden.[378] Auf Märkten bedingen überlegene Innovationen, die von risikofreudigen Unternehmertypen ständig (mit Erfolg oder Mißerfolg) versucht werden, daß unterlegene alte Realkapitalstrukturen zumindest partiell auf einen neuen Ertragswert abgeschrieben werden müssen. Dieser dynamische Wettbewerb bewirkt, daß versunkene Kosten unterlegenen Realkapitals als Verlust realisiert werden müssen.

Dieses Arbitrageprinzip kann aber nicht bei Kollektivgütern greifen, und damit ist auch die Verbindung zu der Realisierung des Verlustes versunkener Kosten schon ex ante wesentlich unbestimmter. Der Einwand, daß sich Anomalien in der großen Zahl der Transaktionen allein schon ausgleichen, ist unzutreffend, da es sich bei Anomalien nicht um zufällige Irrationalitäten, sondern um systematische Abweichungen handelt.[379] Dies bedeutet jedoch auch nicht, daß eine direkte Übertragung der Anomalieergebnisse auf ein anderes Aggregationsniveau möglich ist, da auch in Kollektiven Koordinationsmechanismen greifen können (wenn auch nicht-marktliche).[380] Frey und Eichenberger untersuchen deshalb, inwieweit Anomalien für die Bildung bestimmter Institutionen verantwortlich sein können.[381] Falls die Transaktionskosten nicht zu hoch seien, vermuten sie eine Bewegung in die Richtung, die auch auf der Grundlage des konventionellen ökonomischen Ansatzes zu erwarten gewesen wäre. Dies könne individuell, aber auch kollektiv über Institutionen geschehen, wenn die Olson-Bedingungen (kleine Gruppen und selektive Anreize bzw. Zwang)[382] erfüllt seien. Diese schützen vor Anomalien, reduzieren die damit verbundenen Kosten und/oder verteilen diese Kosten um. Das könne so erfolgreich sein, daß diese anomaliebedingten Institutionen und die Anomalien existent, letztere aber nicht mehr beobachtbar seien.

Für die mit Umweltressourcennutzungen verbundenen Anomalien ist allerdings weder mit einer individuellen noch mit einer institutionellen Regelung zur Reduktion von Anomalien zu rechnen.[383] Eine hinreichende individuelle Anomalie-

---

378 Zum Prozeß der schöpferischen Zerstörung vgl. Schumpeter (1980), S. 134-142.

379 Vgl. dazu auch Eichenberger, Frey (1990), S. 273. Heiner (1983) geht sogar einen Schritt weiter und behauptet, daß die Diskrepanz zwischen der Kompetenz des Agenten und dem Schwierigkeitsgrad des in Frage stehenden Problems überhaupt erst vorhersagbare Verhaltensaussagen ermögliche, da - in seinem Modell - ein höheres Maß an Unsicherheit aufgrund einer Verläßlichkeitsbedingung ein höheres Maß an Regularität bedinge.

380 Vgl. Eichenberger, Frey (1990), S. 274.

381 Vgl. Frey, Eichenberger (1989a) und Frey, Eichenberger (1989b), S. 93-95.

382 Vgl. dazu auch Abschnitt 3.3.

383 Vgl. auch Tversky, Kahneman (1987), S. 91.

reduktion scheitert zunächst an der notwendigerweise für alle gültigen kollektiven Umweltnutzungsentscheidung. Selbst eine institutionelle Differenzierung in solche Anomalien, denen alle unterliegen (z.B. dem Sicherheitseffekt), und in solche, denen nicht alle unterliegen (z.B. der Relevanz versunkener Kosten), kann angesichts der zu befürchtenden Persistenz von Anomalien auch nicht weiterhelfen, weil eine mögliche Verhaltensänderung bei letzteren nur bei Gültigkeit des Arbitrageprinzips vermutet werden könnte.[384] Die Argumente brauchen nicht wiederholt zu werden. Bei Kollektivgütern dieser Dimension ist somit mit weiterbestehenden Anomalien zu rechnen, da die Anomaliekosten dem Einzelnen nicht aufgezeigt werden können bzw. nicht freiwillig institutionell reduziert werden. Allenfalls sind hier mögliche Einflüsse von bereits aus anderen Gründen existierenden Institutionen zu erwarten. Es ist jedoch auch möglich, daß bereits existierende Institutionen Anomalien erst hervorrufen bzw. verschärfen, da nicht davon ausgegangen werden kann, daß nicht-anomaliebedingte Institutionen anomalieneutral sind.[385] Demokratiegesteuerte staatliche Aktivitäten können anomaliebeeinflußtes Verhalten durch eine relative Besserstellung über eine Steuer-Subventions-Politik verstärken. Verwaltungshandlungen schaffen zwar eine formale Problemstruktur, aber auch gleichzeitig einen bestimmten Rahmen, und Gruppenverhandlungen können Polarisierungen in Richtung auf anomaliedominiertes Verhalten haben.[386]

Es bestätigt sich hier unsere bereits geäußerte Hypothese, daß Anomalien in der Einschätzung von Umweltnutzungsoptionen weiterbestehen und daß unterschiedliche Designs einer identischen Umweltnutzungspolitik unterschiedlich beurteilt werden.[387] Dadurch gewinnen verschiedene Zielkategorien an Relevanz für die Akzeptanz der Umweltpolitik. Wenn Cansier als Ziele eine Verlangsamung des Umweltverschlechterungstempos, eine Verhinderung zusätzlicher Umweltbeeinträchtigungen und eine absolute Verbesserung der Umweltbedingungen unterscheidet,[388] so könnte eine so beschriebene identische Umweltnutzung je nach damit proklamierter bzw. von den Agenten akzeptierter Zielorientierung unterschiedlich beurteilt werden. Unterschiedliche Informationspolitiken, die auch u.U. konkurrierend von verschiedenen Interessengruppen in die Diskussion eingebracht werden, können infolgedessen die Akzeptanz variieren. Diese Akzeptanzvariation betrifft auch die Instrumentenwahl, wobei sowohl aus den

384 Zu einer solchen Differenzierung vgl. Frey, Eichenberger (1989a), S. 427.

385 Vgl. Frey, Eichenberger (1989a), S. 231f.

386 Vgl. Frey, Eichenberger (1989b), S. 93.

387 Vgl. zu den unterschiedlichen Auffassungen über Existenz, Verstärkung und Eliminierung von Anomalien auch das Schaubild in Frey, Eichenberger (1989b), S. 86.

388 Vgl. Cansier (1975), S. 37f., der für die entwickelten Länder eine Orientierung an den letzten beiden Zielkategorien präferiert.

Prozeßorientierungen als auch aus versunkenen Kosten Präferenzen für Auflagenlösungen abgeleitet werden konnten.

Diese Ergebnisse machen eine Nutzung identischer Ansätze für normative und reale kollektive Umweltnutzungen über institutionelle Fragen strategischer Verhaltensmöglichkeiten hinaus fragwürdig. Die Ergebnisambivalenz einiger und die unbestimmte Dynamik aller beschriebenen Effekte bedingen aber dennoch, daß die von den Agenten geäußerten Präferenzen trotz möglicher Anomalievariationen weiterhin die Grundlage umweltökonomischer Entscheidungen sein sollen. Wenn allerdings der Prozeß und das Framing geeignet sind, die Ergebnisse zu variieren, muß die umweltpolitische Entscheidungsfindung ein Höchstmaß an Pluralismus und Föderalismus in den Meinungen und Meinungsäußerungen zur Grundlage haben. Nur so ist gewährleistet, daß die Anomalien sich offenbaren und deutlich werden, da von pluralistischen Entscheidungsvorbereitungen unterschiedliche Framings zum selben Problem erwartet werden können. Dies allein ermöglicht es den Agenten, intra- und interaktiv Anomalien zu erkennen und zu reduzieren. Informationspolitik und kontrovers geführte Auseinandersetzungen müssen die Aufgaben des Marktes in der Reduktion von Anomalien ersetzen.[389]

Durch diesen durch *unabhängige Medien zu gewährleistenden* Pluralismus wird ermöglicht, am Effizienzkonzept als Beurteilungskriterium festzuhalten. Es werden dadurch nämlich auch Verhandlungen, die ansonsten anomaliebedingt nicht stattgefunden hätten, zwischen den einzelnen Agenten gerade erst ermöglicht, so daß aus einer öffentlichen Erörterung heraus nicht unbedingt eine Interventionsbedürftigkeit abgeleitet werden sollte. Für interventionsbedürfige Umweltnutzungen muß sich die Entscheidungsfindung auf Basis vermuteter und geäußerter Präferenzen vollziehen, wobei die von Anomalien zu erwartenden Verzerrungen explizit Berücksichtigung finden müssen. Dies kann dadurch gewährleistet werden, indem entweder Kosten und Nutzen in unterschiedlichen Framing-Situationen sensitiv analysiert werden oder in Befragungen explizit auf mögliche Anomalieverzerrungen hingewiesen wird.

Aus gesamtwirtschaftlicher Sicht sollten versunkene Kosten und manipulierbare Referenzpunkte keine Entscheidungsrelevanz haben. Auf mögliche Referenzpunkteffekte ist neben strategischen Verhaltensweisen durch die Art der Kosten-Nutzen-Abwägung insbesondere dann Rücksicht zu nehmen, wenn potentielle Schlechterstellungen bewertet werden sollen. Versunkene Kosten finden insbesondere in Situationen der Unsicherheit Eingang in die Abschätzungen, da ihr Ansatz dann ein hohes Maß an Subjektivität aufweist. Wenn es sich um Irreversibilitäten in Zusammenhang mit ressourcengestützten Wachstumsrisiken handelt, kommt hinzu, daß die Risiken selbst eher einer systematischen Unterschät-

---

389 Vgl. auch zu den möglichen Koordinationserfolgen innerhalb einer Gruppe (von der wir Pluralismus am ehesten ohne äußeren Anlaß erwarten können) Rothenberg (1988).

zung durch die Agenten unterliegen. Dies macht eine Negierung des Charakters dieser Investitionen leichter. Nur eine explizite öffentliche Auseinandersetzung kann dies offenbaren.

Außerdem empfiehlt sich, Kosten-Nutzen-Abschätzungen nicht nur vor Beginn eines Projektes, sondern auch nach verschiedenen Projektabschnitten zu unternehmen, um mögliche Veränderungen der Rahmenbedingungen berücksichtigen und Verluste aus irreversiblen Investitionen realisieren zu können. Dadurch kann die dann mögliche Verwirklichung von Erfahrungen aus Lernprozessen zumindest institutionalisiert werden. Eine Zurechnung der Realisierung dieser Verluste zu entweder extern oder intern verantwortlichen Faktoren müßte dabei notwendigerweise Aufgabe des politischen Marktes sein. Im Hinblick auf das volkswirtschaftliche Rechnungswesen ist zu prüfen, ob die Inputorientierung in bestimmten Bereichen durch marktanaloge Abschätzungen ersetzt werden könnte. Zudem sollte für die sich jeder Marktanalogie entziehenden öffentlichen Investitionen eine Problematisierung der Nicht-Abschreibung mit der Folge der Fiktion eines Aktivtausches erfolgen. Diese Vorschläge bedingen zwar nur eine Abmilderung der Neigung, sich an versunkenen Kosten und manipulierbaren Referenzpunkten zu orientieren, zumal sie von den politischen Agenten aufgrund der Subjektivitäten je nach eigenem Interesse akzeptiert oder verworfen werden, sie machen aber zumindest die Öffentlichkeit problemsensibler. Sollten sich dennoch Anomalien offensichtlich durchsetzen, so sind in diesen Kosten-Nutzen-Abschätzungen die damit einhergehenden Kosten zumindest deutlich herauszustellen.

Notwendige Bedingung für einen solchen Pluralismus sind entsprechende Informations*möglichkeiten* der Agenten. Die Neue Politische Ökonomie macht als potentielle Ursache für Ineffizienzen einen schlechten Informationsstand zurückgehend auf systematisch geringe Informations*anstrengungen* der Wähler aus. Die hinreichende Bedingung für eine solche Meinungsauseinandersetzung scheint somit nicht erfüllt zu sein. Im folgenden Abschnitt werden wir zeigen, daß ein solcher Schluß gerade bei ungewissen Umweltnutzungsfolgen nicht gerechtfertigt ist. Verbunden mit der Aufgabe der unrealistischen Prämisse objektiver und von allen akzeptierten Wahrscheinlichkeiten liegt dies - nur auf den ersten Blick paradoxerweise - gerade an der Existenz asymmetrischer Informationen und Informationsmöglichkeiten.

4.3 Umweltpolitische Entscheidungen unter Ungewißheit

4.3.1 Das Ellsberg-Paradoxon und seine umweltpolitische Relevanz

Wir sind bis dato davon ausgegangen, daß sich für jedes Entscheidungsproblem unter Ungewißheit objektive, subjektive oder andere Gewichtungen formulieren lassen, die allein in Kombination mit Nutzenkomponenten die Entscheidungsgrundlage des Agenten bilden. Es macht aus dieser Sicht heraus keinen prinzipiellen Unterschied, ob und inwieweit Eintrittswahrscheinlichkeiten bekannt sind und allgemein akzeptiert werden. Die Agenten treffen ihre Gewichtungsentscheidungen auf Basis unvollkommener Informationen genauso wie auf Basis bekannter und akzeptierter Eintrittswahrscheinlichkeiten. Diese Gewichtungsabschätzungen sind - nicht nur direkt im Erwartungsnutzenansatz, sondern auch aufgrund der Separation von Nutzen- und Gewichtsabschätzungen im Sinne der Prospect Theory - ablesbar aus den offenbarten Verhaltenspräferenzen.

Spätestens seit den Publikationen von Knight und Keynes ist diese Annahme nicht unumstritten.[390] Entscheidungen unter Ungewißheit als solche, bei denen die Wahrscheinlichkeitsabschätzungen nicht von allen akzeptiert werden, haben danach eine eigene Qualität. Sowohl für Knight als auch für Keynes galt allerdings, daß sie ihre Analyse nicht an konkretem beobachtbarem Verhalten, sondern an den ein beobachtbares Aggregat ausmachenden individuellen, unbeobachtbaren Abwägungen festmachten. Deshalb sah sich gerade Knight einer starken Kritik der zumindest an subjektiven Wahrscheinlichkeiten orientierten Ökonomen ausgesetzt.[391]

Eine Konkretisierung, welche andere Qualität Entscheidungen unter Ungewißheit haben können, zeigte erst Ellsberg durch die Diskussion experimentellen Entscheidungsverhaltens, welches im Vergleich zum Erwartungsnutzenansatz konkret *prinzipielle Bewertungsunterschiede* zwischen risikobehafteten Entscheidungen, bei denen objektive Wahrscheinlichkeiten formuliert sind, und Entschei-

---

390 Vgl. dazu Knight (1921) und Keynes (1921), insbesondere S. 95-99. Knight führte die Unterscheidung zwischen Entscheidungen unter Risiko, die sich durch meßbare Unsicherheiten in Form von numerischen Wahrscheinlichkeiten auszeichnen, und solchen Entscheidungen, bei denen numerische Wahrscheinlichkeiten als Unsicherheitsmaß nicht anwendbar sind, ein. Den letzten Fall beschreibt Knight als denjenigen, bei dem eine Häufigkeitsverteilung nicht zur Verfügung steht, bei dem a-priori-Kalkulationen nicht möglich sind, oder bei denen es sich um einzigartige Entscheidungen handelt.

391 Knights Analyse, die sich mit der Existenz von Gewinnen beschäftigte, war zudem dahingehend ungenau, daß viele der von ihm so beschriebenen Entscheidungen unter Ungewißheit doch so viele Eigenschaften der Entscheidungen unter Risiko aufweisen, was

dungen unter Ungewißheit, bei denen diese ex ante unbekannt sind, offenbarte.[392] Diese Beobachtungen, die als Ellsberg-Paradoxon Eingang in die ökonomische Literatur fanden, stellen nicht nur eine Verletzung der ökonomischen Rationalitätspostulate für Entscheidungen unter Unsicherheit dar, sondern auch die anderen linearen (wie die Prospect Theory) und nicht-linearen Ansätze, bei denen die Unbestimmtheit keine explizite Rolle spielt, als Erklärung jeglicher Entscheidung unter Unsicherheit in Frage, da die Agenten in der Mehrzahl risikobehaftete Optionen gegenüber ungewissen systematisch präferieren. Für die Akzeptanz von mit Unsicherheiten behafteten Umweltressourcennutzungen würde eine universelle Gültigkeit des Ellsberg-Paradoxons bedeuten, daß Umweltressourcennutzungen ceteris paribus dann eine höhere Akzeptanz bei den einzelnen Agenten erfahren, wenn ex ante akzeptierte Wahrscheinlichkeitsabschätzungen über den Eintritt eines Schadensereignisses vorliegen. Ein Zustand der Ungewißheit bedeutet dann eine noch geringere Risikoakzeptanz. Eine solche Hypothese fällt mit den in Abschnitt 4.2.1 diskutierten Implikationen verschiedener Risikodimensionen zusammen, da die die Risikoakzeptanz erhöhenden Faktoren einer persönlichen Kontrolle und persönlicher Erfahrung unter Ungewißheit noch weniger als bei allgemein akzeptierten Wahrscheinlichkeiten gegeben sind: als objektiv richtig empfundene Wahrscheinlichkeiten lassen eine persönliche Beurteilung eher zu, wodurch eher individuelle Kontrollmöglichkeiten suggeriert werden, die auch über Analogien eine persönliche Erfahrungsbildung nicht ausschließen.

Allerdings sind mit Umweltressourcennutzungen verbundene Unsicherheiten nicht mit den von Ellsberg angeführten Urnenziehungen vergleichbar. Dieses Experiment zeigt zunächst nur, daß es bestimmte Situationen gibt, bei denen subjektive Wahrscheinlichkeiten bzw. Gewichtungen nicht allein eine bestimmte Wahlsituation erklären können. Im Gegensatz zu den oben angeführten Anomalien, die eine systematische Abweichung vom ökonomischen Referenzfall darstellen und zwar beobachtbar sind, aber nur auf bestimmte situative Kontexte zu-

---

Arrow dazu veranlaßte, die Sinnhaftigkeit dieser Unterscheidung in Frage zu stellen. Vgl. Arrow (1951a), S. 417 und S. 426.

392 Vgl. hierzu und im folgenden Ellsberg (1961) und auch Fellner (1961). In Ellsbergs erstem Experiment sehen sich die Agenten zwei Urnen gegenüber, die beide rote und schwarze Kugeln enthalten. Aus *einer* dieser beide Kugelfarben enthaltenen Urnen wird eine Kugel gezogen, die je nach vorher abgeschlossener Wette und der gezogenen Farbe den Gewinn identischer Auszahlungen bedeuten kann. Urne I enthält 100 rote und schwarze Kugeln, deren Verhältnis jedoch völlig unbekannt ist, Urne II enthält exakt 50 rote und 50 schwarze Kugeln. Ellsberg stellt vier Fragen im Hinblick auf die Präferenz oder Indifferenz verschiedener Wettangebote, nämlich zwischen Rot aus Urne I und Schwarz aus Urne I, zwischen Rot aus Urne II und Schwarz aus Urne II, zwischen Rot aus Urne I und Rot aus Urne II, und zwischen Schwarz aus Urne I und Schwarz aus Urne II. Die Agenten sind mehrheitlich im Hinblick auf die erste und zweite Alternative indifferent, allerdings zieht die Mehrheit der Agenten Rot aus Urne II Rot aus Urne I und

rückgeführt werden können, kann hier auf Ellsberg aufbauend doch die Hypothese gewagt werden, daß - unabhängig vom spezifischen Framing - Entscheidungen von der Natur der mit den Ereignismöglichkeiten einhergehenden Information abhängen.[393]

In diesem Sinne ist das Ellsberg-Paradoxon als eine Hypothese interpretierbar, die neben dem Nutzen der Ereignisse und den Eintrittsbewertungen zumindest einen weiteren relevanten *informationsspezifischen* Faktor stellt, was durch das zweite Experiment Ellsbergs unterstützt wird.[394] Für die Mehrzahl der Agenten in diesem Experiment wurde eine Option allein deshalb attraktiver, weil die Ungewißheit nur anscheinend durch eine irrelevante Auszahlung reduziert wurde. Die Natur der Information im Hinblick auf die Eintrittswahrscheinlichkeit von Ereignissen beschreibt Ellsberg als die Unbestimmtheit der Entscheidungssituation. Dieser Grad der Unbestimmtheit findet weder in den Erwartungsnutzenansatz noch in alternative Entscheidungskriterien explizit Eingang. Unbestimmtheit ist ein subjektiver Begriff, der mit dem Grad der Verläßlichkeit, Glaubwürdigkeit und Angemessenheit einer Information im Zusammenhang steht. Der Grad der Unbestimmtheit bemißt sich allerdings nicht alleine nach den angeführten Eigenschaften einer Information, sondern auch an den u.U. auf Basis verschiedener Informationen konfligierenden Meinungen und daraus gezogenen Schlußfolgerungen. Die Wahlhandlungen werden ceteris paribus zugunsten der Alternativen getroffen, bei denen die Risiken bekannt und unumstritten sind.

Ellsbergs Untersuchungen sind mit einer Reihe von Einwänden konfrontiert worden. So behauptet Roberts, daß Ellsbergs Diagnose falsch sei, da die Agenten in der Beantwortung der Fragen überhaupt keine systematische Abschätzung vorgenommen hätten.[395] Sinn zieht aus den Untersuchungen die Schlußfolgerung, daß die Wirtschaftssubjekte in manchen Situationen einfach überfordert seien, lang-

---

gleichzeitig Schwarz aus Urne II Schwarz aus Urne I vor, was einen Widerspruch bedeutet.

393 Das in diesem Abschnitt dargelegte Entscheidungsverhalten stellt in diesem Zusammenhang nicht unbedingt eine Anomalie im oben angeführten Sinne dar. Wenn wir aber die Natur der Information als eine Frage der Perzeption bzw. des Framings auffassen, können wir das Ellsberg-Paradoxon in diese Abweichungen vom ökonomischen Regelfall integrieren.

394 In diesem Experiment enthält eine Urne 30 rote und 60 an der Zahl entweder schwarze oder gelbe in einer unbekannten Proportion. In einem ersten Experiment wird wieder eine Kugel gezogen, wobei man in Option I auf Rot wettet und bei Rot denselben Betrag wie bei Option II erhält, wenn man auf Schwarz wettet und Schwarz gezogen wird. Das zweite Experiment unterscheidet sich nur dadurch, daß auch bei dem Zug einer gelben Kugel derselbe Betrag ausgezahlt wird. Somit bedeutet Option III eine Wette auf Rot oder Gelb und Option IV eine Wette auf Schwarz oder Gelb. Typischerweise entscheidet sich die Mehrheit gleichzeitig für Option I und für Option IV, was wiederum einen Widerspruch bedeutet.

395 Vgl. Roberts (1963).

fristig diese Inkonsistenz aber entdecken und beseitigen würden.[396] Raiffa argumentiert ähnlich, aber abgeschwächt, indem er die Rolle der normativen Theorie als ökonomisches "Erziehungsprogramm" herausstellt und vorschlägt, man solle das Experiment mit einem Münzwurf verbinden, damit die Agenten den stochastischen Charakter erkennen können.[397]

Diese Argumente sind nicht überzeugend.[398] Zum einen haben die Agenten - und darunter selbst einige bedeutende Ökonomen - auch nach mehrmaligem Befragen an ihren Entscheidungen festgehalten, so daß sowohl "Erziehungsprogramme" als auch eine Selbstüberzeugung nicht erfolgreich sein müssen. Erziehungsprogramme sind in diesem Fall nur dann aussichtsreich, wenn es Koordinationsmechanismen über einen anonymen Markt bzw. Arbitrageure gibt, wobei zumindest eine kritische Masse der Agenten ein entsprechendes Programm im Sinne von Raiffa durchlaufen haben müssen, um dieses paradoxe Verhalten für sich ausnutzen zu können. Hinzu kommt die Frage, ob sich die Agenten denn wirklich nichtoptimal verhalten. Sie reagieren systematisch auf unterschiedlche Informationsbedingungen, und dies muß nicht ex ante - gerade für unser Problem - als eine unterlegene Strategie bewertet werden.

Schneeweiß hingegen vermutet, daß die Agenten bei Entscheidungen unter Ungewißheit davon ausgehen, daß sie es dort mit einem rationalen Gegenspieler zu tun haben und deshalb eine spieltheoretisch konsistente Strategie in ihrer Entscheidung wählen.[399] Danach unterlägen die Agenten selbst bei den offensichtlichsten Spielen gegen die Natur dem von Tsebelis so bezeichneten Robinson-Crusoe-Irrtum und endogenisierten exogene Wahrscheinlichkeiten.[400] Es gibt Hinweise, daß in manchen Situationen die Agenten von falschen Regularien ausgehen,[401] was im übrigen durch den in Abschnitt 4.3.2 zu besprechenden Einsatz von Szenarien verbunden mit suggerierten Pseudo-Realitäten verstärkt werden könnte. Für eine solche Ellsberg-Situation würde eine solche Interpretation aufgrund der extremen Unbestimmtheit geradezu eine Annahme über ein universell paranoides Verhalten der Agenten implizieren, da bei isolierten Einschätzungen jegliche wirkliche Wahrscheinlichkeitsschätzung abgelehnt und durch vorbestimmte Strategieannahmen ersetzt würde. Auch wenn in Abschnitt 4.2.1 festgestellt wurde, daß die betroffenen Agenten entgegen den Risikoabschätzungen der

---

396 Vgl. Sinn (1980), S. 32.

397 Vgl. Raiffa (1961).

398 Vgl. für eine Gegenkritik auch Ellsberg (1963).

399 Vgl. Schneeweiß (1968).

400 Vgl. Tsebelis (1989), der diesen Irrtum so bezeichnet, da Robinson Crusoe auf der einsamen Insel seine Strategie fälschlicherweise ändert, indem er Eintrittswahrscheinlichkeiten endogenisiert, als er einen Fußabdruck sieht, der ihm die Existenz eines rationalen Gegenspielers suggeriert.

Experten eine Verschwörung vermuten, so scheint eine rein deterministische Perzeption solcher Vorgänge dennoch als sehr unwahrscheinlich. Denn gerade die Unbestimmtheit stellt den Unterschied als eine besondere Form der Ungewißheit dar und nicht eine Annahme über potentiell gegebene deterministische Spielstrukturen, die gerade bei der zunehmenden Komplexität von Umweltnutzungen schwer vorstellbar sind. Die Annahme deterministischer Verschwörungen der Umweltnutzer ist zudem nur als Ideologie auch im politischen Raum überlebensfähig, weil ein darauf abgestimmtes Verhalten gegenüber den Umweltnutzern und den politischen Akteuren sich schnell als eine dominant unterlegene Strategie herausstellte. Deshalb ist es realistischer, diese Verschwörungsannahme als Mißtrauen im Hinblick auf die Art der Informationsverteilung und den strategischen Einsatz von Informationen durch die Umweltnutzer zu interpretieren.

Somit kann gerade für unsichere Umweltnutzungen nicht ausgeschlossen werden, daß das von Ellsberg beschriebene Verhalten nicht ein stabiles Phänomen ist. Im Hinblick auf diese Unbestimmtheitsaversion haben Einhorn und Hogarth einen der Prospect Theory ähnlichen Ansatz formuliert, wobei sie davon ausgehen, daß die Agenten bestimmte ex ante verankerte Wahrscheinlichkeiten gemäß der von ihnen so empfundenen Unbestimmtheit variieren.[402] Der Ansatz von Gärdenfors und Sahlin hingegen stellt ein kombiniertes Satisficing-Optimizing-Modell dar, da zunächst nach einem Verläßlichkeitsanspruch bestimmte Verteilungen und Ereignisse überhaupt in Erwägung gezogen werden, von denen die Option gewählt wird, welche im jeweils schlechtesten Fall den höchsten erwarteten Nutzen stiftet.[403] Allen diesen Ansätzen ist gemeinsam, daß sie allenfalls statische Entscheidungssituationen abbilden können. Sie erklären ebenso wie die psychologischen Theorien zum Anomalieverhalten im engeren Sinne nicht, wie bei marktorientierten oder kollektiven Entscheidungen Agenten mit unterschiedlichen Unbestimmtheitseinschätzungen ihre Interessen gegebenenfalls ausgleichen. Diese Lücke konnte auch von Ökonomen bis dato nicht geschlossen werden, da die ökonomische Forschungsgemeinschaft in der Mehrzahl die Relevanz des Ellsberg-Paradoxons bestreitet.[404]

Unabhängig von der Art des Ansatzes gibt es stichhaltige Gründe, für die Nutzung von Umweltressourcen, die bestimmte Risiken bzw. eine Verschlechterung der Risikostruktur der Agenten bedeuten kann, die Verläßlichkeit als eine potentiell entscheidende Determinante der Einschätzung von Umweltrisiken anzuneh-

---

401 Vgl. Earl (1990), S. 724.

402 Vgl. Einhorn, Hogarth (1988).

403 Vgl. Gärdenfors, Sahlin (1982).

404 Heijdra (1988) unterscheidet Ökonomen und Psychologen dahingehend, daß Ökonomen Verzerrungen in der Forschung, Psychologen dagegen Verzerrungen in der Entscheidungsfindung der Agenten vermuten.

men. Diese sozialen Risiken sind kollektiver Natur, und es gibt ebenso wie bei den Anomalien im engeren Sinne keinerlei Anlaß, ein Verhalten bzw. eine Präferenz im Sinne des Ellsberg-Paradoxons für langfristig irrelevant zu erachten. Hinzu kommt, daß es für die Agenten unterstützende gute Gründe gibt, mit einer solchen Präferenz Informationsbeeinflussungen zu konterkarieren, die aus den Bemühungen gut organisierter Gruppen mit hoher Kohärenz aufgrund irreversibler historischer Investitionen resultieren, wie wir nun zeigen werden.

4.3.2 Implikationen für eine Umweltpolitik unter Ungewißheit

Die Existenzgefährdung von Quasi-Renten und der diskretionäre Spielraum des Managements sind die Bestimmungsgründe für die spezifische Interessenpolitik der Umweltnutzer, die sowohl das Niveau als auch die Durchsetzungsmethode umweltpolitischer Maßnahmen zu beeinflussen sucht. Da diesen Gruppen zumeist eigene, gut organisierte Institutionen zur Verfügung stehen, versuchen sie, nicht nur einfach politische Entscheidungen in ihrem Sinne zu beeinflussen, sondern diese Beeinflussungen auch durch eine gezielte Informationspolitik zu unterstützen. Diese Informationspolitik erhält bei mit Umweltnutzungen verbundenen sozialen Risiken eine dominant strategische Bedeutung. Demgegenüber hat die Gruppe der intrinsisch Motivierten und haben einige Gruppen der Betroffenen keine ähnlich hohe natürliche Kohärenz aufzuweisen. Ihre Einfluß- und Informationsmöglichkeiten sind zunächst als geringer einzuschätzen, da die erste Gruppe bis dato eher klein ist und die anderen Gruppen zumeist nur latente darstellen.

Ex ante sind die Kenntnisse über die Risiken von Umweltressourcennutzungen asymmetrisch verteilt, was unterschiedliche Informationspolitiken ermöglicht. Selbst wenn wir (u.U. nicht-öffentliche) Austauschhandlungen in Form von Kompensationen für nur Umweltnutzern zugängliche Informationen zwischen den Gruppen zuließen, was zumindest für intrinsisch Motivierte faktisch einen Widerspruch zu ihren Motiven darstellt, käme dieser Handel aufgrund eines grundsätzlichen Informationsdilemmas nicht zustande.[405] Dieses Dilemma hat seine Ursache darin, daß der Wert der Informationen, die beispielsweise die Betroffenen von den Umweltnutzern kaufen wollen, um Klarheit über sie betreffende Risiken zu erhalten, nur dann ermessen werden kann, wenn die Information offenbart wird.[406] Dadurch würde aber die Gruppe der Umweltnutzer eine Vorleistung erbringen und befürchten müssen, daß die Gruppe der Betroffenen

405 Vgl. hierzu und im folgenden Keck (1987).

406 Bei Informationen handelt es sich deshalb um ein extremes experience good.

nicht mehr bereit ist, eine Kompensation zu zahlen, da sie ja bereits ohne spezifische Präferenzoffenbarung in den Genuß der Leistung gekommen ist.[407]

Auch Offenbarungsverpflichtungen, die eine Nutzenentgangskompensation beinhalten, sind nicht in der Lage, dieses Dilemma zu lösen, da eine Ausbeutung durch die Gruppe der Umweltnutzer sui generis nicht ausgeschlossen werden kann. Nur unbedingte Offenbarungen, die prinzipiell mit dem Weizsäcker-Prinzip vereinbar sind, da Verschlechterungen der Umweltnutzer erlaubt sind, wären theoretisch in der Lage, dieses Dilemma zu lösen. Allerdings könnte eine entsprechende Rechtsvorschrift es nur dann lösen, wenn der Staat nicht auch informationsunterlegen wäre. Für ihn und die dem Staat unterstellten Aufsichtsbehörden gilt jedoch gerade im Hinblick auf die Risiken technologiegestützten Wachstums dasselbe wie für die Betroffenen, so daß das Spiel nur von einer austauschorientierten auf eine juristische Ebene verlagert würde.[408] Typischerweise arbeiten deshalb die Aufsichtsbehörden mit den Umweltnutzern zusammen. Ein effizienter Informationshandel kann somit schon von vornherein ausgeschlossen werden.

Für alle Gruppenbeeinflussungen gilt, daß diese Gruppen nicht absichtlich Falschinformationen abgeben, sondern Informationen selektiv in Abhängigkeit von ihren Zielen einsetzen. Die Informationspolitik der Umweltnutzer wird versuchen, den Referenzpunkt der Agenten so zu beeinflussen, daß ihr Anliegen eine möglichst hohe Akzeptanz erfährt. Beispielsweise können mit Umweltressourcennutzungen einhergehende sichere Verluste als eine Art Versicherungsbeitrag für den Fortbestand eines bestimmten gesamtgesellschaftlichen Wohlstandsniveaus eine höhere Akzeptanz erfahren. Mit Umweltnutzungen einhergehende technologische Risiken werden dabei häufig als vergleichbar mit endogenen Marktrisiken dargestellt, obwohl beide keinerlei Affinität aufweisen.[409]

Der zunehmende Anteil technologiegestützten Wachstums erleichtert auch eine im Sinne der Gruppe der Umweltnutzer selektive Risikoabschätzung. Die mit einem technologiegestützten Wachstum einhergehenden Risiken zeichnen sich gerade dadurch aus, daß Häufigkeitsverteilungen immer seltener diese Risiken be-

---

407 Die Ineffizienz ergibt sich daraus, daß bei einer fiktiven wahrheitsgemäßen Offenbarungsmöglichkeit der Präferenzen beide Gruppen sich dann besserstellen, wenn die entsprechende Kompensation die Gruppe der Nutzer für eine folgende Einschränkung der Nutzungsoptionen mindestens gerade entschädigt.

408 Ansonsten wäre der Staat auch einfach in der Lage, entsprechende Informationen selbst bereitzustellen. Öffentliche Informationen sind jedoch nicht in jedem Fall vorteilhaft. Es ist nämlich zu beachten, daß öffentliche Informationen prinzipiell effiziente Risikoverträge *privater Risiken* auch zerstören können; vgl. Arrow (1984). Eine öffentliche Informationspolitik muß sich deshalb auf soziale Risiken konzentrieren.

409 Vgl. zu Ungewißheiten und Ausleseprozessen auf Märkten den grundlegenden Aufsatz von Alchian (1950).

schreiben können und - auf Basis der mit einem Ereigniseintritt einhergehenden, zu vermeidenden Großunfälle - *dürfen*, und stattdessen analytische Methoden dies leisten müssen. Analytische Methoden sind aber allein schon in ihren Annahmen ambivalent und deshalb manipulierbar, weil das dem Faktor Mensch zukommende Risiko selbst unter bestimmten Nebenbedingungen an Sicherheitsanforderungen kaum exakt analytisch ohne Häufigkeitsanalyse bestimmt werden kann. Dies wird am Gegenbeispiel Straßenverkehr offensichtlich, der - aufgrund der passiven Sicherheitsvorkehrungen in Infrastruktur und Fahrbetrieb unter der Nebenbedingung der Einhaltung der Verkehrsregeln - eigentlich eine verschwindend geringe Zahl an Unfalltoten aufweisen müßte. Daß es sich aufgrund der geringen Kontrollintensität in vielen Fällen um einen rechtsfreien Raum handelt, in dem aktive Sicherheitsvorkehrungen kaum getroffen werden, belegt die Notwendigkeit von effektiven Kontrollen, macht allerdings die Einschätzung des immer noch verbleibenden Restrisikos nicht viel einfacher, wenn Häufigkeiten nicht anfallen dürfen.

Hinzu kommt, daß einzelne Teilrisiken eine unterschiedliche Bewertung erfahren, je nachdem ob entsprechende technologische Analogien oder experimentelle Ergebnisse ohne spezielle längerfristige Betriebserfahrung akzeptiert werden. Außerdem ist das mit einer bestimmten Umweltnutzung verbundene Risiko nicht unbedingt einfach ein Produkt der einzelnen Teilrisiken, so daß für die Genauigkeit der Abschätzung entscheidend sein kann, ob und inwieweit bestimmte Rückkoppelungsrisiken im Gesamtsystem berücksichtigt worden sind. Ergänzt werden muß, daß das Problem des infiniten Regresses nicht durch einen optimalen Abbruch gelöst werden kann, da überlegene Abwägungen nicht über Märkte konkurrieren.

Da die Umweltnutzer zwar nicht falsche, aber doch in ihrem Sinne verzerrte Riskoabschätzungen über Informationsmedien in den politischen Willensbildungsprozeß einbringen, werden Gruppen mit anderen Interessen Gegeninformationen publizieren, die wiederum in ihrem Sinne verzerrt sind. Im Vergleich zu ihrer relativen Stärke an der gesamten Gesellschaft sind diese Gruppen in ihren Einflußmöglichkeiten als kleine oder latente Gruppen allerdings ebenso unterlegen wie bei der direkten Beeinflussung über politische Lobbies.

Immerhin können sie versuchen, eine "Ellsberg-Situation" zu schaffen, indem sie durch von ihrer Seite eingebrachte und in einem deutlichen Widerspruch zu den Umweltnutzern stehende Risikoinformationen für die politischen und wählenden Agenten eine Unbestimmtheitssituation erzeugen. Dasselbe könnten prinzipiell auch die Umweltnutzer in Abwehr von zuerst in die Diskussion gebrachten Behauptungen der Umweltgruppen versuchen, allerdings sind sie es, die sich für soziale Risiken in der Öffentlichkeit zuerst rechtfertigen müssen. Sie haben vielmehr ein Interesse daran, daß soziale Risiken in ihrem Sinne nicht in Frage gestellt werden, da eine Infragestellung aufgrund der zu erwartenden Ellsberg-Situation zu einer Akzeptanz- und Präferenzminderung dieser Umweltnutzungsoption durch die Agenten führen würde.

Informationen spielen in der risikobehafteten Nutzung von Umweltressourcen somit hauptsächlich eine strategische Rolle: die Gruppe der Umweltnutzer hat ein Interesse daran, soziale Umweltnutzungsrisiken möglichst erst gar nicht in die Diskussion zu bringen; läßt sich dies aufgrund der Perzeption der Risiken durch die direkt betroffenen Agenten nicht mehr verhindern, wird über selektive, auf technologischen Risikoabschätzungen beruhenden Informationen und einem entsprechenden Framing versucht, diese sozialen Risiken möglichst akzeptabel darzustellen. Die Gruppe der Betroffenen und der intrinsisch Motivierten hingegen weiß um ihre relative Unterlegenheit und wird deshalb ihren (wenn auch geringen) Einfluß dazu nutzen, die Ergebnisse der Umweltnutzer in Frage zu stellen, so daß eine Ellsberg-Situation entsteht. In diesem Sinne ist auch die in Abschnitt 4.2.1 zitierte asymmetrische Einschätzung von Unsicherheitssituationen in Bemühungen analytischer Abschätzungen der Umweltnutzer und einer gesellschaftlichen Verschwörungsthese bei den Betroffenen verständlicher, da letztere diese Unbestimmtheit aufgrund der den Umweltnutzern (nicht zu Unrecht) unterstellten strategischen Verzerrung wahrnehmen.[410]

Informationen sind hier nicht im Sinne der konventionellen Informationsökonomie in Form von Werbung ein suchkosteneffizientes Instrument,[411] sondern ein strategisches Instrument zur sozialen Akzeptanzbeeinflussung.[412] Ob die Agenten, die zum einen den überproportionalen Informationsanstrengungen der Umweltnutzer ausgesetzt sind, zum anderen von den anderen Gruppen u.U. in eine Ellsberg-Entscheidungssituation gebracht werden, im Netto-Effekt Präferenzen und Akzeptanzen haben, *als ob* sie richtig und vollständig informiert wären, ist für den Einzelfall schwer abschätzbar. Die Informationsunterlegenheit der Betroffenen gepaart mit dem potentiell schlechten Informationsgrad der Wähler ist aber ein gesamtwirtschaftlich erwünschtes Korrektiv. Paradoxerweise macht gerade dieser geringe Informationsstand es für die Betroffenen leichter, Ellsberg-Situationen zu erzeugen, die in der politischen Auseinandersetzung von den Umweltnutzern häufig als "nicht-sachgerechte Emotionalisierung" (und damit als Irrationalität) interpretiert und dargestellt werden.[413] Dabei verdient eine solche Unbestimmtheitsaversion wirklich als "gesundes Mißtrauen" beschrieben zu werden, da es für die gesamtwirtschaftliche Beurteilung eine Korrektur in die richtige Richtung bedeutet. In diesem Sinne ist das in 3.3 beschriebene Bargain-

410 Vgl. Renn (1990), S. 562.

411 Vgl. dazu als grundlegenden Aufsatz Stigler (1961).

412 Gerade hier trifft die Einschätzung von Arrow zu, daß "... the critical impact of information on the optimal allocation of risk-bearing is not merely its presence or absence but its inequality among economic agents"; s. Arrow (1971), S. 13.

ing eine notwendige Auseinandersetzung über Umweltnutzungen, die nur dann als unsinnig empfunden werden kann, wenn man die potentiell unterschiedlichen Risikoeinschätzungen der Agenten ignoriert. Entscheidend für die umweltpolitische Umsetzung sind allerdings ebenso die politischen Prozesse, welche diese Auseinandersetzung aufgreifen und ausgleichen müssen.

Politiker sind von Natur aus weder gemeinnützige Agenten noch risikoverachtende Hasardeure. Sie realisieren, daß eine Reduktion der Unsicherheiten und Unbestimmtheiten von den Wählern erwünscht ist und daß gleichzeitig diese Wähler nur unvollständig informiert und *informierbar* sind. Diese und die spezifischen Gruppenansprüche machen den Rahmen aus, in dem der Politiker versucht, seine eigenen (u.U. konkurrierenden) Ziele der Wiederwahl, der Durchsetzung politischer Programme, etc. zu verfolgen. Die typische Anwort auf die aus einer Ellsberg-Situation folgenden Ansprüche ist ein politisch-wissenschaftlicher Versuch der Unsicherheitsreduktion, wie er am häufigsten in Form der sog. Szenarioanalyse durchgeführt wird. Die Szenarioanalyse soll von ihrem Anspruch gleichzeitig Prognoseunsicherheiten reduzieren und Politikentscheidungen vorbereiten. Unsicherheitsreduktionen werden von den Wählern präferiert, da diese Unsicherheiten als Unbestimmtheiten im Ellsberg-Sinne nicht von bestimmten Agenten nachgefragt werden, sondern durch das Kuppelprodukt unterschiedlicher Informationsanstrengungen der verschiedenen Gruppen entstehen.

Dabei profitiert die Szenario-Analyse von einem typischerweise in solchen Situationen anzutreffenden Szenariodenken, welches - geprägt durch die in 4.2.2 beschriebene Wirkung von Verfügbarkeiten und Repräsentativitäten - die Eintrittswahrscheinlichkeiten fälschlicherweise an der Wahrscheinlichkeit nur einzelner Szenario*komponenten* festmacht. Dadurch wird die Eintrittswahrscheinlichkeit insgesamt überschätzt. Im Extremfall kann das Verlangen nach Unsicherheitsreduktion so weit gehen, daß die Agenten in völliger Kenntnis der Tatsache, daß nahezu nichts sich exakt gemäß unseren Vorstellungen entwickelt, dennoch bereit sind, konkrete, ihrer Einschätzung nach sehr wahrscheinliche Zukunftsszenarien zu entwickeln.[414] Die Szenario-Analyse eröffnet dem Politiker die Möglichkeit, selbst Informationen in seinem Sinne zu selektieren, und gleichzeitig durch Pseudo-Realitäten, die von der Mehrheit der Agenten aufgrund ihres unterlegenen Informationsstandes akzeptiert werden, den Anschein zu erwecken, Unsicherheiten reduziert zu haben.[415]

---

413 Vgl. zum Argument der Emotionen auch Boehmer-Christiansen (1990).

414 Vgl. Dawes (1988), S. 128-132.

415 Schon Schumpeter hatte von der Rolle der Information im Verhältnis zwischen Agenten und Politikern eine ähnliche Vorstellung. "So sind denn Informationen und Argumente, für die schlagende Beweise vorgebracht werden, zumeist die Diener politischer Absichten. Da der Mensch immer und als erstes für seine Ideale zu lügen bereit sein wird, dür-

Unter Szenarien versteht man eine Zusammenstellung möglicher Ereignisse, die eine Approximation der Zukunftsmöglichkeiten darstellen und sich auf eine bestimmte Zeitperiode und einen relevanten Problembereich beziehen.[416] Da jede Prognose nur eine konditionale Prognose sein kann, kommt den exogenen Daten und den einzelnen Komponenten des zugrunde liegenden Modells eine große Bedeutung zu. Zu der bereits oben angeführten Gefahr der systematischen Unsicherheitsunterschätzung durch Wissenschaftler kommt hinzu, daß die Ansprüche an ein Szenario-Modell für die sozialen Interaktionen zumeist eher linear sind und sich entweder - dann häufig im Gegensatz zu den technologischen Abschätzungen - in einfache Beziehungen auf einem sehr hohen Aggregationsniveau erschöpfen oder in detaillierteste, kaum nachvollziehbare Beziehungsgeflechte aufgehen. Die komplexen Beziehungen sind Resultate von social-engineering-Ansätzen, die technologische Planungsmodelle auf gesellschaftliche auch in der diesen Methoden zugrunde liegenden Präzision übertragen.

Dies wird erst dadurch zum Manko, indem entweder die einfachen oder die komplexen Beziehungen mit derselben Unbesorgtheit im Szenario behandelt werden wie die technologischen Beziehungen, die in letzter Konsequenz auf naturwissenschaftliche Gesetze zurückgehen. Daß eine Modellierung sozialer Systeme eine ganz andere Herausforderung bedeutet als eine rein technologische Abschätzung, daß eine solche Annahme, die mehr als eine Musteraussage beschreiben will, im Hayekschen Sinne die Anmaßung von Wissen bedeutet,[417] wird dabei spätestens von den die Szenarien gebrauchenden Politikern nicht realisiert. Soziale Systeme haben nämlich im Gegensatz zu den technologischen Möglichkeitsabschätzungen aus Sicht des social engineers die unangenehme Eigenschaft, daß gerade bei langfristigen Problemen die einzelnen Elemente ihr Verhalten grundsätzlich ändern können.[418]

Dies wird umso problematischer, als diese Technik gerade dort eingesetzt wird, wo ein hohes, kaum durchschaubares Maß an Komplexität der naturwissenschaftlichen und sozialen Wirkungsmechanismen anzutreffen ist. Diese Technik eröffnet dem Politiker somit die Möglichkeit, bestimmte Entwicklungen als pseudo-sicher darzustellen, da die Unsicherheiten allenfalls in Form von die gesamte Bandbreite notwendigerweise nur unvollständig darstellenden Sensitivi-

---

fen wir erwarten und finden wir auch tatsächlich, daß eine wirksame Information beinahe immer verfälscht und ausgewählt ist und daß eine wirksame Argumentation in der Politik hauptsächlich darin besteht, gewisse Behauptungen zu Axiomen zu erheben und andere von der Traktandenliste zu streichen..." S. Schumpeter (1980), S. 419.

416 Vgl. Ducot, Lubben (1980), S. 51, sowie hierzu und im folgenden Stähler (1988), der seine Überlegungen anhand von Weltenergieszenarien zur Abschätzung zukünftiger CO_2-Emissionen verdeutlicht. Beachtenswert für diese Diskussion ist auch die Tatsache, daß das französische "le scénario" mit Drehbuch zu übersetzen ist.

417 Vgl. Hayek (1945).

418 Vgl. Weizsäcker (1988), S. 5.

tätsanalysen Eingang finden.[419] Zudem beauftragt der Politiker Wissenschaftler explizit mit einer Reduktion von sozialen Unsicherheiten; aufgrund seiner Stellung als Prinzipal gegenüber dem social engineer als Agenten kann er, selbst wenn er es wollte, auch die Unsicherheitsträchtigkeit der gerade im Umweltbereich hochkomplexen Modelle gar nicht erachten. Deshalb findet in der politischen Debatte notwendigerweise weniger eine Auseinandersetzung mit den versteckten Unsicherheiten, sondern mehr eine Auseinandersetzung auf Basis der verschiedenen Ergebnisse und der u.U. nicht akzeptierten Annahmen über die exogene Datenkonstellation verschiedener Szenarien und deren Akzeptanz statt.

Für die Umweltpolitik bedeutet dies, daß anstatt einer Darlegung der Unsicherheiten sich diese eher durch Pseudo-Sicherheiten, die aufgrund der Kürze der Wahlperiode von langfristigen Falsifikationsmöglichkeiten nahezu abgekoppelt sind, zu rechtfertigen versucht. Dies geht einher mit der Tendenz, versunkene Kosten in ihrer aktuellen Entscheidungsrelevanz weiterhin berücksichtigen zu wollen, da die zurückliegenden Entscheidungen heute aufgrund der damals suggerierten Pseudo-Sicherheit nicht falsch sein können oder dürfen. In diesem Zusammenhang befindet sich auch der Politiker in einem principal-agent-Dilemma, da von ihm nicht zu verantwortende Änderungen der Rahmenbedingungen ihm trotzdem vom Wähler aufgrund seines geringen Informationsstandes zugerechnet werden.

Es ist deshalb nicht hinterlistige Absicht, eine so ausgerichtete Umweltpolitik zu favorisieren, sondern auf Basis der Informationsasymmetrien zwischen Wählern, Politikern und Bürokraten und der daraus resultierenden nahezu vollständigen Verantwortungsuniversalität der politischen Agenten ein natürliches Resultat der Perzeptionen und Informationsbeeinflussungen der einzelnen Agenten. Da die Bestimmung von versunkenen Kosten ohnehin subjektiv unterschiedlich beurteilt wird, Unsicherheiten bestehen bleiben und die Agenten selbst dazu neigen, einmal eingeschlagenes Verhalten auch dann nicht ändern zu wollen, wenn versunkene Kosten eigentlich schon längst als Verluste realisiert werden sollten, erfährt eine solche Umweltpolitik solange eine hohe Akzeptanz durch die Mehrheit, wie ihre Ausrichtung nicht durch die Realisierung spezifischer Risikofälle und/oder einer offensichtlichen und gravierenden Ineffektivität und Ineffizienz in Frage gestellt wird.

Die politische Umsetzung der Auseinandersetzung zwischen Umweltnutzern und Betroffenen ist deshalb zunächst immer nur eine partielle, da das Umweltnutzungsproblem nicht in all seinen Facetten in die politische Bewertung eingeht.

---

419 Dies liegt darin begründet, daß zum einen nur exogene Daten Gegenstand einer Sensitivitätsanalyse sind, nicht aber die Modellannahmen. Zum anderen wird aufgrund des spezifischen Anliegens der Unsicherheitsreduktion eine Sensitivitätsanalyse oft verständlicherweise nur eingeschränkt durchgeführt, um nicht den Eindruck eines invaliden Modells entstehen zu lassen.

Allerdings ist dieser Tatbestand nicht nur ein politischer, sondern ein allgemein für Entscheidungsprobleme gültiger, da Entscheidungsträger immer für sie selektierte Informationen anderer zur Basis ihrer Entscheidungen machen müssen. Auch wenn für die Umweltpolitik die Gefahr nicht gering ist, daß mit Optionen verbundene Nutzengrößen im Gegensatz zu versunkenen Kosten keinerlei Berücksichtigung finden, weil potentiell irreversibel zerstörte Umweltgüter keinen bilanzierten Vermögenswert aufweisen, scheint das Publikum gegenüber einer so einseitig ausgerichteten Umweltnutzungspolitik wesentlich sensibler geworden zu sein.

Eine Ursache für diese - bereits in der Einleitung erwähnte - Bewertung ökonomischer Aktivitäten an ihrer Umweltverträglichkeit ist die Tatsache, daß den Agenten vollzogene Irreversibilitäten und einseitig verzerrte Wahrscheinlichkeitsabschätzungen anhand von Nutzeneinbußen und dem Eintritt nicht prognostizierter, u.U. sogar ex ante ausgeschlossener Schadensfälle offenbar werden. Ellsberg-Situationen lassen sich *langfristig* nämlich nur dann durch entsprechende Szenarien und Pseudo-Realitäten politisch auflösen, wenn die dort prognostizierte Entwicklung nicht allzu deutlich von der realen abweicht, wodurch sowohl Interventionsart als auch -niveau sich als zumindest einigermaßen adäquat erweisen können.

Diese Voraussetzung scheint für viele Umweltprobleme nicht mehr erfüllt zu sein, und die Agenten scheinen aus den bis heute sichtbaren Umweltschäden insofern gelernt zu haben, als daß sie ihre Verunsicherung nicht ablegen, sondern in den politischen Prozeß einbringen, wenn die konventionellen Schätzungen und Ansätze seit langem versagen. Als notwendige Gegenkompensation ist in diesem Fall die Angst in Form eines Mißtrauens gegenüber den technokratischen Abschätzungen der Umweltnutzer ein guter Ratgeber.

Inwieweit in der Zukunft die Präferenz für allein technokratische, expertenelitäre Abschätzungen abgelöst werden kann durch eine wirkliche Unsicherheitsanalyse, hängt zum einen entscheidend davon ab, inwieweit es den Betroffenen gelingt, das Schaffen einer Ellsberg-Situation für neuere Risikobetrachtungen zu instrumentalisieren, um den Vorwurf der Emotionalisierung inhaltslos zu machen. Ebenso ist entscheidend, inwieweit sich die Betroffenen selbst nicht durch den Vorwurf haben derart emotionalisieren lassen, als daß sie es ablehnen, ihre Ziele mit effizienten Instrumenten durchzusetzen. Nur so sind sie in der Lage, ihr Politikanliegen als Strategie und nicht als eine von vornherein zum Scheitern verurteilte Ideologie einzubringen.

5. Zusammenfassung und Schlußfolgerungen

Kollektive Umweltnutzungen und individuelle Bewertungen derselben stehen offensichtlich in einem nicht allein von der Gefahr strategischer Verhaltensweisen bedrohten Verhältnis. Vielmehr haben kollektive Umweltnutzungen, gerade wenn sie mit sozialen Risiken identifiziert werden, einen über institutionelle Probleme hinausgehenden Problemcharakter, der aus der spezifischen nicht-marktlichen Koordination der individuellen Interessen resultiert. Die für Marktentscheidungen als (zumindest langfristig) irrelevant erachteten Perzeptionsvoraussetzungen sind geeignet, Akzeptanz und Bewertung von Umweltnutzungsoptionen zu dominieren.

In Kapitel 2 haben wir dargelegt, daß die Analyse von Coase uns ein Effizienzkriterium anbietet, nach Maßgabe dessen eine prinzipiell notwendige Intervention von kollektiver Seite entschieden werden sollte. Kollektive Umweltnutzungen müssen demnach gegenüber individuellen Austauschhandlungen oder individueller Toleranz von Externalitäten transaktionskostenüberlegener und effizienter sein. Dieses Abwägungskriterium verhindert sowohl die durch die Unbestimmtheit der Pigou-Analyse mögliche universelle Intervention als auch die durch eine extreme Auslegung der Theorie der Property Rights induzierte Unterlegenheit jeglicher kollektiven Handlung. Die Möglichkeit strategischen Verhaltens, Informationsasymmetrien und Unsicherheiten sind Indizien, die eine Interventionsanalyse ratsam machen, da in diesen Fällen die vom Staat garantierten Möglichkeiten freiwilliger Austauschhandlungen nicht hinreichend für ein effizientes Management externer Effekte sein müssen.

Entscheidungen über interventionsbedürftige Umweltnutzungen sind aus der Natur der Sache mit anderen Informations- und Bewertungsproblemen behaftet als freiwillige Austauschhandlungen, die ihre Vorteilhaftigkeit für die Beteiligten direkt implizieren. Neben den strategischen Verhaltensmöglichkeiten ist zum einen eine Bewertung der Schäden problematisch. Der Standard-Preis-Ansatz, der diese Abwägung durch die pragmatischere Aufgabe des effizienten Durchsetzens exogener Umweltqualitätsstandards ersetzt, weist für die weitergehenden komplexen Akkumulations-, Kuppel- und räumlichen Prozesse auf die Effizienzunterschiede verschiedener Instrumententypen hin. Es zeigt sich, daß - entgegen der ordnungsrechtlichen Dominanz in der realen Umweltpolitik - Umweltzertifikate eine bedeutende Rolle bei der effizienten Durchsetzung von Umweltnutzungsinterventionen spielen können.

Die Komplexität der Umweltnutzungswirkungen und -verflechtungen macht eine deterministische Betrachtung unrealistisch, so daß viele Umweltnutzungswirkungen als stochastisch aufgefaßt werden müssen. Die so verstandenen Umweltrestrisiken können aufgrund ihrer Nicht-Privatisierbarkeit nur wesentlich eingeschränkter gestreut werden, da das instrumentell durchgesetzte Umweltnutzungsniveau kollektiv zu tragende Restrisiken impliziert. Sollten Unsicherheiten über Umweltnutzungen in Zusammenhang mit möglicherweise irreversiblen Entscheidungsfolgen in Frage stehen, kommen schwer abschätzbare Optionswerte ins Spiel, die von uns eine erhöhte Aufmerksamkeit bei der Behandlung u.U. unwiederbringlicher Umweltgüter verlangen.

Nachdem neben der Unbestimmtheit meritorischer und ethischer Ansätze in Kapitel 3 das Pareto-Prinzip zur Abwägung *kollektiver* Entscheidungen als nicht sinnvoll erachtet werden konnte, da es hier gesellschaftliche Erstarrungen zur Folge hätte, haben wir ein anderes, ordnungspolitisch akzeptables und anreizkompatibles Kriterium vorgestellt und die damit verbundenen konkreten Umsetzungen diskutiert. Die Neue Politische Ökonomie weist uns auf mögliche Ineffizienzen kollektiver Handlungen hin, die insbesondere im Einflußverhalten gut organisierbarer Gruppen, im Verhalten von Bürokraten und in den geringen Informationsanstrengungen der Wähler begründet liegen. Die notwendigerweise unvollständige politische Analyse von kollektiven Umweltnutzungsentscheidungen hat uns aber auch bereits darauf hingewiesen, daß diese nicht allein durch individuelle Vorteilserwägungen bestimmt sein können. Die Tatsachen, daß man sich diesen Entscheidungen nicht entziehen kann, daß entscheidungsrelevante Fairneßüberlegungen und Bargaining-Prozesse existent sind sowie die mit intertemporalen Abwägungen und Diskontierungen verbundenen Entfremdungen machen kollektive Umweltnutzungen zu einem Problem eigener Qualität.

In Kapitel 4 wurde deshalb der Versuch unternommen, diese eigene Qualität unter Zuhilfenahme psychologischer Erkenntnisse insbesondere unter dem Aspekt zunehmender Unsicherheiten über Umweltwirkungen zu präzisieren. Der optimistische ökonomische Ansatz wurde als Referenzfall gewählt, weil er beansprucht, daß Entscheidungen unter Unsicherheit keine prinzipiell andere Qualität als unter Sicherheit haben, da Wahrscheinlichkeitsabschätzungen koinzidieren und die Agenten Umweltnutzungen gemäß der Maximierung des erwarteten Nutzens präferieren. Gegen diese Position wurden mehrere stichhaltige Argumente angeführt, von denen das entscheidende die Tatsache ist, daß Bewertungen über kollektive Umweltnutzungen nicht über Märkte oder Arbitrageure koordiniert werden und deshalb vermeintliche Fehlbewertungen der einen Agenten nicht durch überlegene Bewertungen und Gegengeschäfte anderer Agenten gesamtwirtschaftlich bedeutungslos gemacht werden.

Deshalb haben wir die von den Agenten in Abhängigkeit von der spezifischen Situation vorgenommenen Risikoeinschätzungen sowie Anomalien als systematische Bewertungsabweichungen vom ökonomischen Referenzfall aufgegriffen und konkret im Hinblick auf Entscheidungen über Umweltnutzungen diskutiert. Anhand dessen konnten spezifische Umweltnutzungsbewertungen erarbeitet werden. Die Integration dieser Anomalien in den Theorieansatz der Prospect Theory offenbarte sowohl die Schwächen, denen eine solche individualistisch-isolierte Theorie unterliegt, wenn man sie aus dieser Orientierung heraus mit potentiellen Koordinationsmechanismen konfrontiert, als auch den Tatbestand, daß es für unser Problem zunächst keinen Anhaltspunkt für eine rasche Reduktion dieser Anomalien gibt.

Versunkene Kosten entfalten für Umweltnutzungsentscheidungen eine doppelte Wirkung. Zum einen bedingen sie eine hohe Kohärenz der Umweltnutzer, da diese durch Änderungen der Umweltnutzungsbedingungen um ihre mit irreversiblen Investitionen verbundenen Quasi-Renten fürchten müssen. Da Zertifikatslösungen über eine Grandfathering-Regel nicht bis zum Management, sondern nur bis zu den Kapitalgebern als Kompensationen wirken, wird das Management nicht nur das Umweltnutzungsniveau, sondern auch die Interventionsart in Form einer Präferenz für outputbelassende Auflagen über den Gruppeneinfluß durchzusetzen suchen. Auf der anderen Seite stellt die Relevanz versunkener Kosten selbst eine Anomalie dar, die im Extremfall sogar Eskalationsverhalten bedeuten kann. Eine Anomaliereduktion bei Kollektivgutentscheidungen wie der Umweltnutzung kann dabei nicht erwartet werden, weil im öffentlichen Sektor versunkene Kosten aufgrund der Inputbewertung nicht realisiert werden und Politiker gerade Entscheidungen mit versunkenen Kosten rechtfertigen.

In Abschnitt 4.3 haben wir dann die Prämisse objektiver und von allen akzeptierten Eintritts- bzw. Schadenswahrscheinlichkeiten aufgegeben. Es zeigte sich, daß die Agenten solche Prospekte weniger präferieren als solche, bei denen die Wahrscheinlichkeiten auf der Hand liegen. Gerade der Übergang von einem ressourcen- zu einem technologiegestützten Wachstum mit der Eigenschaft einer zunehmenden Gefahr von Großunfällen, die von den Umweltnutzern als sehr unwahrscheinlich dargestellt werden, gab der Gruppe der Umweltschützer auf Basis dieses Phänomens eine gute Möglichkeit, die Informationsbemühungen dieser Umweltnutzer effektiv gegenzukompensieren.

Wenn wir nun zum Ausgangspunkt unserer Analyse zurückkehren und uns erneut die Frage nach den Ursachen möglicher Verständigungsschwierigkeiten zwischen Ökonomen und anderen Akteuren der Umweltpolitik stellen, so liegen diese offensichtlich in der Vernachlässigung von Perzeptionen und Anomalien durch Ökonomen, die fälschlicherweise eine Nichtüberlebensfähigkeit solcher Phänomene auf Märkten auch auf Kollektivgutentscheidungen übertragen. Sicher hat auch die Weigerung vieler Ökonomen, sich mit korrespondierenden Verteilungsfragen zu beschäftigen, dazu beigetragen, daß die Empfehlungen der Umweltökonomik anscheinend so wenig Eingang in die öffentliche Diskussion finden.[420]

---

420 Vgl. zu einer distributionsorientierten Erklärung für das Scheitern ökonomischer Ansätze bei der Konzipierung des US-amerikanischen Clean Water Acts Roberts (1980).

In der Arbeit konnte jedoch gezeigt werden, daß distributive Aspekte durchaus mit mit umweltpolitischen Entscheidungen koordiniert werden können. Die Reduktion von Entscheidungen unter Unsicherheit auf eine Koinzidenzthese von Wahrscheinlichkeiten und eine Präferenzbildung gemäß dem erwarteten Nutzen, dargestellt zudem als einzig mögliches rationales Verhalten, macht deshalb eher das Unverständnis aus, da damit die Komplexität von Umweltnutzungen, von Informationsunterlegenheiten und -anstrengungen sowie von individuellen Perzeptionen kaum erfaßt bzw. normativ vereinfacht werden kann. Denn auch der Ökonom muß realisieren, daß seine Kodierung der Probleme nicht unverzerrt und außerdem auch geeignet ist, die Entscheidungen je nach spezifischer Verordnungsweise rationalen Verhaltens zu variieren.[421]

Daß unsere Schlußfolgerungen dennoch nicht pessimistisch sind, liegt daran, daß ein Höchstmaß an Pluralismus und Föderalismus in den Meinungsäußerungen eine Offenbarung von Anomalien und u.U. auch ihre Reduktion bedingen kann. Eine rationale Umweltpolitik wird deshalb am ehesten von einer wirklich offenen Gesellschaft, die sich insbesondere durch eine *unabhängige* und vielfältige Medienkultur auszeichnet, zu erwarten sein.[422] Wenn die Institutionalisierung der kollektiven Willensbildung diese Eigenschaften integriert und aufnimmt, sind auch für Umweltnutzungen marktähnliche Koordinationen zu erwarten. Durch eine solche Eigenschaft erweiterte Institutionen erleichtern den Agenten eine Überprüfung ihrer Perzeptionen. Daß die Umweltschützer in der Lage sind, die Unbestimmtheitsaversion als Gegenkompensation der Informationsbemühungen der Umweltnutzer einzusetzen, bedeutet ein gesamtwirtschaftlich erwünschtes Korrektiv, welches in seiner Wirkung gerade nicht durch eine Einschränkung des Pluralismus behindert werden sollte, auch wenn sich dieses Korrektiv gerade auf die als von der Neuen Politischen Ökonomie zu gering erachteten Informationsanstrengungen der wählenden Agenten gründet. Schließlich erwartet man bei Marktkoordinationen auch keine genaue Kenntnis der sozialen Erwünschtheit bestimmter Handlungen durch die diese Handlungen tragenden Agenten. Nur durch eine so erweiterte Institutionalisierung kollektiver Entscheidungen ist eine weitgehende Rationalisierung kollektiver Umweltnutzungsentscheidungen möglich, da die Voraussetzungen in den Perzeptionen koordiniert werden können. Dies sollte der Rahmen sein, in dem Effizienzmaßstäbe sich als maßgeblich durchsetzen können und in dem ökonomische Kalküle, die die potentielle Relevanz der Anomalieeffekte nicht prinzipiell in Frage stellen oder als schlichtweg irrational abtun, wesentlich mehr Zustimmung finden können.

---

421 Vgl. Bell, Raiffa, Tversky (1988), S. 11f. "Indeed, there exists no general normative theory as to how problems should be defined, or how language and context should be encoded." S. Shoemaker (1982), S. 556.

422 Vgl. zur Forderung einer offenen Gesellschaft auch Boehmer-Christiansen (1990), S. 835.

6. Literaturverzeichnis

Adams, M. (1985): Ökonomische Analyse der Verschuldungs- und Gefährdungshaftung, Heidelberg

Akerlof, G.A.; Yellen, J.L. (1985): Can Small Deviations from Rationality Make Significant Differences to Economic Equilibria?, in: American Economic Review, Vol. 75, S. 708-720

Alchian, A.A. (1950): Uncertainty, Evolution, and Economic Theory, in: Journal of Political Economy, Vol. 58, S. 211-221

Allais, M. (1979): The Foundations of a Positive Theory of Choice Involving Risk and a Critiscism of the Postulates and Axioms of the American School, in: Allais, M.; Hagen, O. (Hrsg.): Expected Utility Hypothesis and the Allais Paradoxon, Dordrecht, Boston, London, S. 27-145

Allais, M. (1988): The General Theory of Random Choices in Relation to the Invariant Cardinal Utility Function and the Specific Probability Function. The (U,θ) Model. A General Overview, in: Munier, B.R. (Hrsg.): Risk, Decision and Rationality, Dordrecht u.a., S. 231-289

Allais, M.; Hagen, O. (1979, Hrsg.): Expected Utility Hypothesis and the Allais Paradoxon, Dordrecht, Boston, London

Andel, N.: (1984): Zum Konzept der meritorischen Güter, in: Finanzarchiv, N.F. Bd. 42, S. 630-648

Arkes, H.R.; Blumer, C. (1985): The Psychology of Sunk Costs, in: Organizational Behavior and Human Decision Processes, Vol. 35, S. 124-140

Arnold, V. (1984): Umweltschutz als international öffentliches Gut: Komparative Kostenvorteile und Verteilungsgewinne, in: Zeitschrift für Wirtschafts- und Sozialwissenschaften, 104. Jg., S. 111-129

Arrow, K.J. (1951a): Alternative Approaches to the Theory of Choice in Risk-Taking Situations, in: Econometrica, Vol. 19, S. 404-437

Arrow, K.J. (1951b): Social Choice and Individual Values, London

Arrow, K.J. (1962): The Economic Implications of Learning by Doing, in: Review of Economic Studies, Vol. 29, S. 155-174

Arrow, K.J. (1971): Political and Economic Evaluation of Social Effects and Externalities, in: Intriligator, M.D. (Hrsg.): Frontiers of Quantitative Economics, Amsterdam, London, S. 3-25

Arrow, K.J. (1982): Risk Perception in Psychology and Economics, in: Economic Inquiry, Vol. 20, S. 1-9

Arrow, K.J. (1984): Risk Allocation and Information: Some Recent Theoretical Developments, in: K.J. Arrow: The Economics of Information. Collected Papers of K.J. Arrow, Cambridge, Mass., S. 197-215

Arrow, K.J. (1985): The Economics of Agency, in. Pratt, W.J.; Zeckhauser, R.J. (Hrsg.): Principals and Agents: The Structure of Business, Boston, S. 37-51

Arrow, K.J. (1987): Rationality of Self and Others in an Economic System, in: Hogarth, R.M.; Reder, M.W. (Hrsg.): Rational Choice. The Contrast between Economics and Psychology, Chicago und London, S. 201-215

Arrow, K.J. (1988): Behavior Under Uncertainty And Its Implications For Policy, in: Bell, D.E.; Raiffa, H.; Tversky, A. (Hrsg.): Decision Making. Descriptive, Normative, and Prescriptive Interactions, New York u.a., S. 497-509

Arrow, K.J.; Fisher, A.C. (1974): Environmental Preservation, Uncertainty, and Irreversibility, in: Quarterly Journal of Economics, Vol. 88, S. 312-319

Arrow, K.J.; Kurz, M. (1970): Public Investment, the Rate of Return, and Optimal Fiscal Policy, Baltimore, London

Arrow, K.J.; Lind, R.C. (1970): Uncertainty and the Evaluation of Public Investment Decisions, in: American Economic Review, Vol. 60, S. 364-378

Baumol, W.J.; Oates, W.E. (1971): The Use of Standards and Prices For Protection of the Environment, in: Swedish Journal of Economics, Vol. 73, S. 42-54

Baumol, W.J.; Oates, W.E. (1975): The Theory of Environmental Policy. Externalities, Public Outlays, and the Quality of Life, Englewood Cliffs

Baumol, W.J.; Panzar, J.C.; Willig, R.D.: Contestable Markets and the Theory of Industry Structure, revidierte Aufl., San Diego u.a.

Bell, D.E.; Raiffa, H.; Tversky, A. (1988): Descriptive, Normative, and Prescriptive Interactions in Decision Making, in: dies. (Hrsg.): Decision Making. Descriptive, Normative, and Prescriptive Interactions, New York u.a., S. 9-30

Bernholz, P. (1981): Die Rolle von Werturteilen und Normen in der Theorie der Wirtschaftspolitik, in: Tietz, R. (Hrsg.): Wert- und Präferenzprobleme in den Sozialwissenschaften, Schriften des Vereins für Socialpolitik, N.F. Bd. 122, Berlin, S. 27-40

Binswanger, H.C. (1973): Verursacherprinzip und Umweltschutz, in: Jahrbuch für Umweltschutz, Luzern, S. 31-28

Binswanger, H.C. (1980): Modell einer umweltkonformen Marktwirtschaft - ein Weg zum qualitativen Wachstum, in: Küng, E. (Hrsg.): Wandlungen in Wirtschaft und Gesellschaft, Festschrift für W.A. Jöhr, Tübingen, S. 201-211

Binswanger, H.C. (1990): Neue Dimensionen des Risikos, in: Zeitschrift für Umweltpolitik und Umweltrecht, 13. Jg., S. 103-118

Binswanger, H.C.; Faber, M.; Manstetten, R. (1990): The dilemma of modern man and nature: an exploration of the Faustian imperative, in: Ecological Economics, Vol. 2, S. 197-223

Bird, P. (1987): The Transferability and Depletability of Externalities, in: Journal of Environmental Economics and Management, Vol. 14, S. 54-57

Boehmer-Christiansen, S.A. (1990): Energy policy and public opinion. Manipulation of environmental threats by vested interests in the UK and West Germany, in: Energy Policy, Vol. 18, S. 828-837

Bolle, F. (1990): High Reward Experiments Without High Expenditure For The Experimenter?, in: Journal of Economic Psychology, Vol. 11, S. 157-167

Bonus, H. (1990): Preis- und Mengenlösungen in der Umweltpolitik, in: Jahrbuch für Sozialwissenschaft, Bd. 41, S. 343-358

Borchardt, K. (1977): Der "Property Rights-Ansatz" in der Wirtschaftsgeschichte - Zeichen für eine systematische Neuorientierung des Faches?, in: Kocka, J. (Hrsg.): Theorien in der Praxis des Historikers. Führungsbeispiele und ihre Diskussion, Geschichte und Gesellschaft. Zeitschrift für Historische Sozialwissenschaft, Sonderheft 3, Göttingen, S. 140-156

Borchert, M.; Grossekettler, H. (1985): Preis- und Wettbewerbstheorie, Stuttgart u.a.

Boulding, K.E. (1977): Prices and Other Institutions, in: Journal of Economic Issues, Vol. 11, S. 809-821

Brachinger, H.W. (1988): Das Bernoulli-Paradigma und Allais' Paradox. Anmerkungen zum Nobelpreis 1988 für Maurice Allais, in: Wirtschaftsdienst, 68. Jg., S. 587-592

Buchanan, J.M.; Stubblebine, W.C. (1962): Externality, in: Economica, Vol. 29, S. 371-384

Cansier, D. (1975): Ökonomische Grundprobleme der Umweltpolitik, Berlin

Clark, C.W. (1976): Mathematical Bioeconomics: The Optimal Management of Renewable Resources, New York u.a.

Clarke, E.H. (1971): Multipart Pricing of Public Goods, in: Public Choice, Vol. 8, S. 17-33

Coase, R.H. (1937): The Nature of the Firm, in: Economica, Vol. 4, S. 386-405

Coase, R.H. (1960): The Problem of Social Cost, in: Journal of Law and Economics, Vol. 3, S. 1-44

Coleman, J.S. (1964): Collective Decisions, in: Sociological Inquiry, S. 166-181

Cropper, M.L. (1976): Regulating Activities with Catastrophic Environmental Effects, in: Journal of Environmental Economics and Management, Vol. 3, S. 1-15

Dasgupta, P.S. (1982): The Control of Resources, Oxford

Dasgupta, P.S.; Heal, G.M. (1979): Economic Theory and Exhaustible Resources, Cambridge, Mass. u.a.

Dawes, R.M. (1988): Rational Choice in an Uncertain World, San Diego u.a.

De Meza, D.; Dickenson, P.T. (1984): Risk preferences and transaction costs, in: Journal of Economic Behavior and Organization, Vol. 5, S. 223-236

Demsetz, H. (1967): Toward a Theory of Property Rights, in: American Economic Review, Papers and Proceedings, Vol. 57 (1967), S. 347-359

Downs, A. (1968): Eine ökonomische Theorie der Demokratie, Tübingen

Ducot, C.; Lubben, G.J. (1980): A Typology for Scenarios, in: Futures, Vol. 12, S. 51-57

Earl, P.E. (1990): Economics and Psychology: A Survey, in: The Economic Journal, Vol. 100, S. 718-755

Edmonds, J.A.; Reilly, J. (1985): Time and Uncertainty: Analytic Paradigms and Policy Requirements, in: van Gool, W.; Bruggink, J. (Hrsg.): Energy and Time in Economic and Physical Sciences, Amsterdam u.a., S. 287-313

Eichenberger, R.; Frey, B.S. (1990): Entscheidungsanomalien: Beispiele, Bedeutung, Reaktionen, in: WiSt, 19. Jg., S. 270-274

Einhorn, H.J.; Hogarth, R.M. (1988): Decision Making under Ambiguity: A Note, in: Munier, B.R. (Hrsg.): Risk, Decision and Rationality, Dordrecht u.a., S. 327-336

Ellsberg, D. (1961): Risk, Ambiguity, and the Savage Axioms, in: Quarterly Journal of Economics, Vol. 75, S. 643-669

Ellsberg, D. (1963): Reply to Roberts, in: Quarterly Journal of Economics, Vol. 77, S. 336-342

Elster, J. (1985): Weakness of Will and the Free-Rider Problem, in: Economics and Philosophy, Vol. 1, S. 231-265

Elster, J. (1989): Social Norms and Economic Theory, in: Journal of Economic Perspectives, Vol. 3, S. 99-117

Endres, A. (1985): Umwelt- und Ressourcenökonomie, Darmstadt

Erdmann, G. (1987): Die Diskontrate bei der Planung mittel- bis langfristiger Projekte im Energiebereich, Jülich

Faber, M.; Niemes, H.; Stephan, G. (1983): Entropie, Umweltschutz und Rohstoffverbrauch: Eine naturwissenschaftlich ökonomische Untersuchung, Heidelberg

Fellner, W. (1961): Distortion of Subjective Probabilities as a Reaction to Uncertainty, in: Quarterly Journal of Economics, Vol. 75, S. 670-689

Field, B.C. (1989): The Evolution of Property Rights, in: Kyklos, Vol. 42, S. 319-345

Fisher, A.C.; Krutilla, J.V. (1985): Economics of Nature Preservation, in: Kneese, A.V.; Sweeney, J.L. (Hrsg.): Handbook of Natural Resource and Energy Economics, Vol. I, Amsterdam, New York, Oxford, S. 165-189

Fisher, A.C.; Krutilla, J.V.; Cicchetti, C.J. (1972): The Economics of Environmental Preservation: A Theoretical and Empirical Analysis, in: American Economic Review, Vol. 67, S. 605-619

Frey, B.S. (1981): Theorie demokratischer Wirtschaftspolitik, München

Frey, B.S. (1986): Economists Favour the Price System - Who Else Does?, in: Kyklos, Vol. 39, S. 537-563

Frey, B.S.; Eichenberger, R. (1989a): Anomalies and Institutions, in: Journal of Institutional and Theoretical Economics (Zeitschrift für die gesamte Staatswissenschaft), Vol. 145, S. 423-437

Frey, B.S.; Eichenberger, R. (1989b): Zur Bedeutung entscheidungstheoretischer Anomalien für die Ökonomik, in: Jahrbücher für Nationalökonomie und Statistik, Bd. 206, S. 81-101

Friedman, M. (1962): Price Theory, Chicago

Friedman, M.; Savage, L.J. (1948): The Utility Analysis of Choices Involving Risk, in: Journal of Political Economy, Vol. 56, S. 279-304

Furubotn, E.G. (1989): Distributional Issues in Contracting for Property Rights. Comment, in: Journal of Institutional and Theoretical Economics (Zeitschrift für die gesamte Staatswissenschaft), Vol. 145, S. 25-31

Furubotn, E.G.; Pejovich (1972): Property Rights and Economic Theory: A Survey of Recent Literatur, in: Journal of Economic Literature, Vol. 10, S. 1137-1162

Gäfgen, G. (1983): Institutioneller Wandel und ökonomische Erklärung, in: Jahrbuch für Neue Politische Ökonomie, Bd. 2, S. 19-49

Gäfgen, G. (1984): Entwicklung und Stand der Theorie der Property Rights: Eine kritische Bestandaufnahme, in: Neumann, M. (Hrsg.): Ansprüche, Eigentums- und Verfügungsrechte, Schriften des Vereins für Socialpolitik, N.F. Bd. 140, Berlin, S. 43-62

Gärdenfors, P.; Sahlin, N.-E. (1982): Unreliable Probabilities, Risk Taking, and Decision Making, in: Synthese, Vol. 53, S. 361-386

Geipel, R. (1987): Gesellschaftliches Verhalten bezüglich potentieller und tatsächlicher Katastrophenfälle: Die Sicht der Hazard-Forschung, in: Holzheu, F.; u.a. (Hrsg.): Gesellschaft und Unsicherheit, Karlsruhe, S. 67-84

Grossekettler, H. (1985): Options- und Grenzkostenpreise für Kollektivgüter unterschiedlicher Art und Ordnung. Ein Beitrag zu den Bereitstellungs- und Finanzierungsregeln für öffentliche Leistungen, in: Finanzarchiv, N.F. Bd. 43, S. 211-252

Güth, W. (1990): Game Theory's Basic Question: Who is a Player? Examples, Concepts, and their Behavioral Relevance, Plenary lecture at the First Summer School in Economic Psychology, Manuskript, o.O.

Hagen, O.; Weinstop, F. (1984, Hrsg.): Progress in Utility and Risk Theory, Dordrecht, Boston, Lancaster

Haltiwanger, J.; Waldman, M. (1989): Limited Rationality and Strategic Complements: The Implications for Macroeconomics, in: Quarterly Journal of Economics, Vol.54, S. 463-483

Hammond, P.J. (1990): Theoretical Progress in Public Economics: A Provocative Assessment, in: Oxford Economic Papers, Vol. 42, S. 6-33

Hayek, F.A. (1945): The Use of Knowledge in Society, in: American Economic Review, Vol. 35, S. 519-530

Hayek, F.A. (1972): Die Theorie komplexer Phänomene, Tübingen

Head, J.G. (1988): On Merit Wants. Reflections on the Evolution, Normative Status and Policy Relevance of a Controversial Public Finance Concept, in: Finanzarchiv, N.F. Bd. 46, S. 1-37

Heijdra, B.J. (1988): Neoclassical Economics and the Psychology of Risk and Uncertainty, in: Earl, P.E. (Hrsg.): Psychological Economics. Developments, Tensions, Prospects, Boston, Dordrecht, Lancaster, S. 67-84

Heiner, R.A. (1983): The Origin of Predictable Behavior, in: American Economic Review, Vol. 73, S. 560-595

Hirshleifer, J.; Riley J.G. (1979): The Analytics of Uncertainty and Information - An Expository Survey, in: Journal of Economic Literature, Vol. 17, S. 1375-1421

Holzheu, F. (1987): Die Bewältigung von Unsicherheit als ökonomisches Grundproblem, in: Holzheu, F.; u.a. (Hrsg.): Gesellschaft und Unsicherheit, Karlsruhe, S. 11-36

Hotelling, H. (1931): The Economics of Exhaustible Resources, in: Journal of Political Economy, Vol. 39, S. 137-175

Hoyos, C. (1987): Einstellungen zu und Akzeptanz von unsicheren Situationen: Die Sicht der Psychologie, in: Holzheu, F.; u.a. (Hrsg.): Gesellschaft und Unsicherheit, Karlsruhe, S. 49-65

Johansen, L. (1987a): An Examination of the Relevance of Kenneth Arrow's General Possibility Theorem For Economic Planning, in: Forsund, F.R. (Hrsg.): Collected Works of Leif Johansen, Amsterdam u.a., S. 439-475

Johansen, L. (1987b): The Theory of Public Goods: Misplaced Emphasis?, in: Forsund, F.R. (Hrsg.): Collected Works of Leif Johansen, Amsterdam u.a., S. 663-668

Johansen, L. (1987c): The Bargaining Society and the Inefficiency of Bargaining, in: Forsund, F.R. (Hrsg.): Collected Works of Leif Johansen, Amsterdam u.a., S. 687-711

Johansen, L. (1987d): On the Status of the Nash Type of Noncooperative Equilibrium in Economic Theory, in: Forsund, F.R. (Hrsg.): Collected Works of Leif Johansen, Amsterdam u.a., S. 800-821

Jungermann, H.; Fleischer, F. (1988): As Time goes by: Psychological Determinants of Time Preference, in: Kirsch, G.; Nijkamp, P.; Zimmermann, K. (Hrsg.): The Formulation of Time Preferences in a Multidisciplinary Perspective. Their Consequences for Individual Behavior and Collective Decision-Making, Aldershot, Brookfield, S. 81-98

Kabelitz, K.R. (1984): Eigentumsrechte und Nutzungslizenzen als Instrumente einer ökonomisch rationalen Luftreinhaltepolitik, München

Kahneman, D. (1988): Experimental Economics: A Psychological Perspective, in: Tietz, R.; Albers, W.; Selten, R. (Hrsg.): Bounded Rationality in Experimental Games and Markets, Berlin u.a., S. 11-18

Kahneman, D.; Knetsch, J.L.; Thaler, R.H. (1987): Fairness and the Assumptions of Economics , in: Hogarth, R.M.; Reder, M.W. (Hrsg.): Rational Choice, Chicago, S. 101-116

Kahneman, D.; Tversky, A. (1979): Prospect Theory: An Analysis of Decisions Under Risk, in: Econometrica, Vol. 47, S. 263-291

Karl, H. (1987): Ökonomie öffentlicher Risiken in Marktwirtschaften, in: WiSt, 16. Jg., S. 217-223

Keck, O. (1987): The Information Dilemma. Private Information as a Cause of Transaction Failure in Markets, Regulation, Hierarchy, and Politics, in: Journal of Conflict Resolution, Vol. 31, S. 139-163

Keynes, J.M. (1921): A Treatise on Probability, London

Khalil, E.L. (1990): Entropy Law and Exhaustion of Natural Resources: Is Nicholas Georgescu-Roegen's Paradigm Defensible?, in: Ecological Economics, Vol. 2, S. 163-178

Kirsch, G. (1988): Time Preference and Social Decision Making, in: Kirsch, G.; Nijkamp, P.; Zimmermann, K. (Hrsg.): The Formulation of Time Preferences in a Multidisciplinary Perspective. Their Consequences for Individual Behavior and Collective Decision-Making, Aldershot, Brookfield, S. 189-204

Kirsch, G.; Mackscheidt, K. (1985): Staatsmann, Demagoge, Amtsinhaber. Eine psychologische Ergänzung der ökonomischen Theorie der Politik, Göttingen

Klopstech, A.; Selten, R. (1985): Formale Konzepte eingeschränkt rationalen Verhaltens, in: Todt, H. (Hrsg.): Normengeleitetes Verhalten in den Sozialwissenschaften, Schriften des Vereins für Socialpolitik, N.F. Bd. 141, S. 11-34

Kneese, A.V.; Schulze, W.D. (1985): Ethics and Environmental Economics, in: Kneese, A.V.; Sweeney, J.L. (Hrsg.): Handbook of Natural Resource and Energy Economics, Vol. I, Amsterdam, New York, Oxford, S. 192-220

Knight, F.H. (1921): Risk, Uncertainty and Profit, New York

Krutilla, J.V.; u.a. (1972): Observations on the economics of Irreplaceable Assets, in: Kneese, A.V.; Bower, B.T. (Hrsg.): Environmental Quality Analysis. Theory and Method in the Social Sciences, Resources for the Future, Baltimore, London, S. 69-112

Koslowski, P. (1989): Grundlinien der Wirtschaftsethik, in: Zeitschrift für Wirtschafts- und Sozialwissenschaften, Bd. 109, S. 345-383

Koslowski, P. (1990): Wirtschaftsethik als Synthese von ökonomischer und ethischer Theorie, in: Zeitschrift für Wirtschafts- und Sozialwissenschaften, Bd. 110, S. 277-281

Leibenstein, H. (1966): Allocative efficiency versus "X-Efficiency", in: American Economic Review, Vol. 56, S. 392-415

Libecap, G.D. (1989): Distributional Issues in Contracting for Property Rights, in: Journal of Institutional and Theoretical Economics (Zeitschrift für die gesamte Staatswissenschaft), Vol. 145, S. 6-24

Lind, R.C. (1982): A Primer on the Major Issues Relating to the Discount Rate for Evaluating National Energy Options, in: Lind, R.C., u.a. (Hrsg.): Discounting for Time and Risk in Energy Policy, Washington, D.C., S. 21-94

Loewenstein, G.; Thaler, R.H. (1989): Anomalies. Intertemporal Choice, in: Journal of Economic Perspectives, Vol. 3, S. 181-193

Lopes, L.L. (1988): Economics as Psychology: A Cognitive Assay of the French and American Schools of Risk Theory, in: Munier, B.R. (Hrsg.): Risk, Decision and Rationality, Dordrecht u.a., S. 405-416

Machina, M.J. (1982): "Expected Utility" Analysis Without the Independence Axiom, in: Econometrica, Vol. 50, S. 277-323

Machina, M.J. (1987): Choice Under Uncertainty: Problems Solved and Unsolved, in: Journal of Economic Perspectives, Vol. 1, S. 121-154

Merrifield, J.D. (1988): The Impact of Selected Abatement Strategies on Transnational Pollution, the Terms of Trade, and Factor Rewards: A General Equilibrium Approach, in: Journal of Environmental Economics and Management, Vol. 15, S. 259-284

Meyer, D. (1990): Asymmetrische Information, Institutional Choice und die Funktion von Wertorientierungen, in: Jahrbuch für Sozialwissenschaft, Bd. 41, S. 104-121

Mishan, E.J. (1971): The Post-War Literature on Externalities: An Interpretative Essay, in: Journal of Economic Literature, Vol. 91, S. 1-28

Montgomery, W.D. (1972): Markets in Licenses and Efficient Pollution Control Programs, in: Journal of Economic Theory, Vol. 5, S. 395-418

Munera, H.A. (1988): A Large Scale Empirical Test for the Linearized Moments Model (LMM): Compatibility Between Theory and Observation, in: Munier, B.R. (Hrsg.): Risk, Decision and Rationality, Dordrecht u.a., S. 291-311

Munier, B.R. (1988): A Guide to Decision-Making under Uncertainty, in: ders. (Hrsg.): Risk, Decision and Rationality, Dordrecht u.a., S. 1-34

Muth, J.F. (1961): Rational Expectations and the Theory of Price Movements, in: Econometrica, Vol. 29, S. 315-335

Neumann, J. von; Morgenstern, O. (1947): Theory of Games and Economic Behavior, Princeton

Nijkamp, P. (1986): Equity and Efficiency in Environmental Policy Analysis: Seperability versus Inseperability, in: Schnaiberg, A.; Watts, N.; Zimmermann, K. (Hrsg.): Distributional Conflicts in Environmental-Resource Policy, New York, S. 59-84

Niskanen, W.A. (1971): Bureaucracy and Representative Government, Chicago

Nordhaus, W.D. (1973): The Allocation of Energy Resources, in: Brooking Papers on Economic Activity, Vol. 3, S. 529-570

Nordhaus, W.D.; Yohe, G.W. (1983): Future Paths of Energy and Carbon Dioxide Emissions, in: Board on Atmospheric Sciences, Mathematics, and Resources; National Research Council (Hrsg.): Changing Climate. Report of the Carbon Dioxide Assessment Committee, Washington, D.C., S. 449-482

Okun, A.M. (1975): Equality and Efficiency - The Big Tradeoff, Washington, D.C.

Olson, M. (1985): Die Logik kollektiven Handelns. Kollektivgüter und die Theorie der Gruppen, 2., durchgesehene Aufl., Tübingen

Olson, M.; Zeckhauser, R. (1970): The Efficient Production of External Economies, in: American Economic Review, Vol. 60, S. 512-517

Paech, N. (1989): Umweltbewußtsein, Qualitätsunsicherheit und die Wirkung einer Emissionspublizität, in: Zeitschrift für Wirtschafts- und Sozialwissenschaften, Bd. 109, S. 385-398

Pethig, R. (1979): Umweltökonomische Allokation mit Emissionssteuern, Tübingen

Pethig, R. (1982): Reciprocal Transfrontier Pollution, in: Siebert, H. (Hrsg.): Global Environmental Resources. The Ozone Problem, Frankfurt (Main), Bern, S. 57-93

Pigou, A.C. (1920): The Economics of Welfare, New York

Pinner, F.A. (1988): Ideas about Time in Psychodynamic Theories: Their Applicability to Environmental Decision Making, in: Kirsch, G.; Nijkamp, P.; Zimmermann, K. (Hrsg.): The Formulation of Time Preferences in a Multidisciplinary Perspective. Their Consequences for Individual Behavior and Collective Decision-Making, Aldershot, Brookfield, S. 99-116

Pollak, R.A. (1978): Endogenous Tastes in Demand and Welfare Analysis, in: American Economic Review, Vol. 68, S. 374-379

Pommerehne, W.; Frey, B.S. (1987): Endowment- und Kommerzialisierungseffekt am Kunstmarkt, in: WiSt, 16. Jg., S. 399-401

Popper, K.R. (1980): Die offene Gesellschaft und ihre Feinde, 2 Bände, 6. Aufl., München

Raiffa, H. (1961): Risk, Ambiguity, and the Savage Axioms: Comment, in: Quarterly Journal of Economics, Vol. 75, S. 690-694

Rawls, J. (1975): Eine Theorie der Gerechtigkeit, Frankfurt (Main)

Raaij, W.F. van (1988): Information Processing and Decision Making. Cognitive Aspects of Economic Behavior, in: Raaij, W.F. van; Veldhofen, G.M. van; Wärneryd, K.-E. (Hrsg.): Handbook of Economic Psychology, Dordrecht, Boston, London, S. 74-106

Renn, O. (1990): Die Psychologie des Risikos. Die intuitive Erfassung technischer Risiken, in: Energiewirtschaftliche Tagesfragen, 40. Jg., S. 558-567

Roberts, H.V. (1963): Risk, Ambiguity, and the Savage Axioms: Comment, in: Quarterly Journal of Economics, Vol. 77, S. 327-336

Roberts, M.J. (1980): The Political Economy of the Clean Water Act Of 1972: Why No One Listened to the Economists, in: OECD (Hrsg.): The Utilization of the Social Sciences in Policy Making in the United States, Paris, S. 97-119

Roberts, M.J. (1982): Some Problems of Implementing Marketable Pollution Rights Schemes: The Case of the Clean Air Act, in: Magat, W.A. (Hrsg.): Reform of Environmental Regulation, Cambridge, Mass., S. 93-117

Rothenberg, J. (1988): Problems in Behavior under Risk. Individual vs. Group Decision Making, in: Munier, B.R.; Shakun; M.F. (Hrsg.): Compromise, Negotiation and Group Decision, Dordrecht u.a., S. 9-25

Samuelson, P.A. (1954): The Pure Theory of Public Expenditures, in: Review of Economics and Statistics, Vol. 36, S. 387-389

Samuelson, P.A. (1983): Foundations of Economic Analysis, 2., erweiterte Aufl., Cambridge, Mass., London

Samuelson, W.; Zeckhauser, R. (1988): Status Quo Bias in Decision Making, in: Journal of Risk and Uncertainty, Vol. 2, S. 7-59

Schanze, E.: (1989): Distributional Issues in Contracting for Property Rights. Comment, in: Journal of Institutional and Theoretical Economics (Zeitschrift für die gesamte Staatswissenschaft), Vol. 145, S. 32-37

Schneeweiß, H. (1968): Spieltheoretische Analyse des Ellsberg-Paradoxons, in: Zeitschrift für die gesamte Staatswissenschaft, 124. Jg., S. 249-256

Schumpeter, J.A. (1980): Kapitalismus, Sozialismus und Demokratie, 5. Aufl., München

Schweizer, U. (1988): Externalities and the Coase Theorem: Hypothesis or Result?, in: Journal of Institutional and Theoretical Economics (Zeitschrift für die gesamte Staatswissenschaft), Vol. 144, S. 245-266

Sen, A.K. (1970): Collective Choice and Social Welfare, Edinburgh, San Francisco

Sen, A.K. (1977): Rational Fools: A Critique of the Behavioral Foundations of Economic Theory, in: Philosophy and Public Affairs, Vol. 6, S. 317-344

Sen, A.K. (1979): Personal Utilities and Public Judgements: or What's wrong with Welfare Economics, in: The Economic Journal, Vol. 89, S. 537-558

Sen, A.K. (1986): Social Choice Theory, in: Arrow, K.J.; Intriligator, M.D. (Hrsg.): Handbook of Mathematical Economics, Vol. III, Amsterdam, S. 1073-1181

Shoemaker, P.J.H. (1982): The Expected Utility Model: Its Variants, Purposes, Evidence and Limitations, in: Journal of Economic Literature, Vol. 20, S. 529-563

Siebert, H. (1980): Allokation zwischen Generationen, in: Duwendag, D.; Siebert, H. (Hrsg.): Politik und Markt. Wirtschaftspolitische Probleme der 80er Jahre, H.K. Schneider zum 60. Geburtstag gewidmet, Stuttgart, New York, S. 353-370

Siebert, H. (1987a): Economics of the Environment, 2., revidierte und erweiterte Aufl., Berlin u.a.

Siebert, H. (1987b): Umweltschäden als Problem der Unsicherheitsbewältigung: Prävention und Risikoallokation, in: Holzheu, F.; u.a. (Hrsg.): Gesellschaft und Unsicherheit, Karlsruhe, S. 173-185

Simon, H.A. (1955): A Behavioral Model Of Rational Choice, in: Quarterly Journal of Economics, Vol. 69, S. 99-118

Simon, H.A. (1976): From substantive to procedural rationality, in: Latsis, S.J. (Hrsg.): Method and appraisal in economics, Cambridge, Mass. u.a., S. 129-148

Simonis, U.E. (1988, Hrsg.): Präventive Umweltpolitik, Frankfurt (Main)

Sinn, H.-W. (1980): Ökonomische Entscheidungen bei Ungewißheit, Tübingen

Sinn, H.-W. (1985): Psychophysical Laws in Risk Theory, in: Journal of Economic Psychology, Vol. 6, S. 185-206

Sinn, H.-W. (1988a): Das Sahel-Problem, in: Kyklos, Vol. 41, S. 187-213

Sinn, H.-W. (1988b): Die Clarke-Steuer zur Lösung des Umweltproblems: Eine Erläuterung am Beispiel der Wasserwirtschaft, in: Siebert, H. (Hrsg.): Umweltschutz für Luft und Wasser, Berlin u.a., S. 241-254

Slovic, P.; Fischhoff, B.; Lichtenstein, S. (1988): Response Mode, Framing, and Information-Processing Effects in Risk Assessment, in: Bell, D.E.; Raiffa, H.; Tversky, A. (Hrsg.): Decision Making. Descriptive, Normative, and Prescriptive Interactions, New York u.a., S. 152-166, wiederabgedruckt aus Hogarth, R.M. (Hrsg.): New Directions for Methodology of Social and Behavioral Science: The Framing of Questions and the Consistency of Responses, San Francisco 1982, S. 21-36

Smith, V.K. (1982/83): Option Value: A Conceptual Overview, in: Southern Economic Journal, Vol. 49, S. 654-668

Stähler, F. (1988): Der Erklärungswert von Weltenergieszenarien zur Abschätzung zukünftiger CO_2-Emissionen, in: Zeitschrift für Energiewirtschaft, 12. Jg., S. 273-284

Stähler, F. (1990): Eine Analyse möglicher Instrumente zur Reduktion von CO_2-Emissionen in der Bundesrepublik Deutschland, in: Zeitschrift für Energiewirtschaft, 14. Jg., S. 178-193

Staw, B.M. (1976): Knee-Deep in the Big Muddy: A Study of Escalating Commitment to a Chosen Course of Action, in: Organizational Behavior and Human Performance, Vol. 16, S. 27-44

Staw, B.M.; Fox, F.V. (1977): Escalation: The Determinants of Commitment to a Chosen Course of Action, in: Human Relations, Vol. 30, S. 431-450

Stephan, G. (1988): Minderschätzung künftiger Bedürfnisse. Zur Formalisierung eines psychologischen Phänomens, in: Jahrbücher für Nationalökonomie und Statistik, Bd. 205, S. 348-362

Stigler, G.J. (1961): The Economics of Information, in: Journal of Political Economy, Vol. 69, S. 213-225

Stigler, G.J.; Becker, G.S. (1977): De Gustibus Non Est Disputandum, in: American Economic Review, Vol. 67, S. 76-90

Stroebe, W.; Frey, B. (1980): In Defense of Economic Man: Towards an Integration of Economics and Psychology, in: Schweizerische Zeitschrift für Volkswirtschaft und Statistik, 116. Jg., S. 119-148

Stroebe, W.; Frey, B. (1981): Psychologische Aspekte des ökonomischen Verhaltensmodelles, in: Tietz, R. (Hrsg.): Wert- und Präferenzprobleme in den Sozialwissenschaften, Schriften des Vereins für Socialpolitik, N.F. Bd. 122, Berlin, S. 113-129

Ströbele, W. (1987): Rohstoffökonomik. Theorie natürlicher Ressourcen mit den Anwendungsbeispielen Öl, Kupfer, Uran und Fischerei, München

Taylor, M. (1976): Anarchy and Cooperation, London u.a.

Tietenberg, T.H. (1985): Emissions Trading. An Exercise in Reforming Pollution Policy, Washington, D.C.

Tsebelis, G. (1989): The Abuse of Probability in Political Analysis: The Robinson Crusoe Fallacy, in: American Political Science Review, Vol. 83, S. 77-91

Tversky, A.; Kahneman, D. (1987): Rational Choice and the Framing of Decisions, in: Hogarth, R.M.; Reder, M.W. (Hrsg.): Rational Choice, Chicago, S. 67-94

Umbeck, J. (1981): Might Makes Rights: A Theory of the Formation and Initial Distribution of Property Rights, in: Economic Inquiry, Vol. 19, S. 38-59

Ungern-Sternberg, T. von (1987): Environmental Protection With Several Pollutants: On the Division of Labor Between Natural Scientists and Economics, in: Journal of Institutional and Theoretical Economics (Zeitschrift für die gesamte Staatswissenschaft), Vol. 143 , S. 555-567

Utzig, S. (1988): Haftungsregeln für gentechnologische Unfälle. Eine ökonomische Beurteilung der Vorschläge der Enquete-Kommission des Deutschen Bundestages, in: Jahrbuch für Sozialwissenschaft, Bd. 39, S. 394-410

Weikard, H.-P. (1990): Grundlinien der Wirtschaftsethik? Ein Diskussionsbeitrag zu Peter Koslowski, in: Zeitschrift für Wirtschafts- und Sozialwissenschaften, Bd. 110, S. 273-276

Weimann, J. (1987): Normgesteuerte ökonomische Theorien. Ein Konzept nicht empirischer Forschungsstrategien und der Anwendungsfall der Umweltökonomie, Frankfurt (Main), New York

Weimann, J. (1990): Umweltökonomik. Eine theorieorientierte Einführung, Berlin u.a.

Weitzman, M.L. (1974a): Free Access vs. Private Ownership as Alternative Systems for Managing Common Property, in: Journal of Economic Theory, Vol. 8, S. 225-234

Weitzman, M.L. (1974b): Prices vs. Quantities, in: Review of Economic Studies, Vol. 41, S. 477-491

Weisbrod, B. (1964): Collective Consumption Services of Individual-Consumption Goods, in: Quarterly Journal of Economics, Vol. 78, S. 471-477

Weizsäcker, C.C. von (1971): Notes on Endogenous Change of Tastes, in: Journal of Economic Theory, Vol. 3, S. 345-372

Weizsäcker, C.C. von (1980): Barriers to Entry: A Theoretical Treatment, Berlin u.a.

Weizsäcker, C.C. von (1984): Was leistet die Property Rights Theorie für aktuelle wirtschaftspolitische Fragen?, in: Neumann, M. (Hrsg.): Ansprüche, Eigentums- und Verfügungsrechte, Schriften des Vereins für Socialpolitik, N.F. Bd. 140, Berlin, S. 123-152

Weizsäcker, C.C. von (1988): Ordnung und Chaos in der Wirtschaft, Manuskript, Köln

Weizsäcker, C.C. von; Welsch, H.; Stähler, F. (1990): Energie und Wirtschaftswachstum, in: Schmitt, D.; Heck, H. (Hrsg.): Handbuch Energie, Pfullingen, S. 242-250

Welsch, H., Stähler, F. (1990): On Externalities Related to the Use of Exhaustible Resources, in: Journal of Economics, Vol. 51, S. 177-195

Windisch, R. (1987): Privatisierung natürlicher Monopole: Theoretische Grundlagen und Kritiken, in: ders. (Hrsg.): Privatisierung natürlicher Monopole im Bereich von Bahn, Post und Telekommunikation, Tübingen, S. 1-146

Wiswede, G. (1981): Sozialpsychologische Aspekte der Präferenzbildung, in: Tietz, R. (Hrsg.): Wert- und Präferenzprobleme in den Sozialwissenschaften, Schriften des Vereins für Socialpolitik, N.F. Bd. 122, S. 83-110

Witt, U. (1987): Individualistische Grundlagen der evolutorischen Ökonomik, Tübingen

Wittman, D. (1989): Why Democracies Produce Efficient Results, in: Journal of Political Economy, Vol. 97, S. 1395-1424

Yaari, M.E. (1977): Endogenous Changes in Tastes: A Philosophical Discussion, in: Erkenntnis, Vol. 11, S. 157-196

Zimmermann, K. (1986): Discussion: Distributional Considerations and the Environmental Policy Process, in: Schnaiberg, A.; Watts, N.; Zimmermann, K. (Hrsg.): Distributional Conflicts in Environmental-Resource Policy, New York, S. 95-108

GPSR Compliance

The European Union's (EU) General Product Safety Regulation (GPSR) is a set of rules that requires consumer products to be safe and our obligations to ensure this.

If you have any concerns about our products, you can contact us on ProductSafety@springernature.com

In case Publisher is established outside the EU, the EU authorized representative is:

Springer Nature Customer Service Center GmbH
Europaplatz 3
69115 Heidelberg, Germany

Batch number: 10816188

Printed by Printforce, the Netherlands